PRIX 1 FR. 10

NCYCLOPÉDIE POPULAIRE
ILLUSTRÉE au XXᵉ SIÈCLE

PUBLIÉE SOUS LA DIRECTION
DE MM⁹

BUISSON | E. DENIS
LARROUMET | STANISLAS MEUNIER

Histoire
de la
Philosophie

150

PARIS
Société française d'Éditions d'Art
L. Henry MAY

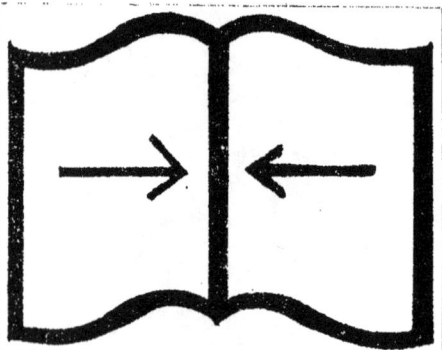

RELIURE SERREE
Absence de marges
intérieures

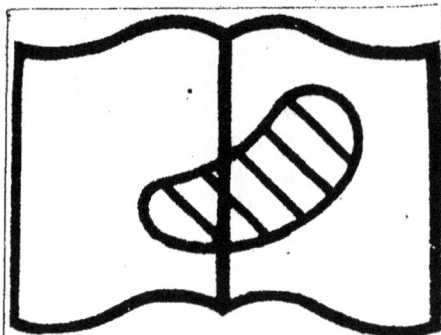

Illisibilité partielle

VALABLE POUR TOUT OU PARTIE
DU DOCUMENT REPRODUIT

HISTOIRE DE LA PHILOSOPHIE

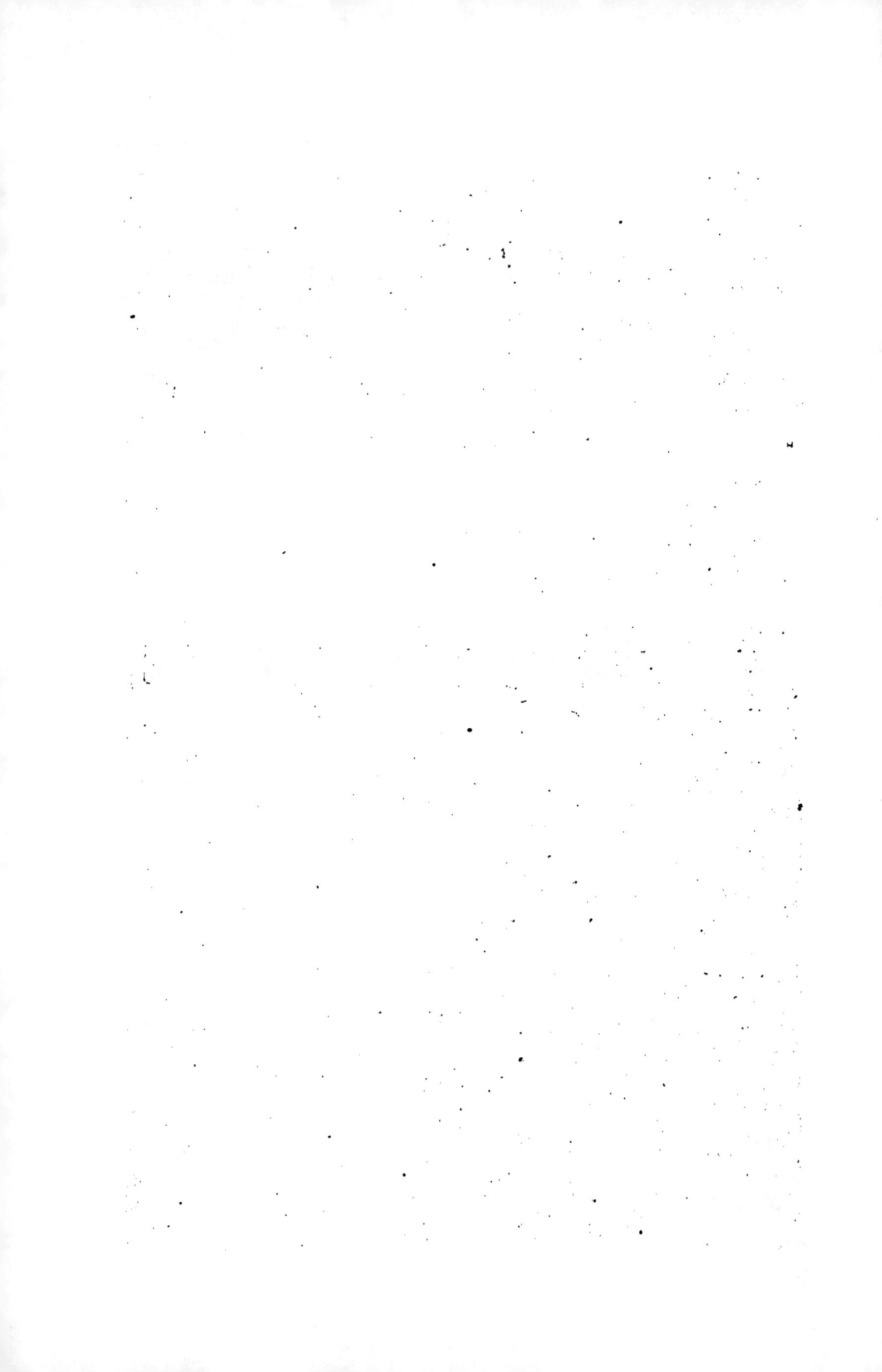

ENCYCLOPÉDIE POPULAIRE ILLUSTRÉE
DU VINGTIÈME SIÈCLE

PUBLIÉE SOUS LA DIRECTION DE MM.

BUISSON	LARROUMET
Directeur honoraire de l'Enseignement primaire Professeur à la Faculté des lettres de Paris.	Membre de l'académie des Beaux-Arts, Professeur à la Faculté des lettres de Paris.
DENIS	STANISLAS MEUNIER
Chargé de cours à la Sorbonne	Professeur au Muséum.

HISTOIRE DE LA PHILOSOPHIE

PARIS
SOCIÉTÉ FRANÇAISE D'ÉDITIONS D'ART
L.-Henry MAY
ÉDITEUR DES COLLECTIONS QUANTIN
7-9, rue Saint-Benoît.
1900

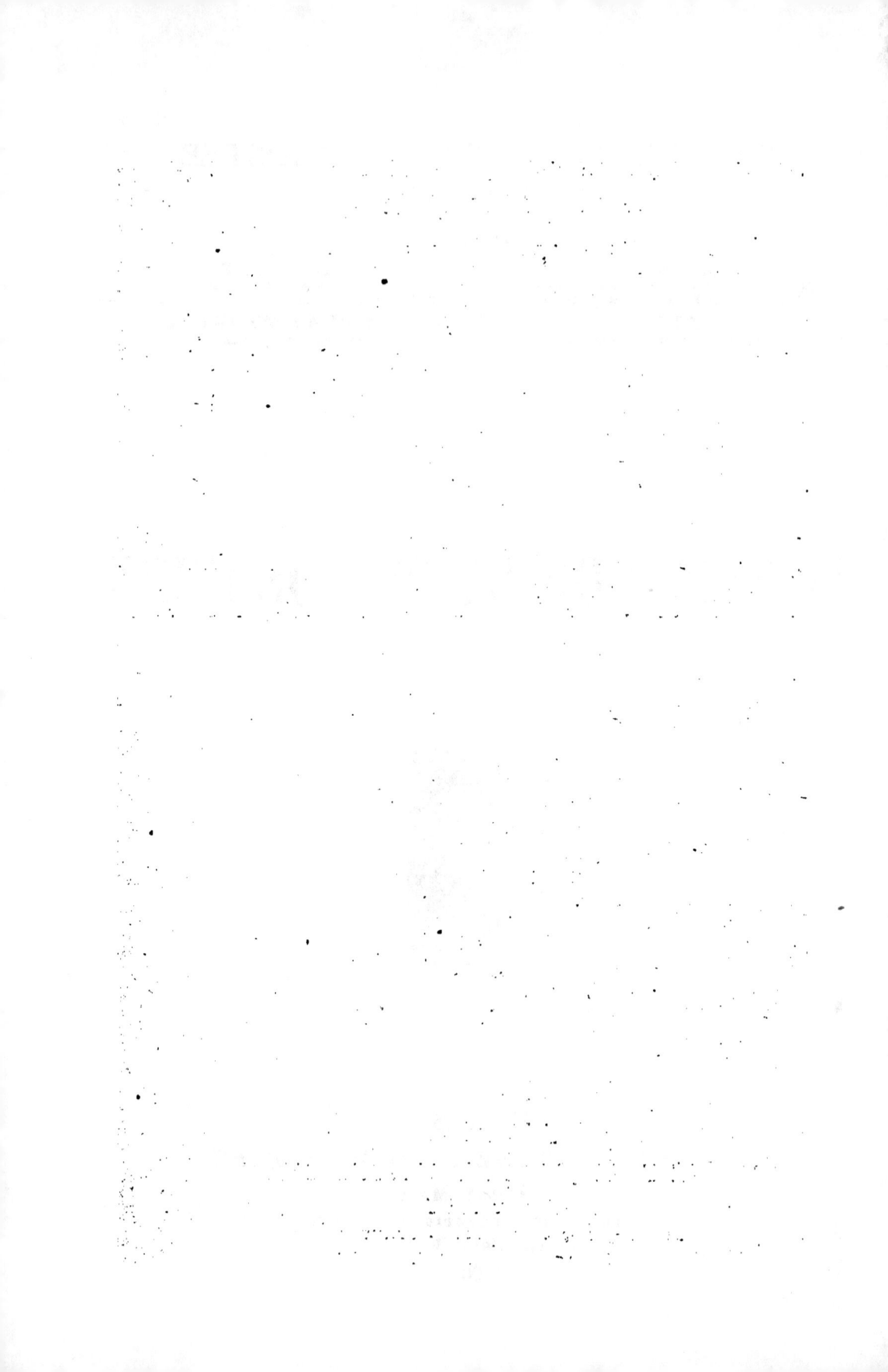

INTRODUCTION

Ce petit volume n'est pas un dictionnaire des sciences philosophiques ; ce n'en est pas même le répertoire. On y trouvera, suivant
les promesses et dans l'esprit de toute cette encyclopédie populaire, les indications sommaires permettant au travailleur isolé de
faire les premières et indispensables recherches, de s'orienter
dans un champ vaste jusqu'à l'infini et de savoir où, à qui et
comment il doit s'adresser pour achever son instruction.

Dire que ce modeste recueil n'est pas complet et ajouter qu'il
n'est pas régulièrement méthodique, ce sera nous faire une critique
que nous acceptons par avance et dont, s'il faut l'avouer, nous
serions presque portés à nous féliciter. Si l'on avait dû s'astreindre
ou à ne rien omettre ou à proportionner exactement l'étendue des
articles à l'importance des sujets, le petit volume qui contiendrait
un tel travail demanderait une vie entière, et qui sait si même à
ce prix il échapperait à toute critique? Le plan de l'*Encyclopédie*,
le genre de services qu'elle doit rendre, les habitudes d'esprit du
public à qui elle est destinée ne nous obligeaient pas à une
pareille entreprise.

Nous offrons aux personnes qu'intéressent les questions philosophiques un premier et rapide aperçu de l'histoire de la philosophie, et en même temps le moyen de retrouver instantanément
les noms, les titres, les dates dont elles ont besoin pour ne pas être
arrêtées au cours de leurs lectures. Là se borne notre office de
renseignements et en quelque sorte d'éducation préliminaire.
Noms de philosophes ou de philosophies, d'écoles ou de systèmes,
d'œuvres individuelles ou collectives, on les trouvera ici avec le
strict nécessaire pour poursuivre ailleurs les recherches. Une
bibliographie, elle-même très brève, ne contenant que les œuvres
magistrales et les livres de chevet de l'étudiant philosophe, intro-
duira ceux qui voudraient, qui pourraient aller plus loin, dans un
plan d'études dont il ne tiendra qu'à eux de reculer indéfiniment
les limites:

On remarquera — et ce n'est pas sans dessein que nous avons

ainsi procédé — que nous ne prenons plus le mot *philosophie* au sens étroit et avec le caractère de spécialité scolastique que trop longtemps on lui avait attribué. Les frontières qui séparent la philosophie, soit de la théologie et de l'histoire des religions, soit des sciences anthropologiques et de la sociologie, soit de l'esthétique, soit de l'histoire des civilisations, ne sont plus aujourd'hui aux yeux de personne d'infranchissables abîmes ; chacun de ces domaines confine aux autres ; et plus on est versé dans ces études, plus on voit s'effacer ou s'atténuer les lignes de démarcation qui semblaient d'abord les plus tranchées. Notre nomenclature s'en ressent, elle s'est assouplie comme la notion même de philosophie, elle accueille des noms qui importent grandement à l'histoire de la pensée philosophique, encore que ce ne soient pas ceux de philosophes professionnels.

On aurait pu aller bien plus loin dans cette voie, nous nous sommes bornés à l'indiquer.

Le lecteur comprendra que presque tous les articles du présent volume pourraient être complétés par une référence à d'autres volumes de la collection : la philosophie touche à tout, puisqu'elle étudie les principes de tout et que l'ensemble des connaissances humaines peut être considéré comme un infini déploiement des applications qui en découlent. Par cela même, nous n'avons cru devoir multiplier ni les renvois, que chacun fera facilement, ni les citations et les justifications qui seraient nécessaires dans un ouvrage de science pure. Nous avons laissé à cet opuscule son allure populaire et dégagée, aimant mieux nous exposer au reproche d'offrir une lecture trop facile qu'au danger de n'être pas lu.

F. B.

HISTOIRE DE LA PHILOSOPHIE

A

ABÉLARD ou **ABAILARD** (Pierre), 1079-1142, né à Pallet, près Nantes. Il étudia d'abord sous Guillaume de Champeaux, avec qui il se brouilla. Il enseigna lui-même à Melun; puis, réconcilié avec son ancien maître, il lui succéda à Paris. Menacé par Fulbert, dont il avait séduit la nièce, Héloïse, il se réfu-

Abélard.

gia à Saint-Denis. Dénoncé ensuite comme hérétique, il se mit sous la protection des moines de l'abbaye de Cluny, qui fléchirent son dénonciateur, saint Bernard de Clairvaux.

Ses ouvrages sont : le *De Trinitate*, ses *Lettres*, une *Introductio ad theologiam*, sa *Theologia christiana*, son *Ethique*, un *Dialogue entre un philosophe, un juif et un chrétien*.

Il est, en philosophie, le promoteur du conceptualisme, doctrine mixte entre le nominalisme et le réalisme. Selon lui, l'universel existe dans les individus et il n'existe en dehors d'eux que comme concept. Les trois personnes de la Trinité sont trois attributs ou propriétés essentielles de l'être divin.

Il s'efforça de découvrir chez les philosophes grecs des idées analogues aux idées chrétiennes. Ce fut, en outre, le premier laïque qui s'occupa de théologie.

En morale, il est original. Il enseigne que le bien est conforme à la raison, et que l'action vaut selon l'intention qui la dicte.

Orateur merveilleux, il exerça autour de lui une grande influence. Les étrangers venaient en foule entendre sa parole.

ACADÉMIE. Ecole philosophique de Platon. (V. *ce nom*.) Ainsi nommée des jardins d'un certain Académos, dans lesquels le maître enseignait.

On désigne sous le nom de Nouvelle Académie l'école d'Arcésilas et de Carnéade. (V. *ces noms et* PROBABILISME.)

ÆNÉSIDÈME, philosophe grec, né à Gnosse, en Crète, vivait probablement au 1er siècle de l'ère chrétienne. On le classe parmi les *nouveaux sceptiques*. Dans ses *Discours pyrrhoniens*, il développait les dix *tropes* ou motifs de douter, proposés par Pyrrhon. Il attaque notamment la valeur du principe de causalité. (Cf. Brochard, *Les Sceptiques grecs*.)

AGRIPPA LE SCEPTIQUE, vécut probablement au IIe siècle de l'ère chrétienne. Ce fut un sceptique et un successeur d'Ænésidème. Il attaqua principalement le raisonnement syllogistique.

AGRIPPA (Corneille), né à Cologne en 1486, fut d'abord soldat, puis médecin de Louise de Savoie, enfin historiographe et conseiller de Charles-Quint. Il mourut, dit-on, dans un hôpital de Grenoble en 1535.

Il écrivit en latin un traité de *Philosophie occulte*, livre de magie extrêmement curieux, et un discours sur l'*Incertitude et la vanité des sciences*.

Ce fut un célèbre alchimiste et un adepte de la magie.

AILLY (Pierre d'), 1350-1425, philosophe du déclin de la période scolastique. Il lutta vivement pour la séparation de la théologie et de la philosophie, et attaqua les formes

Albert le Grand.

rigides de la scolastique. On lui a attribué quelquefois, mais sans vraisemblance, l'*Imitation de J.-C.*

A'KEMPIS (Thomas), chanoine augustin, mort vers 1471.

On lui a attribué l'*Imitation*, qui est plus probablement de Gerson.

ALBERT LE GRAND, né en Souabe en 1193 ou 1205. Il se fit dominicain et enseigna à Strasbourg et à Cologne; puis il vint à Paris, où il mourut en 1280.

On a de lui : des Commentaires sur *Aristote*, sur les *Livres sacrés*, sur *Denys l'Aréopagite*, sur le *Livre des sentences;* une *Somme de théologie;* un *Livre des créatures*, etc.

Ce fut un très grand érudit. Il défendit le réalisme de saint Thomas, et mit en honneur la philosophie d'Aristote.

ALEMBERT (D'), né à Paris en 1717, mort en 1783, mathématicien émi-

nent, organisa avec Diderot l'*Encyclopédie*, dont il écrivit le *Discours préliminaire* (V. ENCYCLOPÉDIE). Dans ces pages célèbres, il présente une classification des sciences d'après Bacon.

D'Alembert est sensualiste, mais il distingue essentiellement l'esprit de la matière.

ALEXANDRE D'APHRODISIAS vécut en Carie vers 200. Ce fut le continuateur des péripatéticiens, le plus célèbre des commentateurs d'Aristote. (Cf. Ravaisson. *Essai sur la Métaphysique d'Aristote*.)

ALEXANDRE DE HALÈS, d'origine anglaise. Il vint à Paris, où il se fit franciscain et où il enseigna jusqu'en 1238.

Il essaya de trouver une doctrine moyenne entre le nominalisme et le réalisme.

ALEXANDRIE (Ecole d'). On réunit sous ce nom un certain nombre de philosophes qui vécurent principalement dans la nouvelle capitale du monde grec, et dont les doctrines se développèrent pendant les six premiers siècles de l'ère chrétienne. La philosophie de cette école est un vaste éclectisme, caractérisé surtout par l'union de l'esprit grec et du mysticisme oriental.

Il faut distinguer :

1º l'école juive (V. PHILON);

2º l'école grecque, qui est l'école d'Alexandrie proprement dite (V. AMMONIUS SACCAS, PLOTIN, PORPHYRE, JAMBLIQUE);

3º l'école d'Athènes (V. PROCLUS);

On appelle aussi l'école d'Alexandrie école néo-platonicienne, parce qu'elle emprunte surtout les doctrines de Platon et qu'elle tente de les concilier avec la Bible.

L'école d'Alexandrie constitue la dernière période de la philosophie grecque, définitivement close par l'édit de Justinien (529), qui ferma toutes les écoles.

AL-FARABI (Xº siècle), médecin, mathématicien et philosophe de l'école de Bagdad. Il fit des commentaires sur Aristote, dont il suit partout les doctrines. Il a laissé une sorte d'abrégé des sciences, une comparaison des doctrines de Platon avec celles d'Aristote, et plusieurs ouvrages de morale.

AL-GAZEL OU GAZALI (1038-1111), le

dernier philosophe arabe de l'école de Bagdad.

Il s'attacha à ruiner la philosophie en faveur de la foi musulmane. Son scepticisme apparent ou provisoire, dont il sort par le mysticisme, porta un coup mortel à la philosophie, et l'école de Bagdad dut disparaître.

AL-KENDI (IXe siècle), le premier représentant de l'école de Bagdad, fut chargé par le calife Al-Mamoun de traduire les œuvres d'Aristote.

AMAURY DE CHARTRES, docteur de l'Université de Paris. Il poussa le réalisme jusqu'à ses dernières conséquences et tomba dans le panthéisme.

Il fut condamné en 1204 par le pape Innocent III.

AMMONIUS SACCAS, philosophe de l'école d'Alexandrie. Il mourut vers 242.

Il enseigna à Alexandrie la philosophie platonicienne, et fut le fondateur de l'école néo-platonicienne.

AMPÈRE (André-Marie), 1775-1836, auteur d'un célèbre ouvrage sur la *Philosophie des sciences*, qui contient une classification complète et compliquée des connaissances humaines.

ANAXAGORE, de Clazomène, philosophe grec de l'école d'Ionie. Il est né vers l'an 500 avant J.-C. Il vint à Athènes, où il eut Périclès pour élève. Il mourut à Lampsaque, âgé environ de soixante-douze ans.

Il étudia l'astronomie, découvrit la manière dont la lune devait sa lumière au soleil, expliqua les éclipses et fut pour cela accusé d'impiété envers les dieux de l'Olympe.

Il admettait, en philosophie, que tout était d'abord confondu, et qu'ensuite, sous l'influence d'un principe intelligent, le νοῦς, les parties similaires étaient réunies et assemblées.

Ces parties similaires s'appellent homéoméries. Elles forment les choses existantes. Mais comme, malgré tout, le mélange existe encore à quelque degré, il en résulte qu'il y a passage d'un groupe d'êtres à un autre groupe d'êtres.

Son grand mérite est d'avoir eu recours à un principe intelligent ordonnateur. Mais il limite l'action de ce principe à une première impulsion et au début de la formation des choses. Il eut une grande influence sur Socrate et Platon. (V. le *Phédon* de Platon.)

ANAXIMANDRE, de Milet, philosophe grec de l'école d'Ionie, enseignait vers l'an 600 avant J.-C.

C'était un astronome et un physicien. Il importa d'Égypte le gnomon, et essaya de donner des cartes géographiques et d'évaluer la grandeur de la lune et du soleil.

Selon Anaximandre, auteur d'un livre *De la Nature*, le principe de toutes choses est l'atmosphère infinie, indéterminée (*apeiron*). Tout ce qui existe en est sorti et tout lui sera rendu à l'heure fixée par les destins de la vie.

Dans ce chaos indéterminé se sont produites tout d'abord les oppositions primordiales du chaud et du froid, du sec et de l'humide. Elles ont formé la nature avec ses contraires et ses éléments distincts.

La terre est un corps cylindrique qui flotte dans l'éther infini. Les premiers animaux se sont formés dans l'eau, et c'est d'eux que les autres sont issus. L'homme est issu du poisson. Les animaux et les espèces changent sans cesse, mais la substance dont ils sont tirés, l'*apeiron*, est indestructible. On trouve déjà chez lui les germes du dynamisme platonicien.

ANAXIMÈNE, de Milet, philosophe grec de l'école d'Ionie. Il vécut de 548 à 480 avant J.-C.

Ce fut probablement un disciple d'Anaximandre. Comme son maître, il s'occupa d'astronomie et il eut le premier cette idée que le soleil devait sa chaleur à la rapidité de son mouvement.

D'après lui, le premier principe des choses est l'*air*, qui est l'élément le plus nécessaire à la vie. Il y a eu, par un mouvement perpétuel, transformation de la substance première en tous les êtres de la nature.

Quelques historiens estiment qu'Anaximène, dont les œuvres sont perdues, avait identifié l'air et la divinité et qu'il aurait ainsi abouti à un panthéisme matérialiste.

ANDRONICUS, de Rhodes, philosophe grec de l'école éclectique. Il vécut vers l'an 60 avant J.-C.

Il donna une édition des œuvres

d'Aristote, en collaboration avec le grammairien Tyrannion. Il fut ainsi la cause d'un renouveau pour l'école péripatéticienne.

ANNICERIS, philosophe grec de l'école cyrénaïque. Il est né à Cyrène et florissait à Alexandrie environ 300 ans avant J.-C. Il fut, sur la fin, un des principaux représentants de la doctrine du plaisir. Comme ses prédécesseurs, il prétendait que le plaisir est le mobile de toutes nos actions, et que le bien consiste dans le plaisir.

ANSELME (Saint), né à Aoste en 1033. Disciple de Lanfranc, il se fit religieux au monastère du Bec (Normandie). Il fut archevêque de Cantorbéry en 1093 et mourut en 1109.

Ses écrits les plus importants sont : le *Monologium de divinitatis essentia sive Exemplum de ratione fidei*, le *Proslogium sive Fides quærens intellectum*, le *De Veritate*, le *De fide Trinitatis*, le *Cur Deus homo?*

Saint Anselme part du même principe que saint Augustin. Il veut que la foi précède toute réflexion et toute discussion sur les choses de la religion. Du reste, pour comprendre, il faut croire. L'aveugle ne comprend pas la lumière, le sourd-muet n'a pas une idée claire du son. Ce n'est pas pour arriver à la foi que nous réfléchissons, c'est pour arriver à l'intelligence que nous croyons.

Il y a accord complet entre la révélation et la raison. C'est pourquoi la philosophie ne fait que renforcer la croyance à l'existence de Dieu et à ce que l'Église enseigne. En cela, réside sa légitimité et son utilité.

Dans le *Monologium* il expose des preuves déjà connues de l'existence de Dieu, considéré comme cause de tout ce qui existe, sans être causé lui-même par quoi que ce soit, et comme la perfection que l'imperfection de ce monde nous amène à concevoir. Il subit ainsi l'influence de saint Augustin et se rapproche du panthéisme, bien qu'il s'en défende. Mais son plus beau titre philosophique est la découverte de la preuve de l'existence de Dieu, dite preuve de saint Anselme ou preuve ontologique. Nous avons en nous, dit-il, l'idée d'un être souverainement parfait. Or,

la perfection implique l'existence, Donc Dieu existe.

Cet argument fut repris par Descartes et Leibnitz, et réfuté par Kant et réhabilité par Hegel. Mais au moment même où parut le *Proslogium*, un moine de l'abbaye de Marmoutier, près Tours, du nom de Gaunilon, lui fit la même objection que Kant devait faire plus tard. Il prétendit qu'il n'y a pas de relation à établir entre ce qui est et ce qui est simplement conçu. Nous pouvons concevoir un être, sans que cet être existe.

Dans le *Cur Deus homo?* il explique la nécessité de l'incarnation par la nécessité d'une rédemption ayant un caractère infini.

Enfin, il fut mêlé à la querelle des *réaux* et des *nominaux*, où il prit le parti des *réaux*. (V. SCOLASTIQUE.)

ANTIOCHUS, d'Ascalon, philosophe de Judée, mort vers 69 avant J.-C.

Il fut l'ami de Lucullus, le disciple de Philon et le maître de Cicéron qu'il induisit d'ailleurs souvent en erreur.

Il professait l'éclectisme, et il convertit à cette doctrine l'école académique. Il montra qu'il n'y a pas de probabilité sans vérité et qu'au fond les académiciens, les péripatéticiens et les stoïciens s'entendaient sur les questions essentielles.

ANTISTHÈNE, philosophe grec, né à Athènes vers 424 avant J.-C., fut le disciple de Gorgias et de Socrate. Il ouvrit une école dans le Cynosarge, gymnase consacré à Hercule. C'est du nom de ce lieu que ses disciples et lui prirent le nom de *cyniques*, qu'on rattache à la racine *kuôn*, chien, et qu'ils méritèrent encore par leur manière de vivre.

Se souvenant des leçons de Gorgias, il nie la valeur des idées générales et de la connaissance scientifique. Du reste, la science est inutile; la vertu est le souverain bien; tout le reste est indifférent. Il prétendait continuer ainsi l'enseignement de Socrate, dont la simplicité et l'indépendance l'avaient fortement frappé. Il faut rechercher le travail et la peine. Hercule est le modèle de la vertu. L'homme le plus sage est celui qui a le moins de besoins et qui méprise les faux biens. La liberté consiste dans l'absence du désir. La vertu est le plus grand des biens. Celui qui la possède ne peut plus la perdre ; il est le plus riche des hommes et il se suffit à lui-même.

Antisthène est généralement considéré comme le précurseur du stoïcisme, qu'il semble, en effet, avoir préparé par le culte de l'énergie morale et le détachement de tous les biens vulgaires. Un historien de la philosophie a appelé les cyniques les « capucins de l'antiquité ».

Ses successeurs exagérèrent cette indifférence, qui devint de la grossièreté.

APOLLODORE, philosophe grec du IIᵉ siècle avant J.-C. Ce fut un adepte de l'épicurisme dont il continua l'enseignement. On ne connaît ni sa vie, ni ses écrits.

APOLLONIUS, de Tyane, philosophe grec de l'école pythagoricienne, né au commencement du premier siècle de l'ère chrétienne.

Il n'accorde à la musique et aux mathématiques qu'une importance secondaire. Il essaie surtout de restaurer les pratiques pythagoriciennes et les cérémonies du culte, afin de fortifier la croyance religieuse.

On lui attribue des dons de thaumaturgie, et la légende veut qu'il ait ressuscité à Rome une jeune fille que l'on avait crue morte.

L'édit de Néron contre les magiciens l'obligea à quitter Rome, et à vagabonder en prophète.

Il mourut à Ephèse vers 97, après avoir fondé dans cette ville une école pythagoricienne.

Ses disciples l'opposèrent souvent au Christ.

APULÉE, philosophe latin de l'école platonicienne éclectique, né vers 125 après J.-C. Il contribua à faire passer, par des traductions, la logique d'Aristote dans l'enseignement latin.

On lui doit une méthode de combinaison mathématique appliquée à la détermination des modes valables du syllogisme.

ARABES (Philosophie des). Sortie de l'interprétation du Coran, elle commence par des discussions assez subtiles entre les sectes, notamment sur la question de la liberté de l'homme. Les *Kadrites* l'affirment, les *Djabarites* la soumettent à l'action de Dieu et adoptent le fatalisme, les *Motazales* essaient une conciliation.

Les esprits étaient donc préparés à la philosophie quand les califes abbassides (Al-Manzor, Haroun-al-Raschid et Al-Mamoun), firent traduire des ouvrages grecs et fondèrent des bibliothèques et des écoles vers la fin du VIIIᵉ siècle et le commencement du IXᵉ.

Aristote fut la principale source où les Arabes puisèrent leur philosophie.

Deux écoles surtout furent célèbres : celle de *Bagdad* (IXᵉ-XIᵉ siècle), et celle de *Cordoue* (XIIᵉ-XIIIᵉ siècle). (V. RENAN. *Averroès*.)

ARATUS, poète et philosophe grec de l'école stoïcienne. Ce fut le disciple personnel de Zénon et l'un de ses continuateurs.

ARCÉSILAS, philosophe grec de l'école des nouveaux académiciens. Il est né en 316 avant J.-C. à Pitane, dans l'Eolide, province de l'Asie-Mineure, et il est mort en 229.

Il remplaça Crantor à la tête de l'Académie, qu'il engagea dans la voie du scepticisme. Selon lui, il n'y a aucune connaissance qui emporte avec elle la preuve de sa vérité. Il attaque les affirmations logiques et physiques des stoïciens, et, comme Pyrrhon, il en conclut qu'il faut suspendre son jugement. Il prétend, en outre, que la probabilité suffit pour agir raisonnablement. (V. BROCHARD, *Sceptiques grecs*.)

ARCHÉLAÜS, philosophe grec de l'école atomistique, est né à Athènes ou à Milet entre l'année 476 et l'année 466 avant J.-C.

Disciple d'Anaxagore, il adhère à son atomisme sans en accepter l'interprétation dualiste. Le *noûs* (esprit) n'est pas différent de la matière. Il est simplement ce qu'il y a de plus fin et de plus subtil, sans être chose simple. Une substance non composée est une substance qui ne se compose de rien et qui n'existe pas. Tout ce qui existe est matériel.

ARCHYTAS, de Tarente, philosophe grec de l'école pythagoricienne, né vers 440, mort vers 360 avant J.-C.

Platon le connut en Sicile. Il est surtout célèbre comme mathématicien et comme mécanicien. Il inventa une nouvelle méthode de la duplication du cube et une machine volante. Il a écrit plusieurs traités sur la mécanique et la musique.

ARÉTÉ, philosophe grecque de l'école cyrénaïque. Elle est la fille d'Aristippe et elle eut pour fils Aristippe le Jeune. Elle se distingua à Cyrène dans l'école fondée par son père et continua son enseignement.

ARISTIPPE, philosophe grec né à Cyrène vers 435. Il vint entendre Socrate et partit ensuite pour Syracuse, où il rencontra Platon à la cour de Denys, puis revint à Cyrène, où il fonda l'école dite cyrénaïque.

Il fut surtout frappé du caractère pratique de l'enseignement de Socrate. Il ne se préoccupa des sciences que dans la mesure où elles peuvent contribuer au bonheur. Les mathématiques et la physique sont inutiles. Il faut surtout se préoccuper des sensations qui procurent les sentiments agréables.

Selon lui, le bonheur consiste dans le plaisir positif. Il faut goûter dans cette vie le plus de plaisir possible et ne pas songer à l'avenir qui ne nous appartient pas. Cependant il faisait une différence entre les jouissances, et il enseignait la prudence qui permet d'apprécier leurs conséquences.

C'est à lui qu'Epicure emprunta les principes de sa morale que d'ailleurs il modifia profondément.

ARISTIPPE LE JEUNE, philosophe grec de l'école cyrénaïque.

Petit-fils d'Aristippe et instruit par sa mère Arété, il remplaça celle-ci à la tête de l'école de Cyrène.

ARISTON, de Chio, philosophe grec de l'école stoïcienne. Il fut le disciple personnel de Zénon. (Voir THAMIN, *Un problème moral dans l'antiquité*.)

ARISTOTE, philosophe grec, est né en 384 avant J.-C., à Stagire, colonie grecque de la Macédoine, près du mont Athos. Son père Nicomaque, auquel il dut le goût des recherches expérimentales, était médecin du roi Philippe. Après la mort de son père, vers 361, son tuteur Proxène l'envoya à Athènes, à l'Académie, pour entendre Platon. Il se distingua parmi les disciples du maître, mais il fut, par sa tournure d'esprit, tout l'opposé de Platon. A la mort de son maître il s'en fut à Atarné, en Mysie, gouvernée par Hermeias, dont il épousa la nièce Pythias. Hermeias ayant été assassiné, Aristote se retira à Mytilène, dans l'île de Lesbos, où Philippe l'envoya chercher pour être précepteur de son fils Alexandre.

On est peu renseigné sur l'en-

Aristote.

seignement qu'Aristote donna à Alexandre, mais on sait que l'élève témoigna d'une profonde gratitude envers son précepteur. Il lui fit tenir des matériaux pour ses études et fit faire, durant l'expédition d'Asie, des recherches pour l'*Histoire des animaux* qu'Aristote composait alors.

En 335, au moment de l'expédition d'Alexandre, Aristote était rentré à Athènes. Il y fonda une école sur un terrain qui dépendait du temple d'*Apollon Lycien;* de là le nom de *Lycée.* Comme il enseignait en se promenant sous les portiques, on donna à ses disciples le nom de *péripatéticiens* (qui aiment la promenade).

Alexandre étant mort en 323, le parti hostile aux Macédoniens força Aristote à quitter Athènes. Il se réfugia à Chalcis en Eubée, où il mourut l'année suivante, en 322, de sa mort naturelle.

Ouvrages d'Aristote. — Il en reste un catalogue qui appartient à la bibliothèque d'Alexandrie, 220 ans avant J.-C., mais il est inexact. Les manuscrits avaient été laissés à Théophraste, successeur d'Aristote, qui les aurait transmis à son disciple Nélée. Ce dernier, pour les soustraire aux recherches du roi de Pergame, les aurait, dit-on, enfouis dans une cave d'où ils n'auraient été retirés que cent cinquante ans après. Enfin, après la prise d'Athènes, ils auraient été transportés à Rome.

Les écrits d'Aristote se rapportent à la totalité des sciences connues de son temps et forment une véritable encyclopédie. On a groupé sous le titre d'*Organon* les œuvres de logique, c'est-à-dire les *Catégories*, le *De Interpretatione*, les deux *Analytiques*, les *Topiques*, qui font d'Aristote le véritable créateur de la Logique formelle, science à laquelle on n'a rien ajouté depuis.

Il composa des traités spéciaux sur la *Rhétorique* et la *Poétique*, dans lesquels il étudie l'art oratoire et les genres poétiques.

Les sciences physiques et naturelles sont représentées par la *Physique*, le *De cœlo*, le *De generatione et corruptione*, la *Météorologie*, le *De anima*, les *Parva naturalia*, l'*Histoire des animaux*, les traités *Des parties des animaux*, *De la marche des animaux*, *De la génération des animaux*. Ces ouvrages sont autant de traités de philosophie sur des objets particuliers.

A la philosophie proprement dite, se rapportent les traités qui ont pour objet les *Causes premières*, placés, dans le classement, à la suite des traités de physique (*meta physica*), d'où le nom de *Métaphysique* que l'on a donné après Aristote à leur ensemble.

A la morale et à la politique se rapportent l'*Ethique à Nicomaque*, la *Grande Morale*, l'*Ethique à Eudème* et les huit livres de la *Politique*.

Physique d'Aristote. — La physique d'Aristote est très remarquable pour l'époque. Il débute par une théorie du mouvement, dont il distingue quatre genres : le mouvement proprement dit ou la locomotion, l'accroissement, la diminution et l'altération. Le mouvement se produit dans l'espace, qui est quelque chose de substantiel. Le temps n'existe, lui, qu'en vertu du mouvement, dont il est la mesure.

Le mouvement proprement dit, ou mouvement de translation, comprend aussi différentes sortes de mouvements : le mouvement circulaire, le plus parfait, le seul infini, suivant lequel se produit la rotation du ciel suprême ou sphère des étoiles fixes; le mouvement rectiligne de bas en haut, d'où résultent les oppositions du grave et du léger; et la différenciation des éléments, mouvement propre au monde terrestre.

Histoire naturelle d'Aristote. — Aristote est loin d'avoir conçu cette science selon l'idée que nous en avons actuellement. Cependant, il ne s'en est pas moins élevé à certaines vérités que suggère le spectacle des choses. Les êtres organiques lui paraissent former une série ininterrompue que l'on peut remonter depuis les êtres inférieurs jusqu'à l'homme. En physiologie, il a fait la distinction entre les tissus et les organes, et, dans ses essais de classement, il a nettement indiqué qu'il faut, avant de reconnaître les distinctions spécifiques, étudier ce que les êtres ont entre eux de commun.

Métaphysique d'Aristote. — La métaphysique a pour objet l'étude de l'*être*, de ce qu'il est en soi, en dehors des relations de temps et de lieu, et par opposition au contingent et à l'accidentel. Elle est donc l'étude de ce qu'il y a de plus réel, de ce qui ne disparaît pas avec les choses passagères, et en cela Aristote est d'accord avec Platon, dont il ne fait d'ailleurs le plus souvent que continuer la tradition. Mais il se sépare de son maître en ce qu'il rejette la théorie des Idées, ou d'êtres intelligibles réels, existant en dehors des individus. Selon Aristote, l'universel séparé des individus n'est qu'une abstraction ; les individus seuls sont des êtres réels, et c'est par l'observation qu'il faut dégager, parmi les individus et les phénomènes, l'universel qui est l'objet de la science.

Il y a quatre causes génératrices de l'être.

Être, c'est agir ; l'existence se manifeste par l'action, le mouvement qui est présent à toutes choses et qui représente le passage d'un état à un autre. Mais pour que le changement soit possible, il faut qu'il y ait quelque chose qui soit susceptible de devenir ceci ou cela et qui subsiste à travers les transformations. Ce quelque chose est la *matière*. Tout produit de l'art ou de la nature a une *cause matérielle*.

La matière est par elle-même indéterminée ; le bloc de marbre peut devenir une Vénus ou un Apollon, il n'est l'un ou l'autre que quand l'artiste lui a imposé une forme. La *forme* est ce qui crée l'être, qui le fait ce qu'il est. Tout être a une *cause formelle*.

La matière et la forme sont entre elles dans le rapport de la *puissance à l'acte*. La matière est l'être en puissance. La forme est la réalisation des puissances de la matière ; elle est l'être actuel, achevé. Pour passer de la puissance à l'acte, de la matière à la forme, il faut une cause de ce mouvement. Il ne suffit pas d'un bloc de marbre et d'une idée dans l'esprit du statuaire pour que la statue existe, il faut encore que le statuaire travaille la matière elle-même. Une *cause efficiente* ou *motrice* est donc nécessaire pour expliquer le passage de la matière à la forme.

Enfin, il faut un mobile, un but final qui mette toutes ces causes en action. En art, le mobile, la fin du sculpteur est l'amour de la beauté ou de la gloire. Il existe aussi dans la nature des fins à réaliser. La *cause finale* achève et explique l'existence de l'être et l'action de la cause formelle et de la cause efficiente. Dans la nature, la fin est présente à la matière, elle la façonne du dedans, elle est le principe du mouvement par lequel elle existe, prend une forme et réalise ses puissances. C'est une perfection, un bien vers lequel tend la matière.

La *cause matérielle* et la *cause finale* sont les deux causes principales.

Cependant la matière en elle-même n'est rien. Ce qui n'est ni ceci ni cela n'existe pas. La matière nue n'a pas d'existence. Tout dans le monde est plus ou moins organisé, tout a une forme plus ou moins parfaite. Ce qui est forme par rapport à un être inférieur est matière par rapport à un être supérieur. La table est forme par rapport au morceau de bois et le morceau de bois est forme par rapport aux éléments qui le composent. Il n'y a rien de mort dans la nature, tout y est en mouvement, et le passage des formes inférieures aux formes supérieures se fait insensiblement.

L'univers est soumis à une loi de progrès qui l'élève vers une fin supérieure en se servant des formes déjà réalisées comme de moyens pour une perfection plus haute. Le végétal comprend les perfections du minéral sous une forme nouvelle. L'animal, à la vie végétative, ajoute la sensibilité. Enfin, l'homme, qui est le but de la nature, la fin pour laquelle elle réalise ses puissances, est doué à la fois des perfections du végétal et de l'animal, et d'une perfection dernière qui lui est propre, la *pensée* ou la *raison*. La pensée est donc l'acte le plus parfait, le dernier terme du bien vers lequel tend la nature.

Le monde, selon Aristote, n'a pas eu de commencement et il n'aura pas de fin. Par suite, le mouvement par lequel il manifeste son existence est éternel, le présent enveloppe le passé et l'on peut ainsi remonter la série des causes secondes. Mais les causes secondes ne se suffisent pas à elles-mêmes. Elles ont besoin, pour être expliquées, d'un principe supérieur qui lui-même ne soit pas soumis au mouvement. Ce principe, c'est Dieu, cause première et éternelle, moteur immobile auquel est suspendu l'univers, et qui le dirige. Il n'y a en Dieu aucune puissance qui ne soit réalisée ; il est l'être achevé, parfait. Il est pure intelligence, et comme il ne peut penser que ce qu'il a de plus excellent, il est la pensée qui se pense elle-même, la pensée de la pensée. Ce dieu est vivant, actif. Il jouit d'une éternelle félicité.

Le monde étant éternel, Dieu ne l'a pas créé. Il n'y intervient même pas, car ce serait une imperfection que de penser l'imparfait. La divinité ne saurait, sans déchoir, recevoir du dehors l'objet de sa contemplation. Comment Dieu peut-il être le premier moteur d'un monde qu'il ne connaît pas? Comment peut-il être la cause du progrès de la nature vers le bien? Dieu meut l'univers, comme l'objet aimé attire ce qui l'aime. Il est la perfection suprême qui soulève la nature et l'attire vers elle, le bien souverain, la fin infiniment désirable, dont le puissant attrait suscite dans le monde un lent progrès de perfection en perfection, jusqu'au dernier terme qui est l'homme, capable de pensée pure et dans l'intelligence duquel la divinité se réfléchit.

Psychologie. — Le traité d'Aristote sur l'âme se rattache à ses travaux d'histoire naturelle et à sa métaphysique. Il n'étudie pas l'âme humaine en particulier, mais *l'âme en général.* Chaque chose a son âme : c'est la *forme* qu'elle prend, c'est-à-dire ce qui est sa raison d'être, ce qui explique son existence. Quand un organisme a atteint son dernier degré de développement, il a atteint sa *fin* et, par cela même, il a une âme. Le fait de couper est la raison d'être, l'*âme* de la hache. Ce n'est pas le corps qui produit l'âme; celle-ci est, au contraire, la cause de l'organisation du corps, de l'organisme ou de la *forme* dans laquelle elle se réalise.

Aristote distingue trois sortes d'âmes : *l'âme végétative, l'âme sensible et l'âme pensante ou raisonnable.* Les animaux ont à la fois une âme végétative et sensible; l'homme seul a, outre ces deux sortes d'âmes, une âme raisonnable.

L'étude des sens est à la fois psychologique et physiologique. Aristote explique comment, par l'acte commun du sensible et du sentant, nous avons la connaissance des choses concrètes. Il donne de curieux détails sur la mémoire et paraît avoir pressenti le fait de l'association des idées.

Pour ce qui est de la raison, il distingue la raison *passive ou réceptrice,* et la raison *active ou créatrice.* C'est grâce à cette dernière que nous entrons dans les voies de l'intelligence qui crée les choses; c'est grâce à elle que les objets de l'univers s'expliquent et deviennent intelligibles. Notre esprit s'associe à ce qu'il y a de pensée ou d'intelligence dans le monde; il prend conscience de la raison universelle de toutes choses, et par là il participe à l'immortalité divine.

Morale d'Aristote. — Aristote, comme Platon, ne sépare pas la théorie de la vie pratique de la théorie de la vie sociale, mais il fait une part plus grande à l'initiative de l'individu, qu'il dote du libre arbitre, c'est-à-dire du pouvoir de se résoudre pour le bien ou le mal.

L'homme doit user de sa liberté pour réaliser le souverain bien. Pour Aristote, le souverain bien ne se distingue pas du bonheur, forme supérieure du plaisir. Or, le plaisir consiste dans l'activité, et il y a autant d'espèces de plaisirs que de modes de l'activité. La valeur du plaisir à l'égard du souverain bien dépendra donc de la valeur de l'activité à laquelle il s'ajoute.

L'homme atteindra le bonheur en accomplissant les actions les plus conformes à sa nature. La raison étant ce qui le distingue des autres animaux, l'activité véritablement humaine consistera dans la vie conforme à la raison, et comme le plaisir s'ajoute à l'activité, l'achève, quand nous faisons ce qui est conforme à notre nature, le bonheur est notre récompense.

Ce qu'on appelle vertu n'est que la perfection de notre activité naturelle, une habitude de faire le bien, une disposition ferme et constante qui a son principe dans l'intelligence et la liberté. Quant aux actes que la vertu nous commande, ils consistent dans le bon usage de nos passions naturelles. Il ne faut pas supprimer les passions, mais les contenir dans de justes bornes, *philosopher avec elles,* les soumettre à la raison. Les supprimer, ce serait renoncer à la vie; d'autre part, les laisser maîtresses, c'est se soumettre à l'excès et au dérèglement des désirs. La vertu consiste dans un juste milieu, dans l'application à la vie de l'idée d'ordre, de mesure et d'harmonie.

Les principales vertus sont : la *tempérance*, qui est un juste milieu entre l'*intempérance* et l'*insensibilité;* le *courage*, qui est un juste milieu entre la *lâcheté* et la *témérité;* la *libéralité*, qui tient le milieu entre la *prodigalité* et l'*avarice;* la *magnificence*, qui tient le milieu entre la *mesquinerie* et la *sotte ostentation*.

Toutefois, l'exercice de ces vertus n'épuise pas la destinée humaine. Il faut s'élever de la vie pratique à la vie contemplative. L'acte propre de l'homme étant dans la pensée, son souverain bien consistera dans la contemplation de l'intelligible, dans la pensée de la pensée, c'est-à-dire dans l'intelligence de ce qui est parfait et divin, dans l'union avec la divinité, dernier terme de la félicité humaine.

Telle est la morale individuelle d'Aristote. Il est nécessaire de lui adjoindre une morale sociale, car l'homme est en perpétuel commerce avec ses semblables. A ce titre, la *justice* sera la vertu sociale par excellence. Aristote distingue la justice *commutative*, qui préside aux contrats de vente et aux échanges, et la justice *distributive*, qui préside aux partages des biens et des honneurs. La première a pour règle l'*égalité*, et la seconde a pour règle la *proportionnalité*. La loi repose sur la justice qui, dans les cas exceptionnels, est tempérée par l'*équité*.

La justice est la condition de la vie sociale, mais la vraie société, la plus durable est encore celle que l'*amitié* crée entre les hommes.

Politique d'Aristote. — Aristote, pour construire sa république, procède par expérience et par observation. Il essaie de dégager des faits les lois générales de la politique, et il est amené par là à tenir un plus grand compte de l'individu que ne l'avait fait Platon. Il s'élève contre la théorie de son maître qui absorbe l'individu dans l'Etat et soutient que le bonheur de l'Etat, s'il n'est le bonheur des individus qui le composent, n'est qu'une vaine abstraction.

L'homme est un animal fait pour vivre en société, un animal politique. C'est la nécessité de vivre qui fonde la cité, l'Etat. D'autre part, la vie sociale a pour fin de permettre à l'homme de réaliser la vertu et le bonheur. Aristote ne sépare pas la morale de la politique.

La cité est sortie de la première communauté naturelle, qui est la famille. La famille comprend : le maître, la femme, les enfants et les esclaves. Le maître commande à la femme et aux enfants en faisant appel à leur amitié et à leur respect. Quant aux esclaves, qui n'ont des hommes que l'apparence, leur condition est de servir le maître, d'assurer sa subsistance et de faire produire sa propriété. Aristote ne sépare pas, en effet, la propriété de la puissance politique. C'est la propriété qui fait l'homme libre, le citoyen.

Sur tous ces points, il est à peine besoin de faire remarquer combien les idées d'Aristote se ressentent de l'état social dans lequel il vivait et quel progrès a réalisé à cet égard la pensée moderne, surtout en ce qui concerne l'esclavage.

Aristote examine ensuite quelle est la meilleure forme de gouvernement, et il écarte successivement les formes monarchique et aristocratique, parce qu'elles n'assurent pas assez le règne de la loi qui émane de la raison et qui, seule, doit régner en maîtresse. Rien ne garantit, en effet, que le roi gouvernera avec sa raison et non avec ses passions. De plus, la monarchie a pour conséquence l'hérédité du pouvoir, et il n'est pas raisonnable d'accepter la volonté d'un être que l'on ne connaît pas encore. Quant au gouvernement aristocratique, il n'est guère meilleur. Les aristocrates ont leurs propres intérêts qui peuvent s'opposer à l'intérêt public. La meilleure des constitutions est celle qui fait de tous les membres de l'Etat des citoyens. La meilleure forme de gouvernement est la république modérée, où la loi, acceptée et votée par tous les citoyens, règne en véritable maîtresse. (V. RAVAISSON. *Essai sur la métaphysique d'Aristote.*)

ARIUS, hérétique fameux du III° siècle, penseur très profond et à qui la philosophie de Platon et celle d'Aristote étaient familières. Il attaqua la doctrine de l'Eglise sur la divinité du *Verbe*, et fut condamné par le concile de Nicée.

ARNAULD, philosophe français de l'école cartésienne. Il naquit à Paris le 8 février 1612. Il entra à Port-Royal et fut reçu docteur en théologie à la Sorbonne en 1641. Accusé de jansénisme, il fut exclu de la

Arnaud.

Sorbonne. Il mourut en Belgique en 1694. On l'a surnommé le *grand Arnauld*.

Il accepte la doctrine cartésienne et il distingue la philosophie de la théologie. Il n'accorde pas qu'il n'y ait en dehors de la foi aucune certitude, mais il revendique les droits de la raison.

Son ouvrage le plus important est la *Logique ou Art de penser*, auquel collabora Nicole. Il ne se confina pas dans la logique. Ses objections à Descartes prouvent qu'il fut un vigoureux esprit métaphysique. Il l'a encore montré dans sa critique de la perception, où il s'élève contre la théorie de la *Vision en Dieu*, de Malebranche, et combat l'opinion d'après laquelle il n'y aurait pas un rapport naturel entre les idées et les choses.

Il fut surtout réputé en son temps pour ses gros ouvrages de théologie qu'on ne lit plus guère aujourd'hui, et dont un, le *Traité de la fréquente communion*, joua un si grand rôle dans la querelle entre jésuites et jansénistes.

ARNOBE, philosophe latin. Il vivait vers le commencement du IVe siècle. Il fut d'abord professeur d'éloquence, puis il se convertit et s'efforça de lutter contre le paganisme. Il a mérité le titre de Père de l'Eglise.

ARRIEN, philosophe grec, de l'école stoïcienne. Il est né à Nicomédie, en Bithynie, au commencement du IIe siècle de l'ère chrétienne ; l'époque de sa mort est inconnue.

Il fut le disciple d'Epictète et il écrivit le *Manuel* et les *Entretiens*, traduits par Guyau, où il expose la doctrine de son maître, qui est en même temps la sienne.

Il y a dans l'univers une raison providentielle qui règle le cours des choses. L'homme doit par la raison s'élever jusqu'à la conception de cette Providence et s'y soumettre.

ASSOCIATIONISTE (École). On groupe sous ce nom les psychologues anglais qui ont tenté d'expliquer tous nos jugements et les principes mêmes de notre raison par le mécanisme de l'association des images.

Ils ont cru pouvoir ainsi expliquer

Saint Athanase.

l'esprit tout entier par une loi qu'ils ont eu le mérite de mettre en pleine lumière, mais qui ne s'applique peut-être qu'à la mémoire. Les principaux représentants de cette école sont : Hartley, James Mill, son fils John Stuart Mill, Alexandre Bain, Georges Lewes. (V. *ces noms*.) Le grand tort de tous ces philosophes est de vouloir donner de l'esprit une explication *mécanique*.

ATHANASE (Saint), né à Alexandrie en 296, mort en 373. Il fut évêque de sa ville natale et mérita le titre de Père de l'Eglise. Il combattit à la fois l'hérésie arienne (V. ARIUS) et les derniers restes de l'influence néo-platonicienne.

ATOMISME. Système de métaphysique fondé sur l'hypothèse des atomes. C'est un matérialisme mécaniste : il n'y a que des atomes matériels, qui se combinent entre eux d'après les lois du mouvement.

ATOMISTIQUE (Ecole) ou **ÉCOLE D'ABDÈRE.** V. LEUCIPPE, DÉMOCRITE, ÉPICURE, GASSENDI.

AUGUSTIN (Saint) ou **AURÉLIUS AUGUSTINUS**, né à Tagaste en Afrique, en 354. Converti, après une jeunesse orageuse, à la religion de sa mère, il unit l'amour de la philosophie à l'obéissance religieuse. Il mourut évêque d'Hippone en 430. C'est le plus célèbre des Pères de l'Eglise latine.

Ses écrits les plus importants sont les *Confessions* et la *Cité de Dieu.* Selon saint Augustin, la raison est *capable* de Dieu. La vraie philosophie est identique à la vraie religion. La foi précède la science, il faut admettre une chose pour la comprendre, *credo ut intelligam;* mais la foi finit par faire place à la science.

La théologie de saint Augustin est toute platonicienne, Dieu est l'être au-dessus duquel et en dehors duquel rien n'existe. La bonté, la justice, la toute-puissance, l'omniprésence, l'éternité font partie de sa substance même. Cependant, il est important de distinguer entre Dieu et le monde. Saint Augustin se défend d'être panthéiste. Il enseigne que le monde n'est pas *émané* de Dieu, mais qu'il a été *créé ex nihilo* par un acte de la liberté divine. Il combat, en outre, l'arianisme, qui considérait dans la Trinité trois personnes distinctes. Elles ne constituent, selon saint Augustin, qu'un seul et même Dieu, de même que la raison, la volonté et le sentiment ne forment qu'un seul et même être humain.

L'existence de l'âme se prouve par la pensée. Douter de son existence, n'est-ce pas penser? Et penser n'est-ce pas exister? (V. le *Cogito ergo sum* de DESCARTES). L'âme n'est pas matérielle, car nous n'avons conscience d'aucune substance matérielle qui entrerait dans sa composition. Quant à son origine, elle est une créature de Dieu qui a commencé d'être comme toutes les créatures; mais elle est immortelle, parce qu'étant capable de raison, elle est en communion avec l'éternelle vérité et qu'elle participe de son immortalité. La pensée, la contemplation des choses divines n'est-elle pas indépendante de la vie du corps et des sens?

Saint Augustin a été le théoricien religieux de la liberté et de la grâce. Il est ainsi le précurseur du jansénisme. Par suite de la prescience divine, la philosophie le porterait à admettre que toutes nos actions bonnes et mauvaises sont prédéterminées par Dieu. Mais si par le péché originel l'homme naturel est esclave du mal, la grâce divine peut le rendre à la liberté. Dieu sauve l'homme parce qu'il le veut. Il y a des *élus* prédestinés au salut par un acte éternel de Dieu; les autres ne le sont pas.

AUGUSTINUS (L'). C'est le titre du fameux traité théologique par lequel Jansénius prétendit exposer la doctrine de saint Augustin sur la grâce, et qui donna lieu aux querelles du jansénisme (1640).

AVERROÈS, le plus illustre des philosophes arabes, né au commencement du XII° siècle et mort en 1198. Il fit partie de l'Université de Cordoue, dont les savants traduisirent et commentèrent en langue arabe les œuvres d'Aristote. Il possédait toutes les sciences connues de son temps. On lui est principalement redevable des *grands*, des *petits* et des *moyens Commentaires* sur Aristote, qui furent plus tard traduits en latin et révélèrent la philosophie antique aux écoles chrétiennes.

Averroès admit la théorie d'Aristote, mais il la transforma en y mêlant des conceptions du néo-platonisme. Il substitua à la cause finale qui met le monde en mouvement, la doctrine alexandrine de l'émanation. Renan a étudié son œuvre dans un ouvrage intéressant.

AVICENNE, médecin et philosophe arabe, le plus illustre docteur de l'école de Bagdad. Il vécut de 980 à 1037. Son principal mérite fut d'exposer la philosophie d'Aristote.

Il reste de lui des commentaires excellents sur divers traités du philosophe grec et une paraphrase de son *Histoire des animaux*.

B

BABEUF (1760-1797), né à Saint-Quentin. Il énonça le premier les doctrines du communisme. Ayant conspiré contre le Directoire, il fut condamné et exécuté. (V. Lichtenberger, *Le Socialisme et la Révolution française*.)

BACON (Roger), philosophe an-

Roger Bacon.

glais, né vers 1214, dans le comté de Somerset. Il étudia à Paris, prit le titre de docteur, et entra dans l'ordre des franciscains. Il fut un moment protégé par le pape Clément IV. Il lui dédia son *Opus majus*, qui fut suivi de l'*Opus minus* et de l'*Opus tertium*. Mais ses ennemis prirent le dessus et Roger subit douze ans de réclusion. Il mourut en 1294. On l'a surnommé *Doctor mirabilis*. Il avait conçu le projet de réformer complètement l'enseignement de l'école, qui était purement dialectique, en y introduisant les sciences. Il insista sur la stérilité de la scolastique et sur la nécessité d'observer la nature. Il entrevit même l'importance de la recherche expérimentale comme complément de la déduction syllogistique.

La tentative de Roger Bacon ne devait aboutir que trois cents ans plus tard avec François Bacon.

BACON (François), philosophe anglais, né à Londres en 1561. Il était le fils de Nicolas Bacon, garde des sceaux sous Elisabeth. Il fit ses études à Cambridge, et plus tard fut attaché à l'ambassade de France. A la mort de son père, il revint à Londres, et en 1589, le comté de Middlesex l'envoya à la Chambre des communes. Quand Jacques Ier fut roi, il gagna sa faveur. Il fut comblé d'honneurs et doté de riches pensions. Mais plus tard, accusé de corruption pour avoir apposé les sceaux à d'injustes concessions de privilèges, il fut condamné à une forte amende et à être enfermé dans la tour de Londres. Le roi lui fit remise de l'amende et de la prison. Bacon, ainsi rendu à la vie privée, poursuivit les études philosophiques pour lesquelles il se passionnait depuis longtemps. Il mourut en 1626.

Il publia en anglais, à trente-sept ans, des *Essais de morale et de politique*. Mais son principal ouvrage est l'*Instauratio magna* ou *la Grande restauration*. Par ce livre il s'efforce d'amener les esprits à l'étude de la nature et de substituer à la scolastique une science nouvelle et des méthodes expérimentales. La science, selon lui, n'est pas chose d'école ; elle doit être pratique et utile à l'humanité. Le vrai livre à déchiffrer, c'est la nature, dont on peut asservir les forces aux besoins de l'homme. Savoir, c'est pouvoir : *tantum possumus quantum scimus.*

L'*Instauratio magna* devait comprendre six parties. La première seule, *de Dignitate et Augmentis scientiarum* ou sur la *Dignité et l'Accroissement des sciences*, est achevée. Le *Novum organum* ou *Nouvelle logique* est incomplet. Nous n'avons que des fragments des quatre autres parties, qui devaient contenir l'exposition des sciences et leurs applications.

Dans le traité *sur la Dignité et l'Accroissement des sciences*, Bacon donne une classification des sciences qui, dans son esprit, doit servir à renseigner sur ce qui a été fait et sur ce qui reste à faire. Il y dénonce les lacunes de la science et fait concevoir les espérances que l'on peut attendre de son perfectionnement. Cette classification repose sur le principe de la division des trois facultés humaines. A la *mémoire*, correspond l'histoire, soit naturelle, soit civile; à l'*imagination* correspond la poésie; à la *raison*, correspond la philosophie, qui est la science de Dieu, de la nature et de l'homme.

Bacon a donné le nom de *Novum organum* à la seconde partie de son ouvrage, par opposition à l'ancien *Organon* d'Aristote. Il y expose une méthode encore inconnue pour la recherche et la découverte de la vérité. L'ouvrage comprend deux livres, dont le premier seul est achevé.

Dans ce premier livre, Bacon énumère les causes qui se sont opposées au progrès des sciences et il cite, en premier lieu, la logique jusqu'à présent reçue. Il rejette le syllogisme qui n'est d'aucun usage pour découvrir ou vérifier les premiers principes de la nature et il s'oppose au trop grand respect que l'on a pour l'antiquité. Elle ne représente que l'enfance de l'humanité. *Antiquitas seculi, juventus mundi.* Avant donc d'exposer la vraie méthode, il faut purger l'esprit des préjugés, des *fantômes* qui l'obscurcissent et le ferment à la vérité. Ces fantômes, ou *idola*, sont de quatre sortes : les *idola tribus* (fantômes de la tribu), qui ont leur principe dans la nature même de l'homme; les *idola specus* (fantômes de la caverne), qui viennent des défauts propres à l'individu; les *idola fori* (fantômes du forum), qui naissent du langage; les *idola theatri* (fantômes du théâtre), qui ont pour auteurs les philosophes et leurs systèmes.

Dans le second livre, Bacon expose la vraie méthode. Elle consiste à partir des sensations et des faits particuliers, pour s'élever, par une marche graduelle, jusqu'aux propositions générales. Il faut substituer l'observation et l'expérience aux vains raisonnements de la dialectique, l'induction qui établit des principes, à la déduction qui tire des conséquences. « L'homme, dit-il, ne commande à la nature qu'en lui obéissant. »

Il veut que l'on dresse des *tables* ou *coordinations* d'exemples, qui permettent de dégager la loi générale des cas particuliers. Dans les *tables de présence*, on énumère les cas où se trouve, par exemple, la nature de la chaleur. Dans les *tables d'absence*, on énumère les exemples d'analogues où ne se trouve pas la nature de la chaleur. Dans les *tables de degré* ou *de comparaison*, on fait comparaître devant l'entendement des exemples de sujets où la nature qui est l'objet de la recherche se trouve à différents degrés, en observant ses accroissements et ses décroissements, soit dans un sujet comparé à lui-même, soit en différents sujets comparés entre eux. Ce travail fait, on use ensuite de l'induction proprement dite. Ces idées ont été développées dans ce siècle par Stuart Mill.

Parmi les exemples ou faits, il en est qui sont plus instructifs que les autres. Bacon les étudie longuement, et il leur donne le nom de *faits prérogatifs*. Enfin, il demande que la loi ne soit acceptée qu'après avoir été vérifiée par des expériences nouvelles qui s'en déduisent ou qui la confirment.

Bacon a donné ainsi une première ébauche de la méthode expérimentale. A ce titre, il peut être considéré, avec Descartes, comme l'un des fondateurs de la philosophie moderne. Mais les critiques anglais eux-mêmes (entre autres Huxley) reconnaissent que son œuvre est bien inférieure à celle de Descartes. (V. ADAM. *La philosophie de Bacon*.)

BAGDAD (École de). V. ARABES, AL-KENDI, AL-FARABI, AVICENNE, AL-GAZALI.

BAHNSEN, philosophe allemand contemporain (1830-1881), disciple de Schopenhauer et de Hartmann, dont il a poussé plus loin encore le pessimisme. Pour lui, le mal est indestructible comme l'être même.

BAILEY (Samuel), né à Sheffield en 1787, mort en 1870, écrivain politique et psychologue de l'école associationiste.

BAIN (Alexandre), né en 1818 à Aberdeen, psychologue anglais contemporain, de l'école associationiste.

Il a écrit de remarquables traités de psychologie descriptive, où il applique aux phénomènes de l'esprit la méthode d'analyse familière à l'école anglaise. Ses principaux ouvrages sont : *Logique inductive et déductive; les Sens et l'Intelligence; les Emotions et la Volonté; l'Esprit et le Corps; la Science de l'Education*.

Ce qui caractérise la psychologie de Bain, et ce qui a été en philosophie une innovation féconde, c'est la part faite à l'observation des phénomènes physiologiques en tant qu'ils provoquent ou modifient les phénomènes psychologiques. C'est ainsi qu'il a profondément étudié le rôle des sensations musculaires dans notre perception du monde extérieur et qu'il a montré comment le cerveau non seulement obéit aux impulsions, mais encore se meut par une activité spontanée, qui serait le principe des phénomènes de volonté. Quoi qu'il en soit de ses conclusions doctrinales, Bain a du moins mis en honneur la méthode d'observation psycho-physiologique qui devait complètement renouveler la psychologie.

BALMÈS (1810-1848), philosophe catholique espagnol.

BANQUET (Le), ouvrage célèbre de Platon. (V. *ce nom*.)

BARTHÉLEMY-SAINT-HILAIRE (Jules), philosophe et homme politique français, né à Paris en 1805, mort en 1895. Il est surtout connu pour avoir fait une traduction des œuvres d'Aristote, avec un commentaire important qui rapproche de notre philosophie moderne la doctrine du philosophe grec. Mais il a aussi publié des œuvres personnelles : *De la logique d'Aristote* (1838); *De l'Ecole d'Alexandrie* (1845); *De la métaphysique, sa nature, ses droits* (1879); enfin un grand nombre de travaux académiques.

BASILE LE GRAND (Saint), origi-naire de la Cappadoce, né en 329 et mort en 379. Il avait fait ses études à Athènes, où il s'éprit d'amour pour la philosophie grecque qu'il essaya de concilier avec les dogmes chrétiens. Il fut évêque et mérita le titre de père de l'Église.

BASILIDE, philosophe grec, qui vécut au IIIe siècle avant Jésus-Christ, disciple et successeur d'Epicure. On ne connaît rien de positif sur sa vie et ses œuvres.

Deux autres Basilide ont laissé un nom dans l'histoire de la philosophie. L'un fut stoïcien et l'autre disciple de l'école d'Alexandrie.

BASTIAT (1801-1850), économiste et philosophe français. Il est l'auteur des *Harmonies économiques*. Il soutient le libre-échange.

BAUTAIN (l'abbé) (1796-1867), philosophe rationaliste chrétien.

BAYLE, philosophe français né à Carlat, dans le comté de Foix, en 1647. Il passa la plus grande partie de sa vie en Hollande, où il s'était réfugié pour sauvegarder sa liberté de penser. Il mourut à Rotterdam en 1706.

Il composa un *Dictionnaire historique et critique*, où il s'appliqua à opposer les diverses doctrines philosophiques.

C'était un sceptique à l'esprit très fin et très aiguisé. Il insista particulièrement sur la difficulté de concilier la liberté et la providence divine, l'existence du mal sous ses différentes formes avec l'existence de Dieu. Il représente au XVIIe siècle le courant de la libre-pensée.

BEATTIE (James), philosophe écossais, né en 1735 à Lawrencekirk, en Ecosse, et mort en 1803.

Il est autant connu comme poète que comme philosophe. Il s'est surtout efforcé de distinguer les vérités de la raison des vérités du sens commun, et de combattre le scepticisme de Berkeley et de Hume.

BECCARIA (1738-1794), jurisconsulte et philosophe italien, auteur d'un remarquable *Traité des délits et des peines*.

BENTHAM (Jérémie), philosophe anglais, né à Londres en 1748 et mort en 1832. Ce fut un jurisconsulte et un publiciste. Son titre philosophique est d'avoir essayé de créer une sorte d'arithmétique morale.

Selon Bentham, le mobile de toutes nos actions est l'intérêt. Le bien ou le bonheur consistera donc dans l'intérêt bien entendu. Mais il s'agit de pouvoir reconnaître quelles sont les actions qui nous seront le plus profitables. Il prétendit pouvoir instituer pour cela une règle mathématique et assigner un coefficient d'intérêt à chacun de nos actes. Entre deux actions possibles, il n'y avait qu'à choisir celle qui, examinée à sept points de vue, présentait le plus grand coefficient.

Ces sept points de vue sont : l'*intensité* (plaisirs vifs ou faibles); la *durée* (plaisirs passagers ou durables); la *proximité* (plaisirs proches ou lointains); la *certitude* (plaisirs assurés ou problématiques); la *pureté* (plaisirs exempts de toute peine ou mélangés de souffrance); la *fécondité* (plaisirs suivis de beaucoup d'autres, ou au contraire stériles en conséquences agréables); l'*étendue* (plaisirs susceptibles d'être goûtés en même temps par un grand nombre de personnes, ou au contraire plaisirs égoïstes). Son œuvre *juridique* est remarquable.

BÉRENGER, philosophe français, né à Tours en 998, mort en 1088. Il écrivit un *De sacra cœna adversus Lanfrancium*. Ce fut un docteur de la scolastique qui se perdit, comme plusieurs de ses contemporains, dans la discussion de sujets stériles.

Il fut condamné par plusieurs conciles. Chaque fois, il accorda les rétractations qu'on lui demandait et échappa ainsi à la persécution violente.

BERGSON (Henri), philosophe français contemporain. Il s'est appliqué à distinguer soigneusement le monde de l'*espace* ou de la quantité, et le monde du *temps* ou plutôt de la *durée* qui est celui de la qualité. Notre vie psychologique est une suite mouvante d'états ou plus précisément d'actions originales, irréductibles les unes aux autres. Il suit de là qu'on fausse la psychologie dès qu'on prétend y introduire la mesure. Notre moi est libre dans ce qu'il a de *profond*, d'original et d'intraduisible. On peut résumer l'œuvre de ce philosophe en disant qu'elle consiste à poser une conception dynamiste de la vie psychologique et à faire évanouir les lois du temps, du nombre, de la causalité. Ces vues sont exposées dans l'*Essai sur les données immédiates de la conscience.*

Dans son dernier ouvrage, *Matière et Mémoire*, M. Bergson a essayé de combler le fossé qui sépare le sujet conscient de l'univers qu'il se représente.

BERKELEY, philosophe anglais, né en 1685, à Kilkrin (Irlande). Il fit ses études à Dublin, et il était à peine docteur que déjà il était en possession de la doctrine qui devait l'immortaliser. Il voyagea beaucoup en Italie et en Amérique. A son retour, il fut nommé évêque de Cloyne (Irlande), et huit ans après il se retira à Oxford, où il mourut en 1753.

Ses principaux ouvrages sont : l'*Essai sur une nouvelle théorie de la vision* (1708); ses *Principes de la connaissance humaine* (1710); les *Dialogues d'Hylas et de Philonoüs* (1713); les dialogues intitulés : *Alcyphron ou le Petit philosophe et la Siris.*

Il est empiriste à la façon de Locke et il n'admet pas que nous ayons d'autres idées dans l'esprit que des idées particulières, telles que l'expérience peut nous les donner. Elles se réduisent toutes, même les plus générales, à des idées de qualités sensibles, fournies par les sens, et chaque sens nous procure des idées spéciales.

Nous ne connaissons donc rien de plus que nos propres sensations. Par conséquent, nous ne pouvons parler de ce que nous ne connaissons pas, c'est-à-dire d'un monde des corps et de la matière qui n'existe pas. Il est contradictoire d'avouer que nous ne la connaissons pas et d'affirmer son existence. Les qualités que Descartes appelle les qualités premières des corps, comme l'*étendue,* se résolvent dans des sensations et n'existent, ainsi que les qualités secondes, qu'à titre d'idées. Il n'y a au monde que des esprits et les idées de ces esprits. Tout l'*être* des corps est d'*être perçus; esse est percipi.*

Berkeley est donc empiriste jusqu'au pur phénoménisme, et rien ne le garde des conclusions les plus sceptiques. Mais alors il se demande d'où viennent ces idées. Les expliquer par des choses extérieures et inconnues, c'est, dit Berkeley, expliquer *obscurum per obscurius*. Le plus simple est d'admettre que Dieu est l'auteur des idées sensibles en nous et qu'il a réglé l'ordre dans lequel elles se suivent.

Berkeley estimait, en faisant ainsi s'évanouir l'idée de l'existence de la matière, avoir détruit pour jamais le matérialisme. Sa doctrine est, en effet, un immatérialisme absolu.

BERNARD (Saint) (1091-1153), abbé de Clairvaux, poursuivit Abailard de ses anathèmes au nom de l'orthodoxie, et rejeta la dialectique rationaliste comme une arme dangereuse. Il appartient à la première période de la scolastique.

BÉROSE, historien chaldéen, prêtre de Bélus, à Babylone (vers 300 av. J.-C.). Des fragments conservés par Flavius Josèphe et par Eusèbe exposent une cosmogonie bizarre, qui n'a rien de philosophique. Bérose ne paraît pas être un personnage unique et authentique.

BERSOT (Ernest), né à Surgères en 1816, mort en 1880. Philosophe et écrivain. Il a laissé de nombreuses études philosophiques parues au *Journal des Débats*, et quelques œuvres remarquables par la force et la justesse du jugement, par l'élévation morale, la fermeté de l'esprit libéral : *Essai sur la Providence* (1853); *Études sur le* XVIIIe *siècle* (1855).

BESSARION, philosophe italien, né en 1389, mort en 1472. Il fut archevêque et cardinal romain. Principal promoteur du mouvement platonicien en Italie au XVe siècle, il voulut identifier la philosophie de Platon et le dogme de l'Eglise.

BEYLE (Henri), connu sous le pseudonyme de Stendhal, né à Grenoble en 1783, mort en 1842. Philosophe et romancier, il écrivit l'*Amour*, le *Rouge et le Noir*, la *Chartreuse de Parme*, œuvres d'une profonde observation psychologique.

BIAS, de Priène, entre Ephèse et Milet, est cité par Platon dans le dialogue intitulé *Protagoras*, comme un des sept sages de la Grèce. On lui attribue des pensées morales d'une grande sagesse, entre autres celle-ci : « Quand tu fais quelque chose de bien, fais-en honneur aux dieux, non à toi-même. »

BLACKIE (John-Stuart), philosophe anglais contemporain, né à Glasgow en 1809, professeur à Aberdeen et à Edimbourg, auteur d'un intéressant ouvrage sur l'*Education de soi-même*, qui révèle un fin et profond moraliste. Cet ouvrage a été traduit en français par Félix Pécaut.

BODIN, philosophe français, né à Angers en 1530, mort en 1596. Ce fut un précurseur de Montesquieu. Il fonda, le premier, la science politique et la philosophie de l'histoire dans sa *République*.

BOÈCE, philosophe romain, né à Rome en 470. Converti au christianisme, il mourut dans les supplices le 23 octobre 526. Il continua, tout en étant chrétien, d'admirer la philosophie stoïcienne et il écrivit, sous cette influence, le *De consolatione*.

BOEHM (Jacob), philosophe allemand, né en 1575 à Görlitz (Haute-Alsace) et mort en 1624. Il était cordonnier de son état et se fit remarquer par la profondeur de son intelligence.

En philosophie, ce fut un mystique qui prétendit n'avoir pris la plume qu'après avoir été visité trois fois par la grâce. Précurseur de Fichte, de Schelling et de Hegel, il expose dans ses ouvrages un panthéisme dans lequel il fait voir comment tout émane de Dieu, qui ne devient réel lui-même qu'en s'opposant à ce qui n'est pas lui. (V. BOUTROUX, *Etudes d'histoire de la philosophie*.

BONALD (de), philosophe français, né en 1754, mort en 1840. Ce fut un théoricien des idées innées et du sens commun. Il est surtout connu par sa théorie de l'origine du langage, qu'il tient pour un don de la divinité. Il soutint d'ailleurs, comme polémiste catholique et royaliste, cette thèse qu'il n'y a qu'une constitution naturelle de société politique, la constitution royale pure, et qu'une constitution de société religieuse, l'Eglise catholique.

BONAVENTURE (Saint) ou **JEAN FIDENZA**, surnommé le *Doctor seraphicus*. Né vers 1221, en Toscane, il mourut en 1274 pendant le second concile de Lyon, où il siégeait comme cardinal-évêque d'Albano. Esprit mystique, sa préoccupation

De Bonald.

fut de s'élever à l'intuition de l'être parfait, et d'en déduire la réalité. Sa doctrine est exposée dans son *Itinerarium mentis ad Deum* (chemin de l'esprit vers Dieu). Voulant réformer son ordre et arrêter le mouvement d'idées que quelques penseurs avaient provoqué, c'est lui qui fit venir Roger Bacon d'Oxford à Paris et le fit enfermer.

BONNET (Charles), 1720-1783, philosophe sensualiste et théiste, d'origine suisse. Il ne sépare pas la psychologie de la physiologie, et fait dériver toutes nos connaissances de la sensation. Il a écrit deux ouvrages principaux : l'*Essai analytique sur les facultés de l'âme*, qui commence comme le *Traité des sensations* de Condillac, par l'image d'une statue qui s'anime, et la *Palingénésie philosophique*.

BORDAS-DEMOULIN (1798-1859) philosophe néo-catholique, a consacré sa vie à la recherche d'une conciliation entre la philosophie et le catholicisme. Il a publié *Le Cartésianisme*, 1843; des *Essais sur la Réforme catholique*, 1856.

BOSSUET, évêque français, né à Dijon en 1627, fut précepteur du grand dauphin et évêque de Meaux. Il mourut à Paris en 1704.

Son principal titre philosophique est d'avoir écrit le *Traité de la*

connaissance de Dieu et de soi-même, où il s'inspire à la fois de saint Augustin, de saint Thomas et de Descartes. Il prouve l'existence de Dieu en montrant que l'idée de perfection est une idée positive, et que l'imparfait ne se peut concevoir sans l'idée du parfait, de même que l'idée du non-être ne peut être conçue sans l'idée d'être.

Il résout en outre le problème de la prescience divine et de la liberté par un acte de foi. Il faut, dit-il, tenir fortement les deux bouts de la chaîne, bien que l'on n'aperçoive pas les anneaux intermédiaires.

Philosophe, moraliste, théologien, orateur, Bossuet est la plus grande figure de son siècle, et il demeure l'une des plus nobles gloires de l'Eglise catholique. La Bruyère l'a appelé un *Père de l'Eglise*.

Il faut remarquer, toutefois, qu'il fut l'homme des opinions reçues et, comme on a dit, des « idées communes ». Il n'eut point l'esprit no-

Bossuet.

vateur. Bien au contraire, toute nouveauté l'eut pour adversaire. Il combattit à outrance le protestantisme, le jansénisme, le quiétisme.

Sa politique est inspirée d'un grand respect des institutions établies. Il a donné la théorie catholique du despotisme absolu. Le roi est le représentant de Dieu sur la terre; il gouverne en son nom et n'a de comptes à rendre qu'à Dieu. Si, d'ailleurs, des changements se produisent dans le monde, c'est que Dieu l'a voulu : l'histoire n'est faite que de coups d'Etat de la Providence. Le premier devoir du roi sera de servir la cause de Dieu et, par conséquent, de l'Eglise. C'est par de tels principes que Bossuet justifia la révocation de l'édit de Nantes.

BOUTROUX (Emile), philosophe français contemporain, né en 1845. Il a été un des rénovateurs du spiritualisme. Dans sa thèse : *De la contingence des lois de la nature*, il établit, par une analyse à la fois subtile et profonde, que la *nécessité logique* des lois n'exclut pas, au fond, la contingence dans les choses mêmes. La science, qui dégage les lois, se place, en effet, exclusivement au point de vue de la *quantité* abstraite, des rapports constants et mesurables. De ce point de vue, tout apparaît déterminé. Mais si pour la science tout est *quantité*, dans la réalité des choses tout est *qualité*, et le déterminisme rigoureux auquel l'esprit réduit le monde de la *quantité* ne s'applique plus au domaine de la *qualité*. Cette distinction féconde, que l'on retrouve dans la philosophie de M. Bergson (V. *ce nom*), est le principe essentiel du néo-spiritualisme, ce dont sont faites sa force et son originalité.

M. Boutroux, continuant à approfondir l'idée de loi, a autorisé la publication de ses cours sous ce titre : *l'Idée de loi dans les sciences de la nature*. Il a donné des *Etudes d'histoire de la philosophie* et des *Questions de morale et d'éducation*.

BROCHARD (Victor-Charles-Louis), philosophe français, né à Quesnoy (Nord) en 1848. Sa thèse pour le doctorat ès lettres, soutenue en Sorbonne, et qui a pour titre : *De l'erreur*, est une œuvre philosophique de premier ordre. Après avoir passé en revue les théories de Platon, Descartes, Spinoza, sur l'erreur, il soutient que les causes d'erreur sont dans la liberté, car toute certitude est un acte de croyance et toute croyance est un acte de volonté. M. Brochard peut être compté parmi les philosophes de l'école néo-criticiste. Professeur à l'Ecole normale supérieure, puis à la Sorbonne, il a renouvelé, par la méthode critique, l'enseignement philosophique de l'Université, et il a apporté sur plusieurs points de l'histoire de la philosophie grecque des interprétations aussi remarquables que personnelles.

BROUSSAIS (1772-1838), né à Saint-Malo, médecin et philosophe matérialiste, fondateur de l'Ecole physiologique.

BROWN, philosophe anglais, né à Kirkmabreck en 1778, mort à Edimbourg en 1820. Il professa à l'Université d'Edimbourg. Il combattit le scepticisme de Hume et fit connaître en Angleterre la philosophie de Kant. Par son esprit et ses doctrines, il appartient à l'Ecole écossaise.

BRUNO (Giordano), né en 1550 à Nola, près de Naples. Il entra dans l'ordre des dominicains, mais l'influence des écrits de Nicolas de Cuse et de Raymond Lulle le fit rompre avec le catholicisme. Il se rendit alors à Genève, puis à Paris, à Londres, en Allemagne. De retour à Venise, il fut arrêté par ordre de l'Inquisition et brûlé vif à Rome pour ses doctrines, en 1600, après deux années de captivité.

Le premier, il accepta le système héliocentrique de Copernic. La terre n'est qu'une planète et l'univers un système de systèmes solaires. De plus, l'univers étant infini, Dieu et l'univers sont un seul et même être ; il ne peut y avoir deux infinis. Dieu ou l'univers est la cause éternelle du monde, *natura naturans;* le monde est la totalité de ses effets, *natura naturata*.

L'Etre infini produit, en se déployant, la multitude des genres, des espèces et des individus, la variété des lois cosmiques et les rapports qui constituent la vie universelle, sans devenir lui-même genre, espèce ou individu. Il est en toutes choses et toutes choses sont en lui. C'est en lui que tout ce qui existe a la vie, le mouvement et l'être. Grâce à cette présence de l'infini dans les parcelles de l'univers, tout dans la nature est vivant, rien ne s'anéantit; la mort n'est qu'une transformation.

L'Univers ou Dieu est aussi la *matière* qui renferme toutes les formes en germe et les produit successivement. L'âme de l'homme est le suprême épanouissement de la vie cosmique. Tous les êtres sont à la fois corps et âme, tous sont des *monades* vivantes. Le corps est la conséquence de la force d'expansion que possède la monade; la pensée est une concentration de la monade sur elle-même.

Disciple des Alexandrins, Giordano Bruno est le précurseur de Spinoza et des panthéistes modernes.

BÜCHNER, philosophe allemand contemporain (1824-1899), auteur d'un célèbre ouvrage, *Force et Matière*, où il soutient cette thèse qu'il n'y a point de matière sans force, point de force sans matière. Cette œuvre est aujourd'hui vieillie.

BURIDAN, philosophe français, né à Béthune. Il fut, en 1327, recteur de l'Université de Paris et mourut vers 1360.

Avec Buridan, le nominalisme fut professé, non sans éclat, en Sorbonne. Mais ce philosophe est surtout célèbre pour avoir été le théoricien de la liberté d'indifférence. Il exposa ses idées dans son *Commentaire de la morale à Nicomaque*. On lui prête le fameux argument de l'âne qui se laisse mourir plutôt que de prendre parti entre un seau d'eau et un picotin d'avoine placés à égale distance, et qui le sollicitent avec une égale force. Cette comparaison est souvent rappelée pour représenter la situation d'un homme qui aurait à choisir entre deux décisions et deux motifs d'égale puissance, et qui, ne sachant à quoi se résoudre, finirait par ne rien faire.

BURNOUF (Eugène), orientaliste et historien critique, né à Paris en 1801, mort en 1852. Son *Introduction à l'histoire du bouddhisme* (1845) a révélé aux savants et aux penseurs d'Europe la langue et les dogmes religieux de l'Inde.

BURNOUF (Emile-Louis), orientaliste et philosophe français, né à Valognes en 1821. Il a écrit un *Essai sur le Véda ou Introduction à la connaissance de l'Inde* (1863), qui complète les recherches de l'autre Burnouf sur les religions de l'Inde, et *la Vie et la Pensée* (1886), ouvrage philosophique dans lequel l'auteur fait la critique des conceptions idéalistes.

C

CABANIS (1757-1808), physiologiste et philosophe. D'abord matérialiste, il soutint dans un premier ouvrage, resté célèbre, que la pensée est une fonction cérébrale et que le moral n'est que le physique retourné. (*Rapports du physique et du moral*, 1812.) Plus tard, dans la *Lettre sur les causes premières*, (1824) il admet que le monde est l'œuvre d'une cause intelligente et volontaire et professe alors un panthéisme voisin de celui des stoïciens.

CABET (Etienne). Né à Dijon en 1788, mort en 1856. Philosophe communiste. Auteur du *Voyage en Icarie*.

CALVIN, né à Noyon en 1509, mort à Genève en 1564. Il propagea le protestantisme en France et il en devint le véritable inspirateur. Mais il passa à Genève la plus grande partie de sa vie, et c'est là qu'il accomplit la Réforme. Le plus important de ses ouvrages est l'*Institution chrétienne*.

Calvin veut la Bible pour seule règle à suivre, sans y ajouter ni retrancher; un culte spirituel de Dieu « sans cérémonies ni observations charnelles »; la loi de Dieu seule pour commander à notre conscience sans l'autorité des prêtres; et enfin le recours à la rédemption de Jésus-Christ, qui est notre salut, car l'homme par sa nature est mauvais, pervers « en ténèbres d'entendement », damné, et il ne peut avoir de salut qu'en son rédempteur. Cette doctrine, qui peut paraître dure et rigoureuse, eut du moins pour conséquence de *spiritualiser* le christianisme, de réagir contre la théocratie sacerdotale, d'amener les chrétiens à davantage chercher par eux-mêmes, dans la Bible et dans

la conscience, leur règle de conduite, et enfin de faire pénétrer

Calvin.

dans l'Eglise, de là dans la société,
l'esprit démocratique.

CAMPANELLA (Tomaso), philosophe italien, né près de Stilo, en
Calabre, en 1568. Champion de la
réforme philosophique et de la
liberté italienne, il fut emprisonné
à Naples dans un cachot pendant
vingt-sept ans (1599-1626). Ses ennemis mêlèrent des accusations théologiques aux griefs politiques, et il
fut mis à la torture. Pendant trente-
cinq heures il fut si cruellement
livré aux supplices que, selon le
récit d'un contemporain, « toutes
les veines et artères qui sont autour
du siège ayant été rompues, le sang
qui coulait des blessures ne put
être arrêté ». Il supporta toutes les
tortures sans laisser échapper un
cri de douleur. Il mourut à Paris
en 1639.

Il écrivit une *Philosophia sensi-
bus demonstrata*, un opuscule intitulé : *Cité du soleil*, et l'*Athéisme
vaincu*.

Campanella est un sceptique. Nos
connaissances procèdent, selon
lui, de deux sources : l'expérience
et le raisonnement. Les connaissances acquises par voie de sensation ne portent pas en elles-mêmes
le caractère de la certitude. En
effet, la sensation n'est qu'une modification du sujet, un fait qui se
produit en moi et dont je pourrais
être l'auteur. Si l'objet que je per-
çois n'est que ma sensation, comment prouver qu'il existe hors d'elle ?
Il n'y a que le sens interne qui puisse

le prouver. C'est à la raison que la
sensation est obligée d'emprunter
le caractère de certitude qu'elle
ne porte pas en elle-même. Cependant, il ne s'ensuit pas que les
sens nous montrent les objets tels
qu'ils sont. Il n'y a pas forcément
conformité entre notre manière
de penser les choses et leur manière d'être. L'intelligence humaine
n'a pas une connaissance absolue
des choses. Notre connaissance peut
être exacte sans être achevée. Il
n'y a que Dieu qui ait une connaissance absolue de ce qui existe.
Dieu est l'absolu pouvoir, l'absolu savoir et l'amour absolu. Tout
être procède de Dieu et tend à y
retourner comme à son principe.

Thomas Campanella.

CARDAN, philosophe italien, né à
Pavie en 1501, mort en 1576. Il fut à
la fois médecin, naturaliste et philosophe. Ses ouvrages nombreux
font preuve d'un singulier mélange
de sagesse et d'excentricité. Il s'occupa d'alchimie et montra des tendances mystiques.

CARNÉADE, de Cyrène, philosophe
grec de la nouvelle académie, né
en 215 avant J.-C., mort à Athènes
en 126. Il fonda la troisième et nouvelle académie. On ne connaît sa
doctrine que par la tradition. On
sait qu'il soumit à une critique
pénétrante la théorie des philosophes qui croient à la possibilité
de connaître le vrai. On ne peut,
selon lui, qu'atteindre certains degrés de probabilité, car la démonstration est impossible, attendu qu'il
est impossible de tout démontrer et

qu'il n'y a pas de principe certain. Cependant, il mettait la pratique à l'abri de son scepticisme en soutenant que la probabilité suffit pour agir et pour bien agir.

CARO (Elme-Marie), 1826-1887, philosophe français contemporain, écrivain et professeur brillant. Il fut le polémiste ardent et éclairé dn spiritualisme. Ses principaux ouvrages sont : l'*Idée de Dieu*; le *Pessimisme*; M. *Littré et le Positivisme*; la *Fin du* xviiie *siècle*.

CARUS (Dr Paul), philosophe américain contemporain, professeur actuellement à l'Université de Chicago. Il applique aux questions philosophiques, et notamment au problème de la connaissance, les larges vues d'un esprit à la fois critique et scientifique. Il s'élève également contre l'agnosticisme, le mysticisme et le matérialisme, auxquels il oppose une conception plus large qui allie la science positive et la croyance indépendante de tout dogme. « Le cerveau du philosophe, dit-il, doit être un alambic mental où les idées sont clarifiées, analysés, distillées dans leur essence. » Un seul de ses ouvrages a été traduit en français : le *Problème de la conscience du moi*. Le plus important de ses livres a pour titre : *Problèmes fondamentaux*.

Depuis quelques années le Dr Carus s'est attaché à continuer par des travaux de revue et de journalisme l'œuvre de rapprochement entre les diverses religions du monde, qui fut commencée au *Parlement des religions* de Chicago (1893). Il a créé en Amérique, dans cet ordre d'idées, un grand mouvement de tolérance, d'union ou même d'unitarisme religieux. Il complète le généreux effort de Channing.

CÉBÈS, philosophe grec de l'école de Pythagore, dont il semble avoir été le disciple. Son nom est connu parce qu'il est un des interlocuteurs du dialogue de Platon intitulé le *Phédon*.

CELSE. Philosophe du iie siècle, qui combattit violemment le christianisme.

CESALPINI, philosophe italien, né en 1519, mort en 1603. Il enseigna la philosophie à Rome et fut médecin de Clément VIII. Adversaire de la scolastique, il n'en reste pas moins fidèle à Aristote. Cependant dans ses *Questions péripatéticiennes*, il modifie la théorie du maître dans un sens panthéiste. Observateur et savant, il eut une connaissance partielle de la circulation du sang. On lui doit encore un livre sur *Les Plantes*.

CHALDÉENS (Philosophie des). Les Chaldéens ont eu dans l'antiquité une réputation de science et de sagesse, et on les a considérés longtemps comme les instituteurs des Grecs. Vraie ou prétendue, leur philosophie reste tout à fait ignorée de nous. Quelques mots dans Strabon, Diodore de Sicile, Sextus Empiricus, Cicéron, Lactance et Eusèbe ne suffisent point à éclairer les fragments obscurs et douteux de Bérose. (V. *ce nom*.)

On trouve encore chez les philosophes alexandrins Philon, Porphyre, Jamblique, et aussi dans Clément d'Alexandrie, quelques doctrines présentées sous le nom d'*Oracles chaldéens*. Mais elles semblent bien n'être que des théories néoplatoniciennes.

CHARRON, philosophe français, né en 1541, mort en 1603. Ami et disciple de Montaigne, il fit profession de scepticisme. Son livre : *Traité de la sagesse*, laisse apparaître du découragement et une triste opinion de l'humanité.

CHILON, de Lacédémone, est cité par Platon, dans le dialogue intitulé *Protagoras*, comme un des sept sages de la Grèce. Il est le premier qui, dit-on, prononça la fameuse sentence : *Connais-toi toi-même*.

CHINOIS (Philosophie des). On ne manque pas de documents sur la pensée de ce peuple dont la civilisation remonte si haut; mais la critique et l'interprétation en sont fort difficiles.

Trois écoles ont dominé en Chine avant l'ère chrétienne et y dominent encore : l'école de la raison, l'école des lettres, l'école de Bouddha. Elles sont à la fois philosophiques et religieuses :

1o L'école de la raison a pour fondateur Lao-tseu (729 ans av. J.-C. selon la tradition chinoise), qui écrivit le *Livre de la raison et de la vertu* (Tao-te-king). Le premier principe des choses pour Lao-tseu, c'est la raison (tao); mais on voit par les attributs qu'il lui donne qu'il s'agit de Dieu. Sa morale paraît ressembler à celle des stoïciens.

2° L'école des lettres a pour fondateur Koung-fou-tseu (Confucius). On place sa naissance en 551 avant J.-C. Il occupa plusieurs charges publiques dans son pays et essaya d'en réformer les mœurs. Par sa restauration des *kings*, ou livres sacrés, comme par les livres qu'il composa, il fut le législateur de la Chine. Ses institutions survivent encore.

Le caractère de sa philosophie est essentiellement pratique. On l'a comparée à celle de Socrate. Préoccupé surtout de la conduite, il a donné sur la loi morale, son caractère obligatoire et le détail des devoirs qu'elle impose, un enseignement lumineux. Il ne faudrait point chercher un système de métaphysique dans cette doctrine, où l'on devine pourtant une théorie des idées nécessaires regardées comme innées ou comme fond de la raison.

Meng-tseu (Mencius), le plus illustre de ses disciples, développa les idées de Confucius dans un style plus animé.

3° L'école de Bouddha se rattache plutôt à la philosophie de l'Inde. Sous l'influence des doctrines bouddhistes, Tchéou-tseu (x° siècle de notre ère) voulut ajouter une métaphysique à la philosophie de Confucius. C'est une sorte de panthéisme, que l'on a rapproché de la doctrine d'Averroès, philosophe arabe, aristotélicien de l'école de Cordoue.. (V. OLDENBERG, *Le Bouddhisme*.)

Un essai de conciliation entre ces diverses écoles ou systèmes fut tenté au xII° siècle par Tsioud-hi.

CHRYSIPPE, philosophe grec de Soli, selon d'autres de Tarse, est né en 280 avant Jésus-Christ et mort en 207. D'abord coureur de cirque, il vint après des revers de fortune à Athènes, où il s'adonna à la philosophie. Disciple de Cléanthe, à qui il succéda à la tête de l'Ecole, il a été appelé le second fondateur du Portique. Il est impossible de déterminer quelle est sa part précise dans la doctrine stoïcienne, mais on sait qu'il contribua pour la plus large part à la fixer par ses nombreux écrits et sa polémique contre l'Académie. (V. STOÏCIENS.)

CICÉRON, philosophe latin, né à Rome en 106 avant J.-C. et mort en 43, est surtout célèbre comme orateur et homme d'Etat. Toutefois il trouva le loisir de s'adonner à la philosophie et d'adapter les théories des philosophes grecs au goût des Romains.

Ses ouvrages philosophiques sont : le *De republica* et le *De legibus*, les *Academica*, le *De fato*, les *Tusculanes*, le *De finibus bonorum et malorum*, le *De natura deorum*, le *De divinatione*, le *De officiis*, le *De amicitia*, le *De senectute*, l'*Hortensius* ou exhortation à la philosophie.

Cicéron est un éclectique, c'est-à-dire qu'il emprunte à chacune des doctrines de ses devanciers ce qui lui semble le meilleur. Il ne se prononce sur aucune question de métaphysique, il fait soutenir par les interlocuteurs de ses dialogues des arguments pour et contre sur l'existence de Dieu, sur la nature, sur la liberté et sur l'immortalité de l'âme.

Il préfère toutefois les théories qui sont le plus propres à élever le caractère. Cela tient à ce qu'il s'adonna à la philosophie surtout après la mort de sa fille Tullia, pour se consoler de la perte qu'il avait faite et pour vivre dan la méditation et le deuil, loin des affaires.

En morale, il avoue sa sympathie pour le stoïcisme, qu'il essaie de concilier avec les doctrines de Platon et d'Aristote. Il combat, au contraire, l'épicurisme, que d'ailleurs il connaît mal, comme une doctrine mauvaise et basse.

Son œuvre philosophique est principalement une œuvre littéraire, et non pas un effort puissant de pensée originale.

CLARKE (Samuel), né à Norwich en 1675, mort à Londres en 1729. Théologien anglican, il fut amené à la philosophie par la théologie. Il combattit les conclusions matérialistes de l'école de Locke, attaqua l'athéisme de Hobbes et le panthéisme de Spinoza. Il est surtout connu par sa théorie de l'espace et du temps, dont il fait des attributs de Dieu. Le temps et l'espace ne sont pas des substances; ce sont des propriétés qui ne sauraient exister sans un sujet. Il existe donc un être réel, sans limites comme l'espace, infini en durée comme le temps, dont l'espace et le temps ne sont que les attributs. Dieu est le *substratum* de l'espace. et du temps.

Les principales œuvres philosophiques de Clarke sont : la *Démonstration de l'existence et des attributs de Dieu*, et le *Discours sur les devoirs immuables de la religion naturelle*.

CLAUBERG, philosophe allemand, né en 1622 à Solingen (duché de Berg), mort à Duisbourg en 1665. Il étudia à Leyde et enseigna à l'Université de Duisbourg. Disciple de Descartes, il s'efforça de répandre dans toute l'Allemagne les principes de la nouvelle philosophie.

CLÉANTHE, philosophe grec de l'école stoïcienne. Il est originaire d'Assos en Troade. Destiné d'abord à la profession d'athlète, il vint ensuite à Athènes, où il se fit portefaix. Il travaillait la nuit pour gagner sa vie et le jour il étudiait la philosophie. Il suivit successivement les leçons de Cratès le Cynique et de Zénon. Il mourut vers 251 avant J.-C.

Ses œuvres sont perdues. Il est, l'auteur d'un bel *Hymne à Jupiter*. Successeur de Zénon, il contribua au développement de la doctrine stoïcienne. (V. STOÏCIENS.)

CLÉMENT D'ALEXANDRIE, mort en 217, philosophe et théologien catholique. Il fut le maître d'Origène.

CLÉOBULE, de Lindos, dans l'île de Rhodes, est cité par Platon, dans le dialogue intitulé *Protagoras*, comme un des sept sages de la Grèce.

CLERSELLIER, philosophe français, né à Paris en 1614, mort en 1686. Il fut l'ami de Descartes et remplaça auprès de lui le père Mersenne. Il est surtout connu pour avoir été un fervent adepte du cartésianisme et pour avoir publié la *Correspondance*, le *Traité du monde* et le *Traité de l'homme* et le *Traité de la formation du fœtus*, qui sont des ouvrages de Descartes.

CLOOTS (Anacharsis). Né en 1755, décapité en 1794. D'origine prus-

sienne, il fut membre de la Convention, et se fit appeler l'*orateur du genre humain*. C'est lui qui proposa à la Convention le *culte de la Raison*.

Il a exposé sa doctrine dans l'*Orateur du genre humain*, dans la *République universelle*, enfin dans les *Bases constitutionnelles de la république du genre humain*. Il est athée. Il ne reconnait d'autre Dieu que l'esprit humain ou la nature humaine, et il conclut en politique à la république universelle, à la

Anacharsis Cloots.

nation unique formée de tout le genre humain.

COMTE (Auguste), philosophe français, né à Montpellier en 1798. Elève de l'Ecole polytechnique, puis répétiteur et examinateur dans cette école, il se fit connaître par son *Cours de philosophie positive*. Sa doctrine lui attira les rigueurs du gouvernement, qui le déposséda de sa chaire. Il vécut en enseignant librement sa philosophie à Paris, où il mourut en 1857.

Sa vie avait été traversée de maintes épreuves d'esprit ou de fortune. En 1826, il avait été frappé d'une attaque d'aliénation mentale, dont on parvint à le guérir. Souvent réduit à la misère, il dut en appeler à la générosité de quelques-uns de ses disciples, et surtout de Littré. Il fonda, en 1848, la *Société positiviste*, pour laquelle il eût voulu, en ces temps révolutionnaires, une influence comparable à celle des Jacobins. Mais cette société composée d'une élite de penseurs, demeura purement philosophique. Vers la fin de sa vie il fonda une sorte de religion de l'Humanité, dont il s'institua le grand prêtre.

Ses principaux ouvrages sont : le *Cours de philosophie positiviste* (1830-1842); le *Discours sur l'esprit positif* (1844); le *Calendrier positiviste* (1849-1860); le *Système de politique positive* ou *Traité de sociologie* (1851-1854); le *Catéchisme positiviste* (1852).

Auguste Comte est le chef du positivisme, c'est-à-dire, d'une école de philosophes hostiles à la métaphysique qu'ils considèrent comme un mode transitoire de la pensée humaine et décidés à la remplacer par la science.

Selon Auguste Comte, l'esprit hu-

Auguste Comte.

main a passé par trois états : l'état théologique, l'état métaphysique et l'état positif.

A l'état théologique ou anthropomorphique, l'esprit humain explique les phénomènes par des divinités, des volontés semblables à la nôtre.

A l'état métaphysique, la pensée explique les phénomènes non plus par des volontés conscientes, mais par des abstractions considérées comme des êtres réels. On remplace les divinités par des âmes, des essences mystérieuses, des qualités occultes. Le règne de la métaphysique a duré jusqu'à la fin du moyen âge.

Mais l'esprit humain, enfin parvenu à sa maturité et à l'état positif, ex-

plique les phénomènes relativement les uns aux autres. Il ne conçoit de réalité que celle des faits, et la véritable science consiste à rechercher et à découvrir les lois positives des faits.

Chacune des sciences particulières a passé par ces trois états successifs. L'ordre suivant lequel elles sont entrées dans la phase métaphysique et dans la phase positive répond à l'ordre logique qui les relie les unes aux autres. C'est en envisageant à la fois l'histoire du développement des sciences, leur ordre chronologique et leur nature, qu'Auguste Comte est amené à établir entre elles une hiérarchie qui part des sciences les plus simples ou les plus abstraites pour s'élever jusqu'aux sciences les plus complexes ou les plus concrètes. Les sciences les plus simples se sont perfectionnées les premières; les autres, en raison de leur complexité, ne sont entrées que plus tard dans l'état positif.

Classification des sciences selon Auguste Comte. Les *sciences mathématiques*, qui comprennent l'*arithmétique* et l'*algèbre*, la *géométrie*, la *mécanique rationnelle*, sont au premier degré de l'échelle. Puis viennent l'*astronomie*, qui ajoute un groupe de faits nouveaux : les faits de *gravitation;* la *physique,* qui comprend la *physique proprement dite* et la *chimie;* la *biologie* et la *physique sociale* ou *sociologie*.

Chacune de ces sciences, qu'Auguste Comte appelle aussi sciences fondamentales, est en relation directe avec la science qui la précède et celle qui la suit. L'idéal de chacune d'elles est de tendre à prendre la forme mathématique. La sociologie, qui traverse actuellement la phase métaphysique, doit être amenée à maturité et doit prendre la forme positive. Les faits historiques se suivent et s'enchaînent avec la même nécessité que les faits biologiques; les idées politiques et sociales se suivent d'après une loi déterminée. Quand cet enchaînement et cette loi seront connus, l'histoire deviendra une science au même titre que la physique et l'astronomie.

Dès lors, la totalité des sciences, c'est-à-dire la philosophie, aura at-

teint sa forme positive. La philosophie ne doit plus être, en effet, considérée comme une science à part,
mais comme une coordination systématique du savoir humain. Le règne de la métaphysique touche à sa
fin. Elle a été utile à son heure,
elle a préparé le terrain à la science
positive, mais elle n'a été et ne
peut être qu'une forme de transition. Son rôle est aujourd'hui rempli.

La philosophie, ainsi entendue
comme quelque chose d'achevé et
de fini, devait, dans la pensée de
Comte, unifier les esprits. Il fut en
effet toute sa vie hanté du projet
de créer une *catholicité* nouvelle
par un enseignement uniforme. Il
était l'ennemi de la liberté de
pensée qu'il considérait comme un
état d'anarchie intellectuelle. Son
rêve, où il faut chercher l'unité de
toute sa doctrine, était de gouverner les hommes en les faisant
entrer dans les cadres d'une philosophie religieuse qui était précisément le positivisme comtiste.

Auguste Comte a eu de nombreux disciples. Son école s'est
divisée en deux sectes : le positivisme orthodoxe, à la tête duquel
se trouve le *directeur du positivisme*
(le premier fut Pierre Laffite, dési-
gné par Comte lui-même), et l'école
dissidente formée par Littré.

Celui-ci a porté sur son maître le
jugement suivant : « M. Comte fut
illuminé des rayons du génie. Celui
qui, à l'issue de la mêlée confuse du
xviiiᵉ siècle, aperçut, au commencement du xixᵉ, le point fictif ou subjectif qui est inhérent à toute théologie et à toute métaphysique; celui
qui forma le projet et vit la possibilité d'éliminer ce point, dont le désaccord avec les spéculations réelles
est la grande difficulté du temps
présent; celui qui reconnut que,
pour parvenir à cette élimination,
il fallait d'abord trouver la loi
dynamique de l'histoire, et la trouva;
celui qui, devenu, par cette immense découverte, maître de tout
le domaine du savoir humain,
pensa que la sûre et féconde méthode des sciences particulières
pouvait se généraliser et la généra-
lisa; enfin celui qui, du même coup,
comprenant l'indissoluble liaison

avec l'ordre social d'une philosophie qui embrassait tout, entrevit
le premier les bases du gouvernement rationnel de l'humanité; celui-
là, dis-je, mérite une place, et une
grande place, à côté des plus
illustres coopérateurs de cette
vaste évolution qui entraîne le
passé et qui entraînera l'avenir. »

Cs. sur Comte : l'étude de M. Faguet dans la deuxième série des
Politiques et moralistes du xixᵉ siècle;
la thèse de M. Fr. Alengry, *La sociologie chez A. Comte,* et le livre de
L. Lévy-Bruhl, *La Philosophie d'Auguste Comte.*

CONDILLAC, philosophe français,
né à Grenoble en 1715. Il était le
frère de Mably. Sa vie est toute

Condillac (Étienne Bonnot de).

unie. Après avoir été le précepteur
de l'infant de Parme, il fut élu de
l'Académie et mourut à l'abbaye de
Flux, dont il était abbé, en 1780.

Ses principaux ouvrages sont : le
*Cours d'études pour l'instruction du
prince de Parme,* un *Traité de Logique,* la *Langue des calculs,* l'*Essai sur
l'origine des connaissances humaines*
(1746) et le *Traité des sensations* (1754).

Dans l'*Essai sur l'origine des connaissances,* il admet avec Locke qu'il
y a deux sources de la connaissance : la sensation et la réflexion.
Dans le *Traité des sensations,* il
n'admet plus que la sensation et
prétend expliquer par ses transformations tous les faits intellectuels.
C'est le système de l'unité de composition de l'esprit ou de la sensation transformée.

Pour soutenir sa théorie, il imagine l'existence d'une statue inté-

rieurement organisée comme nous, mais empêchée par son enveloppe de marbre d'avoir des sensations et arrivant à la vie intellectuelle à mesure qu'on la dépouille de son enveloppe et qu'on lui rend successivement l'usage de ses sens.

On lui rend d'abord l'usage de l'odorat et on lui présente une rose. Elle est d'abord toute odeur de rose; elle n'a pas encore la notion d'*objet*, mais cette sensation étant la seule qui la sollicite, est exclusive et devient *attention*.

On lui présente ensuite une violette, un jasmin, de l'assa fœtida. Sa première sensation ne pouvait être pour elle ni agréable ni désagréable, mais avec d'autres impressions elle peut *comparer*, trouver les unes agréables et les autres désagréables. Dès lors naît le *désir*, la *volonté*.

De la comparaison naissent le jugement, la réflexion, le raisonnement, en un mot l'*intelligence*. Elle traite, dans ces opérations, ses sensations passées comme des *idées*.

Il est des caractères communs aux différentes sensations qui lui restent dans la mémoire. Elle les distingue des sensations auxquelles ils sont liés et elle fait ainsi de l'*abstraction* et obtient des *idées générales*. Quant au *moi*, dont elle prend conscience, ce n'est pas autre chose que la somme de nos sensations présentes et de celles que la mémoire nous rappelle.

Qu'on lui rende le goût, l'ouïe, la vue, on enrichira encore sa vie intellectuelle, sans cependant lui donner l'idée d'*objet* extérieur à elle; mais qu'on y ajoute le *toucher*, alors on lui révèlera le monde objectif, en lui donnant les idées d'étendue, de forme, de solidité, de corps. La vue seule ne saurait lui fournir ces connaissances, comme l'a prouvé l'opération d'un aveugle-né par Cheselden.

Condillac est sensualiste, mais il ne conclut pas toutefois au matérialisme. Il admet avec les cartésiens que le sujet de la sensation ne peut être de nature corporelle. Toutefois, il n'adhère pas à l'immatérialisme de Berkeley et admet qu'il y a autre chose que l'homme.

CONDORCET (Caritat, marquis de),

Histoire de la philosophie.

illustre philosophe et homme politique. Né en 1743 à Ribemont en Picardie, il mourut en 1794 à Bourg-la-Reine. Elevé par une mère dévote jusqu'à l'exaltation, il fut confié aux Jésuites pour ses premières études. Le duc de la Rochefoucauld obtint pour lui une pension. Il put se consacrer aux mathématiques. Sa première œuvre fut l'*Essai sur le calcul intégral* (1765).

Il se lia avec d'Alembert et Voltaire et collabora à l'*Encyclopédie*. Les événements d'Amérique tournèrent son esprit vers les études politiques, et il fut un des premiers publicistes qui proclamèrent les principes républicains. Paris l'en-

Condorcet.

voya à l'Assemblée législative en 1791. Il vota avec les Girondins et s'attira les haines de la Montagne. Quand les Girondins furent arrêtés, il éleva une protestation courageuse et fut décrété d'accusation. Il n'eut garde de se présenter à la barre de l'Assemblée. Ses amis le cachèrent dans une maison de la rue Servandoni, où il resta huit mois. C'est alors qu'il écrivit, pour se consoler, l'*Esquisse d'un tableau historique des progrès de l'esprit humain* (1793-1794).

Ayant voulu s'enfuir, il fut reconnu dans la forêt de Clamart, arrêté et enfermé dans la prison de Bourg-la-Reine, où il se fit mourir en avalant un poison qu'il portait dans le chaton d'une bague.

Condorcet fut un économiste de

l'école des physiocrates et un républicain humanitaire en politique. Il mit toute sa foi dans le progrès humain et dans la perfectibilité de l'homme par la science.

CONFUCIUS, nom latinisé de Koung-

Confucius.

fou-tseu. (V. CHINOIS [philosophie des].)

CONSTANT (Benjamin), né à Lausanne en 1767, mort à Paris en 1830, il écrivit un roman d'analyse, *Adolphe*, inférieur à sa réputation, et un ouvrage sur la *Religion considérée dans sa source, ses formes et ses développements*, qui manque d'érudition et même de philosophie. Esprit ingénieux et polémiste habile, il fit sous l'Empire de la politique d'opposition, puis se rallia à Napoléon (en 1815). La Restauration le tint en suspicion. C'est alors qu'il révéla le mieux son talent d'orateur à la tribune et de journaliste dans les journaux d'opposition. Il défendit, au noms du libéralisme, les plus justes et les plus nobles causes. La Révolution de 1830 fut un peu son œuvre. Il mourut sans en avoir vu les résultats.

COPERNIC, philosophe allemand, né à Thorn-sur-la-Vistule, en 1473. Il s'instruisit en Italie et séjourna ensuite à Kœnigsberg, où il étudia les différents systèmes d'astronomie. Il mourut en 1543 après avoir publié son *De orbium cœlestium revolutionibus*. Le premier il exposa la vraie doctrine sur le mouvement de la terre, et en révélant l'*infini* il a exercé une puissante action sur les idées philosophiques.

CORDOUE (Ecole de). V. ARABES, AVERROÈS.

COURNOT, 1801-1877, mathématicien et philosophe français, auteur de plusieurs ouvrages remarquables par l'originalité et la profondeur de la pensée : *Essai sur le fondement de nos connaissances, Traité de l'enchaînement des idées fondamentales, Considérations sur la marche des idées et des événements dans les temps modernes*. Ses doctrines sont à peu près résumées dans son dernier ouvrage : *Matérialisme, Vitalisme, Rationalisme*, 1875. Cournot a particulièrement étudié l'idée de hasard et son rôle dans l'histoire ; il a fait la critique de l'idée de loi en général, et celle de la méthode dans tous les ordres de sciences.

COUSIN (Victor), philosophe français, né à Paris en 1789, et mort à Cannes le 13 janvier 1867. Il fut conseiller d'Etat, membre du conseil royal de l'instruction, professeur à la Sorbonne, membre de l'Institut, directeur de l'Ecole normale supérieure, pair de France.

Victor Cousin.

Par l'éclat de ses leçons, par l'impulsion qu'il donna à l'érudition, par la publication de ses traductions et de ses œuvres, il fortifia chez un grand nombre de ses disciples le goût de l'histoire de la philosophie. En relation avec Hegel et Schelling, il accepta dans sa jeunesse leur doctrine et en fit passer une partie dans ses ouvrages.

Mais dans la seconde partie de sa vie, il tenta de fonder, sous le nom d'*éclectisme*, une doctrine qui, s'appuyant sur la double autorité de l'histoire et de la conscience, concilierait tous les systèmes en les interprétant d'après la maxime de

Leibnitz, que « tous les systèmes sont vrais par ce qu'ils affirment et faux par ce qu'ils nient ». Il prétendait prendre toujours pour base de la philosophie, et même de la métaphysique, la méthode psychologique, mais, de plus en plus, il inclina, surtout après son livre : *Le Vrai, le Beau, le Bien*, à faire de la philosophie non une science pure, mais une discipline de défense et de réaction contre « les mauvaises doctrines ». Il la rapprocha jusqu'à l'en faire presque dépendre du sens commun, d'une part, et de la religion catholique, de l'autre ; il arriva ainsi à faire de son spiritualisme une sorte d'orthodoxie, dont le caractère officiel et un peu superficiel devait, avant la fin du siècle, discréditer l'école éclectique. Ses principaux ouvrages sont ses différents *Cours d'Histoire de la philosophie*, ses *Fragments philosophiques*, ses traductions de Platon et de Proclus, ses éditions d'Abélard.

CRANTOR, philosophe grec de l'ancienne académie, né à Soli dans la Cilicie vers l'an 306 avant J.-C. Il fut le successeur de Platon dont, le premier, il édita les œuvres.

CRATÈS LE CYNIQUE, philosophe grec de l'école cynique, né à Thèbes, florissait vers l'an 340 avant J.-C. Il releva l'école cynique et montra, comme ses prédécesseurs, le plus grand mépris pour les biens extérieurs.

CRATÈS LE PLATONICIEN, philosophe grec de l'ancienne académie. On ne sait presque rien de sa vie et de ses écrits. Il fut le disciple et l'un des successeurs de Platon.

CRATYLE, philosophe grec, disciple d'Héraclite. Il poussa la doctrine de son maître à ses plus extrêmes conséquences. Devant l'écoulement incessant des choses, il niait que l'on pût saisir quoi que ce fût. Il eut lui-même Platon pour disciple.

CRÉMONINI, philosophe italien, né en 1550 à Cento, mort à Padoue en 1631. Il resta fidèle à Aristote sans s'asservir à la scolastique et enseigna la philosophie péripatéticienne d'abord à Ferrare, puis à Padoue. On lui attribue le mot : *I ntus ut libet, foris ut moris est;* c'est-à-dire pense librement, à ta guise, mais conforme ta vie aux mœurs et coutumes de ceux qui t'entourent. On peut rapprocher cette maxime d'une des règles de la morale provisoire de Descartes.

CRITIAS, philosophe grec. Il vécut de 450 à 403 avant J.-C. Sophiste de l'école de Protagoras. Il fit partie des trente tyrans qui gouvernèrent Athènes.

CRITIQUE DE LA RAISON PURE. Un des plus importants ouvrages de Kant (1781). Le même philosophe a écrit une *Critique de la raison pratique* et une *Critique du jugement*, (V. KANT.)

CRITON (LE), dialogue, qui est l'un des chefs-d'œuvre de Platon, entre Socrate et son disciple Criton dans la prison. (V. PLATON.)

CUDWORTH, philosophe anglais, né en 1617 à Aller (comté de Sommerset), mort à Cambridge en 1688. Il est l'auteur du *Vrai système intellectuel de l'univers*, l'inventeur du *médiateur* plastique ou mieux de la *nature* plastique, principe qui a pour fonction de présider à tous les phénomènes de la génération et de la vie. C'est, selon Cudworth, une âme du monde qui, sous les ordres de Dieu, est chargée de l'organisation des choses et est responsable des erreurs de la nature.

CUMBERLAND (Richard), né à Londres en 1632, pasteur, puis évêque anglican, mort à Péterborough en 1718, inaugura la morale du sentiment, qui se développera pendant le XVIIIe siècle, notamment dans l'école écossaise. Il chercha le fondement des lois morales dans la nature humaine, et trouva dans la *bienveillance* la raison et la forme de tous nos devoirs publics et privés. Son principal ouvrage est un traité sur les *Lois de la nature*.

CYNIQUES (Ecole des), école philosophique fondée par Antisthène. (V. *ce nom*.)

CYRÉNAÏQUE (Ecole), école fondée à Cyrène par Aristippe. (V. *ce nom*.)

D

DAMIRON (1794-1862), disciple de Victor Cousin, auteur d'études historiques sur la philosophie du XVIIe et du XVIIIe siècles.

DARWIN (Charles-Robert), philosophe et naturaliste anglais, né à Shrewsbury en 1809, mort en 1882 à Down (Kent).

Il est l'auteur de deux ouvrages intitulés : *On the origin of species by means of natural selection* (1859), et

Darwin.

On the origin of man (1871), qui ont eu une grande influence sur le mouvement philosophique de notre temps et qui ont contribué au succès de la doctrine de l'évolution.

Selon Darwin, les espèces ne constituent pas des règnes fixes, mais elles sont sorties les unes des autres par l'évolution. De même que les éleveurs d'animaux et les horticulteurs obtiennent, par la culture et par l'art (*sélection artificielle*) des déviations des types spécifiques et des variétés nouvelles, de même la nature obtient des résultats semblables sans artifice, au moyen de la concurrence pour la vie et de la *sélection naturelle*.

La lutte pour la vie opère entre les êtres un triage, un choix. Ce sont les plus forts qui survivent et, par *hérédité*, ils lèguent leurs caractères à leurs descendants. La supériorité dans la vie est le plus sou-

vent l'effet d'une déviation heureuse du type primitif, d'un caractère nouveau qui se manifeste une première fois dans l'individu. Cette déviation, ce caractère, sont non seulement transmis, mais encore *accrus* par l'hérédité et peuvent devenir prépondérants.

Il en résulte que les espèces ne sont pas créées, comme le prétendait Cuvier, mais que, sous l'action changeante du milieu et par l'effet de la sélection naturelle, elles sont sorties les unes des autres. Quant à la finalité qui se manifeste dans les organismes, elle s'explique naturellement par les mêmes causes.

Darwin cite à l'appui de sa doctrine un amas formidable de cas et d'observations. Il a passé sa vie à étudier les êtres intermédiaires entre les espèces différentes et à découvrir les preuves ou les témoins de leurs transformations. L'homme lui-même est sorti des êtres inférieurs et le naturaliste lui assigne une origine simienne. Contre ceux qui se récrient, il invoque les intermédiaires qui peuvent exister entre le singe, animal dont l'organisme est déjà très perfectionné, et l'homme civilisé. Il invoque aussi l'incommensurabilité de la durée depuis la première création jusqu'aux époques où apparurent les premiers indices de la civilisation. Il est à remarquer, en effet, que Darwin croit à *une première création*.

Il a laissé aussi des travaux fort intéressants pour la psychologie sur l'*Expression des émotions chez l'homme et l'animal* (1872).

On peut encore contester les vues de Darwin sur l'unité du type premier, d'où procéderaient toutes les espèces de plantes et d'animaux, jusqu'à l'homme. Mais ses observations demeurent acquises sur l'hérédité, sur le rôle de l'instinct, sur la sélection naturelle et la concurrence vitale ou la lutte pour la vie. La théorie évolutionniste a bouleversé toutes les conditions de la pensée humaine et a ouvert des horizons infinis à la recherche scientifique.

DARWINISME. C'est la doctrine admise par les naturalistes et les philosophes qui croient à la transformation des espèces et à l'évolution. (V. DARWIN.)

DÉCLARATION DES DROITS DE L'HOMME ET DU CITOYEN. L'Assemblée constituante de 1789, avant de donner une Constitution à la France, formula dans une *Déclaration* solennelle les *Droits de l'Homme et du Citoyen*, c'est-à-dire les principes qui désormais devaient servir de base à toutes les institutions sociales. Ces principes sont : *égalité politique et sociale de tous les citoyens; respect de la propriété; souveraineté de la nation; admissibilité de tous les citoyens aux emplois publics; obligation imposée à tous d'obéir à la loi, expression de la volonté générale; respect des opinions et des croyances; liberté de la parole et de la presse; répartition plus juste des impôts librement consentis par les représentants de la nation.*

Nous croyons devoir donner ici le texte de la *Déclaration des droits de l'Homme et du Citoyen* telle qu'elle se trouve en tête de la Constitution de 1791 :

CONSTITUTION FRANÇAISE
du 3 septembre 1791

DÉCLARATION DES DROITS DE L'HOMME ET DU CITOYEN

décrétés par l'Assemblée nationale (constituante) dans les séances des 20, 21, 23, 24 et 26 août 1789.

Les représentants du peuple français constitués en Assemblée nationale, considérant que l'ignorance, l'oubli ou le mépris des droits de l'homme sont les seules causes des malheurs publics et de la corruption des gouvernements, ont résolu d'exposer, dans une déclaration solennelle, les droits naturels, inaliénables et sacrés de l'homme, afin que cette déclaration, constamment présente à tous les membres du corps social, leur rappelle sans cesse leurs droits et

leurs devoirs; afin que les actes du pouvoir législatif et ceux du pouvoir exécutif pouvant être à chaque instant comparés avec le but de toute institution politique, en soient plus respectés; afin que les réclamations des citoyens, fondées désormais sur des principes simples et incontestables, tournent toujours au maintien de la Constitution et au bonheur de tous.

En conséquence, l'Assemblée nationale reconnaît et déclare, en présence et sous les auspices de l'Être suprême, les droits suivants de l'homme et du citoyen :

Article 1er. — Les hommes naissent et demeurent libres et égaux en droits. Les distinctions sociales ne peuvent être fondées que sur l'utilité commune.

Art. 2. — Le but de toute association politique est la conservation des droits naturels et imprescriptibles de l'homme. Ces droits sont : la liberté, la propriété, la sûreté et la résistance à l'oppression.

Art. 3. — Le principe de toute souveraineté réside essentiellement dans la nation. Nul corps, nul individu ne peut exercer d'autorité qui n'en émane expressément.

Art. 4. — La liberté consiste à pouvoir faire tout ce qui ne nuit pas à autrui. Ainsi, l'exercice des droits naturels de chaque homme n'a de bornes que celles qui assurent aux autres membres de la société la jouissance de ces mêmes droits. Ces bornes ne peuvent être déterminées que par la loi.

Art. 5. — La loi n'a le droit de défendre que les actions nuisibles à la société. Tout ce qui n'est pas défendu par la loi ne peut être empêché, et nul ne peut être contraint à faire ce qu'elle n'ordonne pas.

Art. 6. — La loi est l'expression de la volonté générale. Tous les citoyens ont droit de concourir personnellement, ou par leurs représentants, à sa formation. Elle doit être la même pour tous, soit qu'elle protège, soit qu'elle punisse. Tous les citoyens étant égaux à ses yeux, sont également admissibles à toutes dignités, places et emplois publics, selon leur capacité et sans autre distinction que celles de leurs vertus et de leurs talents.

Art. 7. — Nul homme ne peut être accusé, arrêté ni détenu que dans les cas déterminés par la loi, et selon les formes qu'elle a prescrites. Ceux qui sollicitent, expédient, exécutent ou font exécuter des ordres arbitraires, doivent être punis; mais tout citoyen appelé ou saisi en vertu de la loi doit obéir à l'instant : il se rend coupable par la résistance.

Art. 8. — La loi ne doit établir que des peines strictement et évidemment nécessaires, et nul ne peut être puni qu'en vertu d'une loi établie et promulguée antérieurement au délit et légalement appliquée.

Art. 9. — Tout homme étant présumé innocent jusqu'à ce qu'il soit déclaré coupable, s'il est jugé indispensable de l'arrêter, toute rigueur qui ne serait pas nécessaire pour s'assurer de sa personne doit être sévèrement réprimée par la loi.

Art. 10. — Nul ne doit être inquiété pour ses opinions, même religieuses, pourvu que leur manifestation ne trouble pas l'ordre public établi par la loi.

Art. 11. — La libre communication des pensées et des opinions est un des droits les plus précieux de l'homme : tout citoyen peut donc parler, écrire, imprimer librement, sauf à répondre de l'abus de cette liberté dans les cas déterminés par la loi.

Art. 12. — La garantie des droits de l'homme et du citoyen nécessite une force publique ; cette force est donc instituée pour l'avantage de tous, et non pour l'utilité particulière de ceux auxquels elle est confiée.

Art. 13. — Pour l'entretien de la force publique et pour les dépenses d'administration, une contribution est indispensable; elle doit être également répartie entre tous les citoyens, en raison de leurs facultés.

Art. 14. — Tous les citoyens ont le droit de constater par eux-mêmes, ou par leurs représentants, la nécessité de la contribution publique, de la consentir librement, d'en suivre l'emploi et d'en déterminer la quotité, l'assiette, le recouvrement et la durée.

Art. 15. — La société a le droit de demander compte à tout agent public de son administration.

Art. 16. — Toute société dans laquelle la garantie des droits n'est pas assurée, ni la séparation des pouvoirs déterminée, n'a point de constitution.

Art. 17. — La propriété étant un droit inviolable et sacré, nul ne peut en être privé, si ce n'est lorsque la nécessité publique, légalement constatée, l'exige évidemment et sous la condition d'une juste et préalable indemnité.

L'Assemblée nationale voulant établir la Constitution française sur les principes qu'elle vient de reconnaître et de déclarer, abolit irrévocablement les institutions qui blessaient la liberté et l'égalité des droits. Il n'y a plus ni noblesse, ni pairie, ni distinctions héréditaires, ni distinction d'ordre, ni régime féodal, ni justice patrimoniale, ni aucun des titres, dénominations et prérogatives qui en dérivaient, ni aucun ordre de chevalerie, ni aucune des corporations ou décorations pour lesquelles on exigeait des preuves de noblesse, ou qui supposaient des distinctions de naissance, ni aucune autre supériorité que celle des fonctionnaires publics dans l'exercice de leurs fonctions. Il n'y a ni vénalité ni hérédité d'aucun office public. Il n'y a plus pour aucune partie de la nation ni pour aucun individu, aucun privilège ni exception au droit commun de tous les Français. Il n'y a plus ni jurandes ni corporations de profession, arts et métiers. La loi ne reconnaît plus ni vœux religieux ni aucun autre engagement qui serait contraire aux droits naturels ou à la Constitution.

DÉMÉTRIUS DE BYZANCE, philosophe de l'école péripatéticienne, qui vécut au IVe siècle avant notre ère ou, selon quelques-uns, au temps de Caton d'Utique. Il écrivit un traité sur les *Poètes*.

DÉMÉTRIUS D'ALEXANDRIE, philosophe qui fut aussi de l'école péripatéticienne, au IIe siècle av. J.-C.

Il est l'auteur d'un traité sur l'*Art oratoire*.

DÉMÉTRIUS LE CYNIQUE, philosophe grec du Ier siècle de notre ère. Il fut disciple d'Apollonius de Tyane et ami de Thraséas. Des critiques contre Néron et contre Vespasien le firent deux fois exiler de Rome. Sénèque a vanté son austérité et la sagesse de ses maximes.

DÉMOCRITE, philosophe grec de l'école des atomistes. Il est né à Abdère vers 460 et mort en 361 avant J.-C. Il parcourut les régions les plus lointaines et visita tous les climats. Il eut des relations avec Parménide, Zénon, Anaxagore, Protagoras. Ses écrits, si l'on en croit Diogène Laërce, sont très nombreux.

Il soutint contre les Eléates

Démocrite.

l'existence du vide en invoquant pour arguments l'existence du mouvement et le fait de la compressibilité des corps. D'autre part, il rejetait la divisibilité à l'infini des corps sous prétexte que si l'on divise un corps en autant de parties que l'on voudra, il en restera toujours quelque chose.

Selon Démocrite, les corps sont composés d'atomes et les différences entre les êtres viennent de la forme, de l'ordre ou de la position des atomes. Les atomes sont en nombre incalculable. Ils sont éternels et n'ont pas commencé d'être, parce que rien ne vient de rien. On doit douter que Démocrite les ait doués de pesanteur, puisqu'il leur attribuait le mouvement horizontal. Quant au mouvement, il est éternel sans être inhérent aux atomes. Il faut, en effet, distinguer le mouvement primitif qui fait s'entrechoquer les atomes et le mouvement dérivé qui en résulte. Ces divers mouvements, qui se forment en tourbillons, obéissent à une *nécessité* qui gouverne tout.

L'âme est matérielle et de la nature du feu. Elle est composée d'atomes ronds, très prompts à se mouvoir. La connaissance s'explique par les *idoles, idées-images*, formes matérielles et subtiles qui se détachent des objets, s'insinuent dans les sens et causent la *sensation*. Après une élaboration, elles deviennent la *pensée*,

La morale qui découle de cette théorie est une morale du plaisir. Le bonheur consiste dans la sensation agréable.

Démocrite est resté fameux par son optimisme. La légende rapporte qu'il riait toujours, par opposition à Héraclite qui passa pour être d'humeur noire.

Ce philosophe tient une place remarquable dans l'histoire de la philosophie grecque. Sa doctrine est dans toute l'antiquité hellénique une exception puissante et originale. Sur beaucoup de points il fait pressentir les théories modernes. Alors que tous les philosophes grecs tiennent pour une explication *dynamiste* de l'univers, il a formulé le premier la doctrine rigoureuse du *mécanisme* absolu. Le premier aussi il a enseigné que tout ce que les philosophes modernes appelleront les *qualités secondes* (saveur, odeur, couleur) n'a d'existence que dans l'esprit qui perçoit. On a pu, sur ces deux points le comparer à Descartes.

DENYS, philosophe grec de l'école épicurienne, vécut vers la fin du IIIe siècle avant l'ère chrétienne. D'abord adepte de la philosophie de Zénon, il quitta l'école du Portique pour l'école cyrénaïque. D'autres prétendent qu'il adopta la doctrine d'Epicure.

DESCARTES (René), philosophe français, né à La Haye, en Touraine, le 31 mars 1596. Sa famille appartenait à la noblesse de robe. Son père et son frère aîné furent conseillers au parlement de Rennes. Sa mère mourut peu de temps après sa naissance.

A l'âge de huit ans, il entra au

collège des jésuites de La Flèche, où il se lia d'amitié avec Mersenne. Il y apprit les sciences que l'on enseignait de son temps. Les trois dernières années, comme il le rapporte, étaient consacrées à la philosophie morale et à la logique, à la physique, à la métaphysique et aux mathématiques. Il s'adonna surtout à cette dernière science, qui seule lui parut donner des résultats certains.

Il sortit du collège en 1613. En 1616, il est à Paris, où il a retrouvé Mersenne. Il ne songe en apparence qu'à se divertir. En 1617, il s'engage comme volontaire dans l'armée de Guillaume de Nassau en Hollande, où il passe deux ans.

René Descartes.

En 1619, il quitte la Hollande et s'engage dans les armées du duc de Bavière. Le froid l'arrête dans le duché de Neubourg. C'est là que, pendant la nuit du 16 novembre 1619, il eut trois songes mystérieux dans lesquels des voix surnaturelles lui révélèrent le secret de la vraie méthode. Descartes crut à une révélation et fit vœu d'aller en pèlerinage à Notre-Dame de Lorette.

De cette époque date l'idée d'appliquer l'algèbre à la géométrie et la découverte de la géométrie analytique. Descartes faisait alors l'admiration des savants. Il avait trouvé une méthode qui lui permettait de résoudre des questions réputées jusque-là insolubles.

Après la bataille de Prague, il quitta l'armée et visita la Moravie, la Silésie et les côtes de la Baltique. Il passa l'hiver en Hollande,

se rendit à Paris, puis se remit à voyager. Il visita la Valteline, se rendit à Rome et revint par la Toscane. C'est à ce moment qu'il résolut de se consacrer tout entier à la philosophie dans un pays où il ne fût point persécuté par ses ennemis (1629), c'est-à-dire en Hollande.

Il est en pleine possession de sa méthode. Il est remonté des mathématiques à la métaphysique, il a trouvé les principes généraux de toutes les sciences. Il va redescendre et appliquer ces principes aux sciences particulières, à la physique, à la médecine, qu'il renouvelle l'une après l'autre.

Il habita pendant quelque temps une ville de la Frise, où il composa les *Méditations sur la philosophie première*. Puis il se rendit à Amsterdam, où il passa trois ans et où il travailla au *Traité du monde*, qui devait contenir l'exposé de sa physique. Mais ayant appris la condamnation de Galilée, il renonça à publier cet ouvrage. En 1637, il se décide à publier ses premières œuvres: le *Discours de la méthode* suivi de la *Dioptrique*, des *Météores* et de la *Géométrie*, qui étaient composés depuis dix-huit ans. Ils lui valurent des persécutions de la part des dévots inintelligents. Descartes échappa à la persécution grâce à l'ambassadeur de France.

En 1641, il publia les *Méditations sur la philosophie première*. Il habitait à cette époque tout près de Leyde, où il connut la princesse Élisabeth. Il lui dédia les *Principes de philosophie* (1644). En 1645, il composa son *Traité de l'homme* et son *Traité de la formation du fœtus*. Il s'occupait spécialement d'anatomie et faisait des observations de physiologie.

Après deux voyages à Paris, fatigué de lutter avec l'Université de Leyde, effrayé des persécutions, il céda aux instances de la reine Christine, qui l'appelait auprès d'elle. En 1649, il partit pour Stockholm, mais le rude climat de la Suède acheva de ruiner sa santé et il mourut quatre mois après, en février 1650, à l'âge de cinquante-quatre ans. En 1666, ses dépouilles furent transportées à Paris et in-

humées dans l'église Saint-Etienne-du-Mont.

Aux ouvrages déjà cités, il faut ajouter le *Traité des passions de l'âme* (1649), les *Lettres* et divers opuscules en latin sur la physique et les mathématiques.

PHILOSOPHIE DE DESCARTES. — Descartes fut très frappé de l'état d'imperfection dans lequel se trouvaient les sciences à son époque. Les mathématiques seules donnaient des résultats certains; quant aux autres sciences, elles en étaient restées à la formation anecdotique et ne présentaient aucun enchaînement de vérités qui en pût faire de véritables sciences. Il se demanda si « toutes choses qui peuvent tomber sous la connaissance des hommes » ne « s'entre-suivent pas en même façon » que ces longues chaînes de raisons simples et faciles dont les géomètres ont coutume de se servir pour parvenir à leurs plus difficiles démonstrations, et s'il ne serait pas possible d'appliquer la méthode des mathématiques aux autres objets que l'esprit se propose de connaître. Il doit y avoir, en effet, une méthode sûre pour arriver à la vérité, et il se trouve que les mathématiciens ont mis le doigt sur la véritable méthode. Dès lors, le problème qui se pose est de trouver la méthode universelle, dont la méthode mathématique n'est qu'un cas, c'est-à-dire une sorte de *mathématique universelle* qui embrasserait tout le domaine de la connaissance.

La méthode. — Descartes croit sincèrement que cette science idéale est possible. Il rompt donc avec le passé, rejette le syllogisme et expose dans le *Discours* les quatre principales règles de sa méthode, dont l'usage doit permettre à l'esprit de découvrir dans les choses auxquelles il s'applique, des vérités certaines et solides.

La première règle : l'Evidence. — Ne recevoir aucune chose pour vraie que je ne la connusse évidemment être telle, et n'admettre rien de plus en mes jugements que ce qui se présenterait de clair et de distinct à mon esprit.

Deuxième règle : l'Analyse. — Diviser chacune des difficultés en autant de parcelles qu'il faut et qu'il est requis pour les mieux résoudre.

Troisième règle : la Synthèse. — Conduire par ordre mes pensées en commençant par les sujets les plus simples pour arriver à la connaissance des plus composés, en supposant même de l'ordre entre ceux qui ne procèdent pas naturellement les uns des autres.

Quatrième règle : les Dénombrements. — Faire des dénombrements si entiers et des revues si générales que je fusse assuré de ne rien omettre.

Le doute provisoire. — Conformément à la première règle de sa méthode, Descartes fait table rase de toutes les connaissances qu'il a reçues jusqu'à ce jour et des vérités toutes faites, quelle que soit l'autorité qui les propose. Cependant, il réserve les vérités de la foi et les vérités morales nécessaires à la pratique de la vie. A cela près, il révoque en doute tout le reste. Et d'abord les données des sens, qui nous trompent le plus souvent. N'arrive-t-il pas que, dans le sommeil, nous croyions fermement à la réalité d'objets qui n'existent pas? Il se peut que notre vision du monde ne soit qu'un songe. Son doute s'étend même aux vérités *a priori*, non qu'il ne croie pas à leur réalité au moment où l'esprit les pense, mais il doute de leur fixité. Il est possible qu'elles ne soient plus vraies au moment où l'esprit cesse d'y penser. En effet, supposons que je tienne une vérité pour évidente et que j'en tire des conséquences par voie de déduction, rien ne m'assure que pendant l'intervalle, la proposition n'a pas cessé d'être vraie. Je dois m'en rapporter à ma mémoire, et la mémoire, d'après Descartes, n'a aucune valeur scientifique. Enfin, il existe peut-être un malin génie, non moins rusé et trompeur que puissant, qui emploie toute son industrie à me tromper. Nous voici au *doute hyperbolique.*

Le « cogito ergo sum » : je pense, donc je suis. — Mais le doute de Descartes n'est que provisoire. Il doute afin d'affirmer ensuite avec plus de force, et il s'arrête devant une vérité qui se présente à lui si clairement et si distinctement qu'il ne peut avoir aucune occasion de la mettre en suspicion. Précisément, de ce que je doute de tout, il suit avec évidence que je *pense* et que j'*existe*. Douter, c'est penser, et penser, c'est exister. *Cogito, ergo sum : je pense donc je suis.* « Après y avoir bien pensé, dit Descartes, et avoir soigneusement examiné toutes choses, il faut enfin conclure et tenir pour constant que cette proposition : *je suis, j'existe*, est nécessairement vraie toutes les fois que je la prononce ou que je la conçois en mon esprit. » C'est une vérité d'intuition, toujours présente et qui enveloppe toutes les démarches de la pensée.

L'évidence, critérium de la vérité. — Considérant pourquoi cette vérité : *je pense, donc je suis*, est indubitablement vraie, Descartes constate qu'elle doit ce caractère à son *évidence*, et l'évidence devient pour lui le signe auquel il reconnaîtra la vérité. Cependant, ce signe ne lui permet pas encore de sortir de lui-même. il est assuré de sa propre existence, mais rien ne l'assure encore de l'existence des autres êtres. En faisant l'inspection de ses idées, il trouve dans son esprit l'idée claire et distincte de corps et d'étendue ; mais il a expérimenté dans certains cas, comme dans le rêve, que rien de réel ne répond à ces idées. N'y a-t-il pas dans son esprit une idée dont la réalité soit évidente et dont l'existence emporte l'existence de son objet? Cette idée est l'idée de Dieu.

L'existence de Dieu. — On peut, selon Descartes et d'après la quatrième partie du *Discours de la méthode*, distinguer trois preuves de l'existence de Dieu :

1º En même temps que je me connais, je me connais comme un être *imparfait*, puisque c'est dans le doute que je prends conscience de ma propre existence. D'où vient que je puisse avoir l'idée du *parfait*? Comme il est nécessaire qu'il y ait autant de réalité dans la cause que dans l'effet, cette idée que je n'ai pu me donner à moi-même, puisque je suis un être imparfait, qui ne me vient ni des sens, ni de l'imagination, doit être *innée* en moi, et doit avoir sa cause dans un être par-fait lui-même. Cet être, c'est Dieu.

2º J'existe, et j'ai l'idée de *perfection*. Si je m'étais donné l'existence, j'aurais eu le pouvoir de me donner toutes les perfections dont j'ai l'idée. Comme il n'en est pas ainsi, mon existence ne vient pas de moi. L'idée de perfection ne peut donc avoir été mise en moi que par un être à qui je dois l'existence et qui lui-même est l'être parfait.

3º La troisième preuve est l'*argument ontologique*, ou preuve dite de saint Anselme. L'existence est comprise dans l'idée de perfection, « en même façon, dit Descartes, qu'il est compris en l'idée du triangle que ses trois angles sont égaux à deux droits, ou en celle d'une sphère que toutes ses parties sont également distantes de son centre. Il est donc pour le moins aussi certain que Dieu, qui est cet être parfait, est ou existe, qu'aucune démonstration de géométrie le saurait être ».

Le monde. — *De l'évidence des créatures.* — La certitude de l'existence de Dieu est d'une importance capitale. Par elle, Descartes franchit l'abîme que le doute a creusé entre la pensée et les choses extérieures. « Après avoir reconnu, dit-il dans la cinquième *Méditation*, qu'il y a un Dieu ; pour ce qu'en même temps j'ai reconnu que toutes choses dépendent de lui et qu'il n'est point trompeur, et qu'ensuite de cela, j'ai jugé que tout ce que je conçois *clairement* et *distinctement* ne peut manquer d'être vrai..., on ne peut apporter aucune raison contraire qui me le fasse jamais révoquer en doute, et ainsi j'en ai une vraie et certaine science. » Descartes va reconstruire l'édifice détruit de ses connaissances, et puisque, par ce long processus métaphysique, nous sommes amenés à ce résultat que la marque de la vérité c'est l'idée *claire et distincte*, il suffira de se demander quelles sont les idées claires qui se trouvent dans l'esprit, et, par cela même, on pourra dire quelles sont les choses qui réellement existent. Parmi les créatures, il est permis de distinguer l'âme et le corps.

L'âme. — Que suis-je, dit Descartes? Je remarque d'abord que je dois exclure de mon âme un certain nombre de propriétés telles que la faculté de se mouvoir, de sentir, etc.; car on ne peut pas sentir sans le corps, et par conséquent ces caractères ne peuvent pas appartenir à l'essence de l'âme, l'essence étant ce qui constitue la réalité d'une chose, ce qui reste quand on a éliminé ce qui ne lui appartient pas en propre. Quand je crois sentir, quand je crois marcher, je puis me tromper; mais ce qui est certain, c'est que je pense, que je sais que je marche. La pensée est le fond de l'âme, ce qui la caractérise essentiellement, puisque c'est la condition même de tous les actes que j'accomplis. Si l'essence de l'âme est la pensée, toutes les fois que nous pensons, nous sommes assurés de l'existence de l'âme. Il en résulte que l'âme a une existence stable, à la condition que nous pensions toujours. C'est ainsi que Descartes est amené à croire que nous pensons continuellement. Rien ne prouve, dit-il en répondant aux objections de Hobbes et de Gassendi, que, dans le sommeil, la léthargie, nous ne pensions pas; mais il y a alors une pensée sans réflexion et, par suite, sans mémoire.

Le corps. — Recherchons maintenant quelle est l'essence des corps. Prenons ce morceau de cire (deuxième *Méditation*) : il a une couleur, une certaine saveur, il retient quelque chose de l'odeur des fleurs dont il a été recueilli; il a une figure, il est dur, froid, et rend un son quand il a été frappé. Approchons-le du feu; sa saveur s'exhale, son odeur s'évapore, sa grandeur diminue, et, si on le frappe, il ne rend plus de son. Tout le monde dira : c'est le même morceau de cire, et pourtant, toutes les qualités que j'observais ont disparu. S'il y a quelque chose de permanent, ce n'est rien de ce qu'on remarque par les sens, ce n'est rien non plus de ce qui tombe sous l'imagination. Il n'y a qu'une hypothèse : ce qui fait l'existence de ce corps, c'est que je le connais de lui, non par les sens et l'imagination, mais par la pensée abstraite, par l'entendement; et comme l'entendement ne me fournit, à propos

des corps, qu'une seule idée claire et distincte, l'idée d'étendue, je conclus que l'essence des corps est l'étendue. Quant aux qualités sensibles ou secondes, elles n'existent que par rapport à moi.

Mais, les corps existent-ils? Descartes en donne plusieurs raisons, dont la première est que je trouve en mon âme une faculté spéciale que j'appelle l'imagination et qui se représente l'étendue avec un effort. C'est donc que l'étendue est quelque chose qui existe et qui est différent de nous.

Il y a dans la sensation une nouvelle raison de croire à l'existence des corps. En effet, quand je suis contraint de sentir, la cause de la sensation n'est pas moi, puisque je me trouve jusqu'à un certain point passif.

Enfin, Dieu est parfait et ne peut pas vouloir nous tromper. J'ai l'idée claire et distincte de l'étendue, je trouve en moi la croyance à la matière, c'est donc que la matière existe.

Il est à remarquer que, selon Descartes, le corps est beaucoup plus difficile à connaître que l'âme.

Distinction de l'âme et du corps, de la pensée et de l'étendue. — Cette distinction, d'après Descartes, est, radicale. En effet, nous concevons clairement l'esprit sans la matière et la matière sans l'esprit. Or, tout ce que nous concevons clairement et distinctement a dû être réalisé par Dieu. Il y a donc une distinction radicale entre la pensée et l'étendue, en ce sens que la pensée de l'une est radicalement distincte de l'idée de l'autre.

Étude de l'âme. — *Psychologie de Descartes.* — Étant démontré qu'il y a des âmes dont l'essence est la pensée et des corps dont l'essence est l'étendue, il ne reste plus à Descartes qu'à étudier la pensée et ses propriétés, l'étendue et ses modes.

Descartes n'est pas, à proprement parler, psychologue; il est physicien avant tout. Il n'étudie l'âme qu'en vue de découvrir des principes généraux pour la physique. La psychologie n'a été pour lui qu'un moyen et non une fin, le moyen d'établir d'une manière critique le bien fondé de la connaissance, la nature de l'erreur. Il considère l'âme comme pouvant *par abstraction* se décomposer en deux parties essentielles : l'*entendement* et la *volonté*.

L'entendement est le lien des idées. L'entendement est incapable d'affirmer, il se borne à voir les choses en lui. S'il n'y avait pas de volonté, nous ne prendrions jamais parti, nous ne porterions aucun jugement. Ce qui nous fait juger, c'est la volonté, qui a le pouvoir de choisir. C'est elle qui affirme. Le jugement est une synthèse de l'entendement et de la volonté.

L'entendement est une faculté finie, limitée. Nous ne savons de la vérité que ce que Dieu a bien voulu nous en montrer. Au contraire, la volonté est infinie. Quand nous prenons un parti, nous sentons toujours que nous aurions pu prendre le parti contraire. Dieu crée la vérité en y pensant. L'entendement et la volonté sont, en lui, une même chose. Chez l'homme, la volonté infinie se trouve en face d'un entendement limité. Elle est, de par son caractère divin, toujours tentée d'affirmer, comme si son affirmation devait nécessairement être vraie. Il en résulte que souvent elle dépasse l'entendement et prend parti avant que la lumière se soit faite dans notre esprit. L'erreur est due à une impatience, à une précipitation de la volonté.

Cependant, si la volonté est cause d'erreur, c'est elle aussi qui nous fait découvrir la vérité et qui est cause de l'activité de l'entendement.

Les idées. — Il y a dans l'entendement trois espèces d'idées : les idées *innées*, les idées *adventices* et les idées *factices*. Les idées *innées* sont, selon Descartes, en puissance dans notre esprit : « la pensée est innée à elle-même ». Quelle est la liste de ces idées? Descartes ne s'est jamais expliqué nettement à ce sujet. Toutefois, on peut considérer comme innée toute idée claire et distincte, car une idée claire est une idée qui peut se rattacher scientifiquement à toute la chaîne des autres idées, c'est-à-dire une idée qui a pu être tirée mathématiquement, soit de la notion d'étendue, soit de la notion de pensée, et ces deux notions étant formées par l'esprit lui-même, on en peut conclure que toute idée claire est une idée que l'esprit a lui-même construite, c'est-à-dire une idée innée.

Les idées *adventices* sont les idées qui nous paraissent venir des sens et qui surviennent inopinément dans notre esprit sans le secours de la volonté et même contre notre attente. La production de ces idées s'explique par l'union de l'âme et du corps. Supposons, en effet, que certains mouvements de l'étendue se transmettent à nos nerfs et de là au cerveau ; l'âme en est ébranlée, et à propos de ce mouvement elle se représente les idées de couleur, de son, de lumière, de résistance, etc., en un mot, toutes les idées adventices que Descartes appelle aussi *qualités secondes* des corps.

Les idées *factices* sont celles que nous formons par la combinaison des idées qui existent déjà dans notre esprit. Telle est l'idée de chimère. Elles peuvent se rapprocher beaucoup des idées adventices. C'est ce qui arrive dans le rêve et l'hallucination.

Théorie de l'union de l'âme et du corps. — Il y a un certain nombre de faits qui ont lieu dans l'âme à propos des mouvements du corps, sans qu'on puisse s'expliquer ou se représenter en aucune manière la communication des deux substances. Etant donné ce rapport, il faut, selon Descartes, admettre nécessairement qu'une des parties du corps sert de centre d'où partent et où aboutissent tous les mouvements du corps destinés à impressionner l'âme. Ce centre doit se trouver dans le cerveau. Mais comme toutes les parties du cerveau sont doubles et que la conscience est une, il faut trouver dans le cerveau un organe simple où l'âme puisse siéger. C'est la glande pinéale que Descartes a choisie comme siège de l'âme.

Ceci posé, comment l'âme peut-elle communiquer avec toutes les parties du corps? Il faut savoir que le corps est un composé de nerfs qui aboutissent à la périphérie. Il faut savoir aussi que dans les cavités du cerveau et des nerfs se trouve répandue une *matière subtile* que Descartes appelle *esprits animaux*. Les objets du dehors n'ont d'autre fonction que de mettre en mouvement les esprits animaux qui se trouvent dans les nerfs. Ces esprits animaux viennent mouvoir à leur tour les esprits que renferment les cavités du cerveau ; ces esprits eux-mêmes mettent en mouvement la glande pinéale, et c'est selon la différence de ces mouvements que l'âme a des perceptions différentes.

Ainsi s'explique le mécanisme du corps sur l'âme. Mais, inversement, l'âme a la faculté de mouvoir la glande pinéale. Cette glande transmet alors l'agitation aux esprits qui l'entourent. Puis ces esprits sont lancés dans les cavités du cerveau, dans les nerfs, et par suite dans les muscles. Les muscles, gonflés par les esprits, se mettent en mouvement. Telle est la genèse du mouvement volontaire.

Les passions. — Ainsi, jusqu'à l'âme, tout est mouvement et dans l'âme tout est pensée. Les passions sont à la fois des phénomènes du corps et de l'âme. Elles ont leur cause dans un mouvement du corps qu'affectent les objets extérieurs. Par suite elles doivent être étudiées selon les données de la physiologie, et elles excitent dans l'âme des idées correspondantes, qui se produisent à l'occasion des mouvements du corps. Descartes distingue sept passions principales : l'admiration, la joie et la tristesse, l'amour et l'aversion, le désir et la crainte.

Les passions sont bonnes dans leur nature. Ce sont elles qui nous portent à agir et à éviter ce qui est nuisible. Néanmoins, elles affaiblissent l'âme quand elles sont portées à l'excès. Dans ce cas, il faut les combattre « par l'industrie et la préméditation », en leur opposant, quand elles viennent du corps, des émotions intérieures, des passions venant de l'âme même. Il ne faut pas les détruire, mais « *les apprivoiser* ».

Morale de Descartes. — Descartes n'a nulle part traité de la morale *ex professo*, mais dans la préface des *Principes de philosophie*, il dit qu'il considère la morale comme une des trois grandes parties d'un arbre dont la métaphysique est la racine et la physique le tronc. Dans l'idée de Descartes, la morale ne peut venir qu'après l'étude approfondie de la physique et de tout ce qui s'y rattache, comme la médecine. Il était persuadé qu'il trouverait un remède propre à combattre matériellement l'influence des esprits animaux par des procédés physiques et médicaux. « S'il est possible, dit-il dans la 3ᵉ partie du *Discours de la méthode*, de trouver quelque moyen qui rende communément les hommes plus sages et plus habiles qu'ils n'ont été jusqu'ici, je crois que c'est dans la médecine qu'on doit le chercher. » Dans une lettre à la princesse Elisabeth, il parle de certains principes découverts par lui en physique, qui font partie de la plus haute science morale. C'est pourquoi les règles contenues dans la 3ᵉ partie du *Discours* et dans les *Lettres à la princesse Elisabeth*, ne sont que des règles provisoires, par lesquelles Descartes conseille simplement de suivre les maximes généralement adoptées et en particulier la morale stoïcienne.

Il nous recommande d'obéir aux lois et aux coutumes du pays dans lequel Dieu nous a fait la grâce de nous faire naître et de nous régler sur les opinions les plus modérées et les plus communément reçues. Néanmoins, il faut prendre garde à ce que les hommes font plutôt qu'à ce qu'ils disent, car souvent ils ne veulent pas dire ce qu'ils croient, et plus souvent encore ils ne le savent pas.

Il faut être le plus ferme et le plus résolu qu'il est possible, et persévérer dans une opinion, même douteuse, quand une première fois on s'y est déterminé, imitant en cela les voyageurs qui, s'étant égarés dans une forêt, ne doivent pas tournoyer tantôt d'un côté, tantôt d'un autre, mais marcher d'un même côté.

On doit chercher à se vaincre soi-même plutôt que la fortune, et à changer ses désirs plutôt que l'ordre du monde. Car une seule chose est en notre pouvoir : notre pensée, c'est-à-dire nos idées et nos décisions. Quant au résultat, bon ou mauvais, il ne dépend pas de nous. Celui qui s'habitue à cette idée se souciera fort peu de la bonne ou de la mauvaise fortune.

Dans les lettres à la princesse Elisabeth et à la reine Christine, Descartes ne fait guère autre chose que développer cette règle avec des citations à l'appui. Il insiste surtout sur le *De vita beata* de Sénèque, et sur la conciliation de la vertu et du bonheur que l'on trouve chez les stoïciens modérés.

Du reste, la raison et la science victorieuses du monde, ne se pourront-elles employer à la perfection de l'homme? Maître de la nature, il peut en détourner les forces à son profit et en user selon la raison.

Elude de l'étendue. — Physique de Descartes. — La physique est aux yeux de Déscartes ce qu'il y a de plus important dans sa doctrine. Il est avant tout physicien. Il a toujours dit et répété que la physique était le but de ses recherches et que la métaphysique n'était pour lui qu'un moyen. Elle n'a d'autre utilité que de préparer une explication absolument scientifique des phénomènes et de démontrer *a priori* cette vérité fondamentale de l'univers, que tout fait matériel doit se ramener à l'*étendue* et aux *modes de l'étendue*, ou, en d'autres termes, que la physique mathématique est possible. « Donnez-moi l'étendue et le mouvement, disait-il, et je construirai le monde. »

L'étendue est sans limites et il n'y a pas de discontinuité dans la matière. Elle est aussi infiniment divisible, en même temps que ses parties sont impénétrables. Il s'ensuit que, dans un tel monde, le vide n'existe pas. S'il y avait du vide, en effet, il y aurait une étendue sans corps ou sans étendue. S'il y avait des atomes, la divisibilité aurait une limite et il y aurait des corps sans étendue. Tout est plein, et comme dans le plein le mouvement en ligne droite est impossible, il ne peut y avoir de mouvement que suivant des lignes fermées. Enfin, Dieu, auteur du mouvement, étant immuable, il s'ensuit que la quantité de mouve-

ment dans le monde est invariable.

Il y a dans la matière trois espèces d'éléments : les éléments constitués par d'immenses parties d'étendue; ceux, tels que les liquides et les gaz, qui sont formés de portions plus petites; enfin, ceux qui sont formés par une poussière impalpable, et qui sont produits par le frottement des autres éléments. Ceux-ci, en vertu de leur légèreté, sont poussés vers le centre. Ils se meuvent avec une extrême rapidité et forment le soleil. Les astres formés par les grandes portions d'étendue se rangent dans l'espace. Les plus lourds sont les plus éloignés du centre, en vertu de leur tendance à s'échapper par la tangente. Les autres éléments sont plus rapprochés du centre suivant leur densité spécifique. Ces divers éléments forment les *tourbillons* soumis à des mouvements très simples, très généraux, dus à la sagesse de Dieu. Ces mouvements généraux donnent lieu à des mouvements plus particuliers qui sont la cause des phénomènes naturels qu'étudie la physique proprement dite.

Descartes a traité de ces phénomènes dans la *Dioptrique*, dans les *Météores*, où il expose ce qui est à ses yeux le plus important, c'est-à-dire la méthode mathématique ou géométrique, suivant laquelle il faut les expliquer. Il estimait en effet que tous les problèmes sont résolubles et que leur nombre importe peu quand on est en possession de la vraie méthode, de l'instrument qui permet de les résoudre, quelle que soit leur diversité apparente.

Théorie des animaux machines. — Quand Descartes passe à la description des êtres vivants, à ce que nous appelons aujourd'hui la physiologie, il suit la même méthode. Il a expliqué les astres et la terre par des *tourbillons* que forme l'étendue en mouvement; il explique la *vie* par des lois purement mécaniques, sans faire intervenir l'idée de finalité. Un corps vivant est une machine compliquée. Un animal est un *merveilleux automate*. Quand on frappe un chien et qu'il crie, ce n'est pas qu'il souffre, c'est que les *esprits animaux*, sous le choc extérieur, se répandent dans les muscles, les agitent, les gonflent ou les contractent, et produisent le cri ou la fuite. L'animal n'ayant pas d'âme, car l'essence de l'âme c'est la pensée ou la raison, il n'a aucune conscience, et sa machine obéit simplement au jeu de ressorts intérieurs très compliqués.

Rien, sauf la pensée radicalement distincte de l'étendue, n'échappe au mécanisme universel qui régit tous les éléments cosmiques, y compris les êtres vivants.

Peut-être cependant ne faut-il voir dans ce mécanisme qu'une *méthode* de connaissance. La pensée intime de Descartes semble être que peut-être les bêtes ont une âme, mais qu'il n'y a pas à en tenir compte. Dans une explication scientifique des choses, son mécanisme serait alors beaucoup moins l'expression de la vérité métaphysique qu'une méthode d'exposition scientifique.

Conclusion. — Le rôle de Descartes est considérable, et ce grand philosophe a pu être appelé, à juste titre, le « père de la pensée moderne ». En donnant comme point de départ nécessaire à la philosophie la réflexion de l'esprit sur lui-même et l'analyse de ses idées, il a inauguré la critique de la connaissance et orienté la philosophie dans une voie nouvelle, qui paraît bien être la voie véritable. Par sa théorie mécaniste de l'univers et sa réduction des phénomènes matériels à l'étendue et au mouvement, il a été le plus fécond initiateur de la *science positive.* (Voir LIARD, *Descartes.*)

DIALOGUES. Nom donné aux ouvrages de Platon, qui sont écrits sous la forme d'entretiens de Socrate avec ses disciples. (V. PLATON.)

DIDEROT, philosophe français, né à Paris en 1713, mort en 1784. Il est le fondateur de l'*Encyclopédie* (dictionnaire raisonné des arts, des sciences et des métiers), qui devait être, au XVIIIᵉ siècle, une somme laïque de l'ensemble des connaissances humaines. Ses écrits philosophiques les plus importants sont : ses *Pensées sur l'interprétation de la nature*, où paraît l'idée évolutionniste et transformiste ; son *Rêve de d'Alembert* ; sa *Lettre sur les aveugles*, où se trouve en germe la théorie actuelle de la perception, et ses *Éléments de physiologie.*

Esprit puissant et plein de verve, il réchauffe autour de lui l'ardeur des artistes et des savants, en même temps qu'il répand les idées les plus neuves et les plus originales. Il adopte une sorte de panthéisme naturaliste, qui le porte à concevoir l'univers comme un grand tout, dont les individus sont les éléments, et qui subit une incessante transformation. Quant à Dieu, il viendra un jour, dit Diderot ; il est dans le devenir comme l'âme

Diderot.

du monde avec laquelle il s'identifie.

On a pu dire avec raison de Diderot, qu'il fut le précurseur le plus puissant de la grande Révolution, dans la politique, dans les lettres, dans la philosophie. Nul écrivain ne s'est plus éloquemment et plus généreusement élevé contre le despotisme des princes et des prêtres, auquel il oppose les principes éternels de la morale et du droit humain. Par sa glorification des arts et des métiers, par son éloge du travail manuel dans l'*Encyclopédie*, par ses sentiments démocratiques de « fils de forgeron », comme il tenait à s'appeler, il prépara la révolution sociale non moins que la révolution politique, et Babeuf, dans son *Manifeste des Egaux*, le donne pour le véritable créateur du socialisme. Ses œuvres proprement littéraires, romans et études critiques, sont hors de toute convention littéraire. On y sent l'inspiration vivante de la nature et du cœur humain. Il a créé la critique moderne des « salons » et du théâtre, le roman réaliste et enfin le drame moderne. En philosophie, il est beaucoup plus avancé et hardi que Voltaire, Rousseau et tous ses contemporains. Il ne se contente pas d'attaquer la tradition chrétienne. Il pose les principes de la philosophie positive moderne. Michelet dit : « Diderot était l'homme le plus grand du xviiie siècle... Un torrent révolutionnaire, on peut dire davantage, la Révolution même, son institution supérieure, fut en lui, s'y montra par éclairs, par lueurs volcaniques. Si de Rousseau vint Robespierre, de Diderot jaillit Danton. »

DIEU ET DE L'HOMME (Traité de), par Spinoza. Ce traité se divise en deux parties : l'une consacrée à Dieu, à la Providence, à la Nature, etc.; l'autre à l'Opinion, à la Foi, à la Connaissance.

DIEU (Démonstration de l'existence et des attributs de), par Clarke (1704). Ouvrage philosophique combattant les principes de Spinoza et de Hobbes.

DIEU (Traité de l'existence et des attributs de). Ouvrage philosophique de Fénelon.

DIOGÈNE D'APOLLONIE, philosophe grec de l'école d'Ionie. Il florissait entre 480 et 450 avant J.-C. Selon lui, l'être primordial est la substance commune à toutes choses et il est doué de pensée. La mesure et l'ordre de l'univers, où tout est pour le mieux, démontrent en effet l'intelligence du premier principe. Ce principe est l'*air*, substance de toutes choses, qui les pénètre et les gouverne.

DIOGÈNE LE CYNIQUE, philosophe grec de l'école cynique, né à Sinope et mort vers 323 avant J.-C., à Corinthe. Il fut exilé de son pays et vécut longtemps à Athènes.

Il exagéra l'indifférence des cyniques pour les biens et les richesses. Il poussa l'énergie jusqu'aux dernières limites, et se rendit célèbre par son impudence et sa manière de vivre.

Un jour, il alluma une lanterne en plein midi et parcourut la ville d'Athènes, disant qu'il « cherchait un homme ». Platon a dit de lui qu'il fut un « Socrate en délire ».

DIOGÈNE DE LAËRTE, philosophe grec qui florissait vers le milieu du iiie siècle avant J.-C. Il a laissé un livre intitulé : *Vie, doctrines et sentences des philosophes illustres*, qui est pour l'époque une sorte d'histoire de la philosophie.

DIOGÈNE DE SÉLEUCIE, ou *le Babylonien*, philosophe grec de l'école stoïcienne. Il adoucit le principe stoïcien, qui n'admettait d'autre bien que la vertu, et reconnaissait

Diogène.

l'utile comme une conséquence du bien et comme un moyen d'y atteindre.

DION CHRYSOSTÔME, de Bithynie, vécut dans le ier siècle de l'ère chrétienne. Il remit en honneur la doctrine de Pythagore.

DISCOURS DE LA MÉTHODE. Principal ouvrage de Descartes. (V. *ce nom*.)

DOSTOÏEWSKI (Fedor), romancier, philosophe russe, qui a noblement célébré la pitié et la souffrance rédemptrice dans des romans puissamment dramatiques.

DUBOIS-REYMOND, philosophe allemand contemporain, né en 1818, à Berlin, mais d'origine française. Il se rattache en philosophie au matérialisme.

DUCLOS (1704-1772), moraliste et ironiste cruel. Il a observé et tourné en ridicule les mœurs de la société du xviiie siècle par des *Considéra-*

tions sur les mœurs et par des *Mémoires secrets*.

DUGALD-STEWART, philosophe anglais de l'école écossaise, né à Edimbourg en 1753, mort en 1828.

Dans ses *Éléments de la philosophie de l'esprit humain*, il continue la tradition de Th. Reid. Il demande qu'on abandonne les problèmes métaphysiques qui sont insolubles et qu'on imite en cela les physiciens. Il est inutile de discuter sur les premiers principes et d'essayer d'en déterminer l'origine et la validité; le sens commun y suffit (*Traité des premières vérités*). La philosophie doit se borner à l'étude de la psychologie.

Dugald-Stewart a, comme les philosophes de son école, donné de bonnes descriptions de certains phénomènes de l'esprit. Il a distingué les associations accidentelles des idées (analogie, contrariété, contiguïté), des associations nécessaires. Les unes dépendent de l'habitude, qui consiste, selon lui, dans la faculté d'association, et les autres dépendent de la raison.

DUHAMEL, logicien français contemporain, auteur d'ouvrages sur les *Méthodes dans les sciences de raisonnement*.

DUMONT (Léon), 1837-1876, philosophe français, auteur d'une *Théorie scientifique de la Sensibilité*.

DUNS SCOT, philosophe anglais, né à Dunston (Northumberland) en 1274, mort à Cologne, en 1308. Il était de l'ordre des franciscains. Il enseigna à Oxford, et vint prendre son grade de docteur à Paris.

Déjà la philosophie se séparait de la théologie. Duns Scot prit entre les deux camps une position intermédiaire. Il reconnaît avec les théologiens la nécessité d'une révélation et il accorde aux philosophes que l'homme est capable par l'usage de la raison de s'élever jusqu'à la connaissance de Dieu. La raison est l'autorité suprême; les textes sacrés n'ont qu'une autorité dérivée.

Il est réaliste, sans aboutir au panthéisme. Il accorde à Dieu une liberté illimitée. Il exalte aussi la liberté dans l'individu, auquel il donne le libre arbitre aux dépens de la grâce.

Sa doctrine est contraire à celle des Thomistes. La lutte entre les Scotistes et les Thomistes est en réalité une lutte entre deux ordres qui désirent exercer dans l'Eglise une influence prépondérante.

DUPANLOUP (1802-1878), évêque d'Orléans, connu par ses livres sur l'éducation et par ses luttes pour le pouvoir temporel du pape. Il fut longtemps le représentant de l'Eglise à la Chambre des députés et s'y fit remarquer par son ardeur à combattre les idées républicaines. Son *Traité de l'Education*, bien qu'inspiré par l'idée catholique, est plein de remarques libérales et sages.

DUPIN (Louis-Ellies), 1657-1719, savant docteur de Sorbonne et professeur de philosophie.

DURAND DE SAINT-POURCAIN, philosophe français. Il fut évêque du Puy en 1318, et de Meaux en 1326. Il mourut vers 1332.

Il continua la tradition nominaliste. Il fut disciple de Guillaume d'Occam et écrivit un *Commentaire* du *Livre des sentences*.

DURKHEIM, sociologue français contemporain, fondateur de l'*Année sociologique*. Principaux ouvrages : *De la division du travail social*, 1893; *Les règles de la méthode sociologique*, 1895; le *Suicide*, étude sociologique, 1897.

DUVERGIER DE HAURANNE (Jean), abbé de Saint-Cyran, théologien et philosophe, ami des jansénistes (1581-1643).

E

ECKART DE HOCHEIM (Maître), de ordre des Frères Prêcheurs, 1260-1327. Théologien et philosophe de grande valeur; vécut et enseigna à Paris, à Strasbourg et à Cologne. Principaux ouvrages : *Opus triparti-*

tum (latin); nombreux sermons et traités allemands. Il combine le dogme traditionnel avec le néoplatonisme de Scot Erigène et du pseudo-aréopagiste; avec les néoplatoniciens, il conçoit Dieu comme le Néant supérieur à l'Etre, qui produit, par son développement, tous les moments de l'être. Son système est panthéiste. En même temps, il veut que l'Ame se retire de la vie sensible pour s'absorber en la divinité absolue de son mysticisme. Sa doctrine fut condamnée comme hérétique (1329); elle eut une influence considérable sur Tauller, Suso, les Amis de Dieu et peut-être les Frères du Libre Esprit. L'auteur de la théologie allemande s'en inspire; elle est ainsi une des sources de la réforme luthérienne : par quelques traits, elle annonce la philosophie moderne. Hegel en faisait grand éloge.

ÉCLECTISME (du grec *eklegó*, je choisis). Système philosophique qui consiste à faire un choix entre les différentes doctrines et à les concilier entre elles. On désigne plus particulièrement sous ce nom la philosophie de Victor Cousin (V. Cousin) et de ses disciples (V. Damiron, Jouffroy, Saisset, Simon.)

ÉCOSSAISE (école), groupe de philosophes qui, alliant à la méthode d'observation par la conscience le plus vif souci des vérités morales, ont exercé une grande influence sur la philosophie classique en France au xixᵉ siècle : Thomas Reid, Dugald-Stewart, Hamilton, Shaftesbury, Hutcheson, Adam Smith, Beattie, Oswald, Ferguson. (V. *ces noms*.)

ÉDUCATION DES ENFANTS (Sur l'), traité moral de Plutarque. L'auteur prend l'enfant à sa naissance et le conduit jusqu'à son début dans le monde.

ÉDUCATION DES FILLES (Traité de l'), par Fénelon (1687). C'est un traité pédagogique plein d'observations aussi fines que profondes.

ÉDUCATION (de l'), par Locke, une des œuvres les plus originales de ce philosophe (1693).

ÉGYPTIENS (Philosophie des). La théogonie et la cosmogonie des Egyptiens appartiennent plutôt à l'histoire des religions qu'à celle de la philosophie. Mais les monuments hiéroglyphiques et les récits des historiens grecs nous fournissent des données suffisantes pour établir que les Egyptiens avaient une doctrine morale assez pure. Les questions que le grand juge adresse à l'âme après la mort, et les réponses qui y sont faites par ceux qui accompagnent l'âme, nous montrent que les Egyptiens condamnaient l'injustice, le mensonge, la luxure et même les paroles inutiles.

Il ressort aussi des mêmes documents que les Egyptiens croyaient l'âme immortelle, mais que le système des punitions après la mort consistait dans le passage de l'âme d'un corps dans un autre jusqu'à son entière purification (métempsycose).

Il est fort probable que les prêtres égyptiens avaient une doctrine cachée, comme l'attestent tous les auteurs grecs. C'est de cette science renfermée dans des livres hermétiques que l'antiquité toute entière eut une si haute opinion. Les Grecs tenaient les Egyptiens pour leurs maîtres; leurs législateurs et leurs philosophes allaient s'instruire en Egypte.

ÉLÉATES, philosophes de l'antiquité qui suivaient la doctrine de Zénon d'Élée et admettaient une sorte de panthéisme. (V. Zénon d'Elée.)

ÉMERSON (1803-1882), célèbre philosophe américain, né à Boston. Sa doctrine est morale et mystique. Elle est exposée dans douze essais réunis sous ce titre : *Société et Solitude* (1870).

Il a repris le panthéisme de l'école néo-platonicienne, surtout les idées de Plotin. Dieu est l'âme universelle. Le monde tend à s'identifier avec cette âme et à se perdre en son essence. La fin de notre vie est de purifier notre âme humaine pour la rendre digne de s'unir à l'âme universelle, à Dieu.

EMPÉDOCLE, d'Agrigente, philosophe grec de l'école d'Ionie, florissait vers 444 avant J.-C. Poète, médecin et magicien, il se flattait, selon la légende, de commander aux éléments. Il défendit les libertés d'Agrigente et se montra, dit-on, législateur plein de sagesse. Sur la fin de sa vie il vint à Athènes.

La légende raconte qu'il serait mort sur l'Etna, dont le cratère n'aurait rejeté que ses sandales.

Il nie le devenir au sens d'Héraclite, mais il se rapproche des Ioniens en admettant la réalité du mouvement. La matière est immuable dans son essence, mais les corps changent incessamment; leurs éléments s'agrègent et se désagrègent dans des proportions diverses. Il n'y a pas d'unité élémentaire; l'éther, l'air, l'eau et le feu sont également primitifs. L'infinie variété des corps provient de leurs combinaisons.

Le mouvement s'explique par deux principes dont l'un rapproche les éléments et dont l'autre les éloigne les uns des autres. A l'origine, l'*Amour* les unissait et en faisait un seul corps sphérique. La *Discorde* les divisa, et il en résulta la terre, l'atmosphère, l'éther, l'océan, les astres. Par suite de ce conflit naissent encore les végétaux, puis les organismes fruits de l'amour, qui forment des assemblages souvent monstrueux, mais dont quelques-uns survivent en vertu de leur nature, qui les porte à remplir des fonctions déterminées et concordantes. Enfin, l'homme sort un jour de ce chaos.

Empédocle explique, on le voit, les êtres d'une manière purement physique. Cependant il dit que tout est capable de pensée; il parle, comme les pythagoriciens, d'une migration des âmes, qui passent après la mort, selon qu'elles ont bien ou mal vécu, dans des corps d'hommes, d'animaux et de végétaux.

EMPIRISME. (V. SYSTÈMES).

ENCYCLOPÉDIE (L'). Immense publication du XVIII⁰ siècle, faite sous la direction de d'Alembert et de Diderot, avec la collaboration de tous les grands philosophes du temps (1751-1772). Ce fut le plus redoutable assaut contre les doctrines de l'Église. Les idées de l'*Encyclopédie* préparèrent la Révolution. Dans une sorte d'introduction à laquelle il donne le titre de : *Discours préliminaire*, d'Alembert écrit : « L'ouvrage que nous commençons a deux objets : comme *Encyclopédie*, il doit exposer, autant

qu'il est possible, l'ordre et l'enchaînement des connaissances humaines; comme *Dictionnaire raisonné des sciences, des arts et des métiers*, il doit contenir sur chaque science et sur chaque art, soit libéral, soit mécanique, les principes généraux qui en sont la base, et les détails les plus essentiels qui en sont le corps et la substance. » Si d'Alembert fournit à l'*Encyclopédie* ce *Discours préliminaire* dont Voltaire disait qu'il est « supérieur à la *Méthode de Descartes* et égal à tout ce que l'illustre chancelier Bacon a écrit de mieux », c'est surtout Diderot qui fournit un prodigieux labeur de direction et de rédaction, bravant les clameurs des jésuites et risquant à chaque volume nouveau sa liberté et sa vie.

ENFANTIN (Barthélemy-Prosper), dit le *Père Enfantin*, né à Paris, ingénieur français, l'un des fondateurs du saint-simonisme (1796-1864).

ENNÉADES recueil de 54 traités de Plotin (V. *ce nom*), dont la doctrine est un panthéisme mystique.

ENTENDEMENT HUMAIN (Essai sur l'), par Locke (1690). L'auteur rejette les idées innées et reconnaît pour cause des idées les sensations et la réflexion. (V. LOCKE.)

ENTENDEMENT HUMAIN (Nouveaux essais sur l'), par Leibniz (1704). L'auteur combat les principes sensualistes de Locke. (V. LEIBNIZ.)

ENTENDEMENT HUMAIN (Recherches sur), par Thomas Reid (1763). (V. REID.)

ENTRETIENS MÉMORABLES DE SOCRATE, ouvrage de Xénophon, exposé des principes de morale et de la méthode de Socrate; le meilleur ouvrage de Xénophon. (V. *ce nom*.)

ÉPICHARME (540-450 avant J.-C.), poète et philosophe pythagoricien.

ÉPICTÈTE, philosophe grec, de l'école stoïcienne. Il naquit à Hiérapolis en Egypte, et mourut vers 125 après J.-C. Il vint à Rome sous Néron, comme esclave, fut affranchi, suivit les leçons de Musonius Rufus, se retira à Nicopolis en Epire, d'où l'édit de Domitien en 94 le chassa.

Le but de la philosophie est, d'après Epictète, d'apprendre la vertu et de guérir du vice. Il y a une providence qui préside au cours des choses. La vertu consiste à la reconnaître et à conformer sa volonté aux lois établies par Dieu.

Pour être heureux, il suffit de distinguer ce qui dépend de nous et ce qui ne dépend pas de nous, ce que nous pouvons empêcher et ce que nous ne pouvons empêcher. Il n'y a que nos idées et nos résolutions qui dépendent de nous. Elle doivent se conformer à l'ordre des événements. Le sage est celui qui, pénétré des desseins de Dieu, s'en fait le serviteur et le messager.

Les principales maximes d'Epictète furent recueillies dans le *Ma-*

Epictète.

nuel publié par Arrien. (V. *ce nom*.)

ÉPICURE, philosophe grec, fondateur de l'école épicurienne, né à Athènes ou à Samos en 341 avant J.-C. Son père était maître d'école et sa mère magicienne. De bonne heure il s'adonna à la philosophie sous la direction d'un disciple de Démocrite. En 306, il ouvrit une école à Athènes, où il enseigna jusqu'à sa mort, en 270.

Il reste des fragments de ses ouvrages, trois *Lettres* et les *Maximes*. La philosophie d'Epicure a un but essentiellement pratique, qui est de découvrir les moyens de rendre l'homme heureux. Aussi la morale tient-elle, dans sa doctrine, une place prépondérante. La logique et la physique lui sont subordonnées et ne servent qu'à la préparer. En effet, le plus grand obstacle à la félicité humaine est la crainte d'un monde surnaturel; il faut une philosophie de l'univers pour chasser cette crainte et pour enseigner que rien hors de nous ne s'oppose à notre bonheur. Mais la physique

suppose des règles qui permettent de distinguer le vrai du faux; il appartient à la *canonique* ou logique de fixer ces règles. L'œuvre de la morale sera de déterminer ensuite la notion du vrai bonheur.

Canonique ou logique d'Epicure. — Il y a trois critériums de la vérité: les *sensations*, les *anticipations*, les *affections*. C'est avec les sensations et les anticipations que l'on construit la philosophie spéculative, c'est-à-dire la physique. La sensation est évidente par elle-même. Elle s'impose par cela seul qu'elle se présente. L'idée générale n'est que le souvenir de plusieurs perceptions semblables. Le souvenir permet la prévoyance ou l'anticipation. Toute idée a pour origine la sensation et c'est ce qui fait sa valeur, la sensation communiquant à l'idée l'évidence qu'elle tient de sa propre nature. L'anticipation doit être exprimée par un mot qui la fixe. Le langage permet de raisonner.

Toute connaissance a donc son origine dans une impression corporelle, dans la sensation. Les sensations elles-mêmes sont dues à des formes ou images matérielles qui proviennent des corps et frappent les sens. Quant aux affections, elles nous font connaître uniquement le plaisir et la douleur que les objets nous causent. C'est sur elles que repose la philosophie pratique.

Physique d'Epicure. — Elle est en grande partie empruntée à Démocrite. Tout est matériel, et dans le monde de la matière rien ne se perd et rien ne se crée. Les corps sont composés d'atomes corporels invisibles. Ce qui paraît s'anéantir ne fait que se résoudre en ses éléments, et ce qui semble une création n'est qu'une combinaison mécanique. Les atomes sont solides, indivisibles, immuables et leur mouvement perpétuel se produit dans le vide.

Abandonnés à la seule pesanteur, les atomes tomberaient éternellement sans se rencontrer. Pour expliquer la formation de l'univers, il faut admettre qu'ils ont le pouvoir de changer la direction de leur mouvement. Ce pouvoir consiste dans une spontanéité libre, qui se manifeste en un point de l'espace absolument indéterminé. Ce mouvement spontané s'appelle la *déclinaison*. Par suite, les atomes se rencontrent et le monde peut naitre. La formation de l'univers suppose donc, dans ses premiers éléments, un principe de liberté qui anéantit la fatalité.

La conséquence de cette physique est de délivrer l'homme de la chimère des superstitions, de la crainte de la mort, de la crainte des enfers et des dieux. En effet, l'âme n'est qu'un composé d'atomes subtils qui s'évanouit quand le corps se décompose. Dès lors, pourquoi craindre la mort? Il ne faut pas plus s'en soucier que du temps qui précéda notre naissance. Si l'âme est mortelle l'enfer n'existe pas. Enfin, l'univers étant dû au hasard, les dieux n'interviennent pas dans l'ordre des choses. Les combinaisons éphémères se détruisent d'elles-mêmes, et quand elles sont durables, elles durent. Sans doute les dieux existent, puisque nous en avons l'idée et que toute idée vient d'une sensation; mais ils vivent dans la béatitude, heureux et tranquilles, sans s'occuper ni des hommes ni des choses. Ils jouissent de cette sérénité à laquelle l'homme doit s'efforcer de parvenir. Ils ne sauraient se départir de cet état sans cesser d'être des dieux, puisque l'idéal de toute sagesse est le calme ou le repos absolu.

Morale d'Epicure. — La morale a pour fin de définir le souverain bien et de rendre l'homme heureux. Nous ne dépendons que de nous-mêmes, nous sommes libres, et comme rien ne s'oppose à notre bonheur, nous en pouvons être les propres artisans.

Quel est le souverain bien que doit rechercher le sage? Epicure répond : le plaisir. Mais il faut distinguer deux sortes de plaisirs : l'un qui nous assure le repos, le calme, la béatitude, le *plaisir en repos;* l'autre qui est rapide et passager, le *plaisir en mouvement.* Le premier est exempt de toute inquiétude, l'autre n'est qu'une invitation de la nature à satisfaire des besoins insatiables. La suprême fé-

licité consiste à ne pas souffrir dans son corps et à ne pas être troublé dans son âme. Le sage recherche les plaisirs en repos.

Mais quels sont les besoins dont la satisfaction assure le plaisir en repos? Epicure y répond par la *critique des désirs.* Il y a trois sortes de désirs. 1° Les désirs *naturels et nécessaires.* Ils sont très faciles à apaiser. « N'est-ce pas, en effet, un ragoût admirable que le pain et l'eau, quand on en trouve dans le temps de sa faim et de sa soif? » 2° Les désirs *naturels et non nécessaires,* tels que le mariage, l'amour, les affections de la famille. Bien que ces désirs soient naturels, le

Epicure.

sage sait s'en affranchir; il se garde de compliquer sa vie et de se donner des occasions de souffrir. 3° Les désirs *ni naturels ni nécessaires,* tels que le désir de la richesse, du pouvoir, des grandeurs et de la gloire. Le sage s'abstient de la poursuite de tels plaisirs, qui se renouvellent sans cesse, ne sont jamais apaisés et enlèvent à l'âme la sérénité qui fait le bonheur. « Ce fut un grand bonheur pour moi, dit Epicure, de ne m'être jamais mêlé aux troubles de l'Etat et de n'avoir jamais cherché à plaire au peuple; parce que le peuple n'approuve pas ce que je sais, et que j'ignore ce que le peuple approuve. »

Puisque le plaisir est le bien suprême, la vertu n'a aucune valeur par elle-même. Il faut l'acquérir pour le bonheur qu'elle peut nous assurer. Cependant Epicure fait une place à part à l'amitié. Il la regarde comme un bien précieux, et sa dernière pensée fut pour les enfants de Métrodore qu'il avait adoptés. Il étendait cette bienveillance à tous les hommes et il disait qu'un esclave est un ami d'une condition inférieure.

La fin de la morale épicurienne est, on le voit, d'apprendre à l'homme à ne pas donner prise à la souffrance en modérant ses désirs. L'idéal est l'*ataraxie* ou l'absence de trouble qui est un sentiment positif.

La doctrine d'Epicure eut une grande fortune morale. En des temps troublés, il s'est rencontré des hommes qui l'ont acceptée et qui ont eu sinon le bonheur, du moins la paix de l'âme, en vivant conformément à ses maximes.

Après Epicure, Hermachus prit la direction de l'école. Polystrate, Denys, Basilide lui succédèrent. La doctrine se répandit dans tout l'empire romain en gardant son caractère de renoncement. Elle fut enseignée encore par Apollodore, Zénon de Sidon, qui eut Cicéron pour auditeur, par Sciron, qui eut Virgile pour disciple, et par Philodème. Elle fut pour ainsi dire renouvelée par le poète Lucrèce, qui regardait Epicure comme un dieu et qui puisa dans sa philosophie l'inspiration de la poésie la plus belle, la plus éclatante et la plus hautaine. Un autre, parmi les plus grands poètes latins, Horace, se vantait de vivre selon les préceptes d'Epicure. Mais il semble que la doctrine ait alors sensiblement dévié et que le nom d'épicurien ait commencé à devenir synonyme de voluptueux et même de débauché. C'est là l'idée qu'on se fait vulgairement de la morale d'Epicure; si elle avait déjà cours chez les Romains au temps d'Auguste, il serait injuste d'en faire remonter la faute à Epicure lui-même.

ÉRASME, philosophe et érudit, né à Rotterdam en 1467, mort à Bâle en 1536. Un des promoteurs de l'esprit philosophique moderne. Il défendit la liberté morale ou libre arbitre contre Luther, dont il approuvait cependant la réforme, mais à un point de vue purement ratio-naliste. Il réussit pendant les premiers troubles de la Réforme à garder son franc parler dans ses *Adages* et dans son *Eloge de la folie*.

ÉRATHOSTHÈNE, de Cyrène, philosophe grec, de l'école stoïcienne, disciple d'Ariston.

ÉRIGÈNE (Jean-Scot), mort en 875. Philosophe irlandais qui fut appelé à la cour de Charles le Chauve.

ESPRIT DES LOIS (L'), ouvrage principal de Montesquieu, 1748. (V. MONTESQUIEU.)

ESQUISSE DES PROGRÈS DE L'ESPRIT HUMAIN, ouvrage dans lequel Condorcet (1795) expose sa théorie de la perfectibilité de l'homme. (V. CONDORCET.)

ESSAI SUR LES MOEURS ET L'ESPRIT DES NATIONS, œuvre historique et philosophique de Voltaire, 1757. (V. VOLTAIRE.)

ESSAIS de Montaigne. (V. *ce nom*.)

ESSAIS MORAUX, POLITIQUES ET LITTÉRAIRES, par David Hume, 1742. (V. HUME.)

ESSÉNIENS, secte de philosophes mystiques juifs, dont la doctrine a beaucoup d'analogie avec celle des premiers chrétiens. On a même prétendu que Jésus aurait été initié aux mystères des Esséniens.

EUBULIDE, philosophe grec, de l'école de Mégare. Né à Milet, il florissait vers le milieu du ive siècle avant notre ère. Il fut l'adversaire passionné d'Aristote.

EUCLIDE, de Mégare, philosophe grec, florissait vers 450 à 380 av. J.-C. Après la mort de Socrate, dont il était venu suivre les leçons à Athènes, il se réfugia à Mégare, où il donna asile aux autres disciples du maître et fonda l'école dite de Mégare.

Sa doctrine est une combinaison des théories de Socrate et de Parménide. Il admettait une pluralité d'idées, d'essences incorporelles, immuables et saisissables par la seule pensée. Mais ces idées sont isolées et sans rapport entre elles, ce qui rend le jugement et le mouvement de la pensée impossibles. Ces essences sont les formes d'un même principe : l'*Un* ou le *Bien*, à qui seul appartient la réalité.

Euclide fut surtout célèbre comme dialecticien. Il ne faut pas le confondre avec le célèbre mathématicien d'Alexandrie.

EUDÈME, de Chypre, contemporain d'Aristote. Il fut le continuateur de la philosophie d'Aristote. Il en exagéra les tendances empiriques et contribua à substituer la physique à la métaphysique. On lui doit d'avoir précisé la forme du syllogisme hypothétique. Aristote lui a dédié un de ses ouvrages de morale.

EUSÈBE, évêque de Césarée, en Palestine, né vers l'an 270 et mort vers 338, nous a conservé dans la *Préparation évangélique* et la *Démonstration évangélique* une multitude de fragments d'auteurs anciens dont les écrits sont perdus.

EUTHYDÈME, philosophe grec, de l'école des sophistes, né à Chios. Il estimait, comme les philosophes de son école, que rien n'est absolument vrai et qu'on peut tout soutenir. Il a été ridiculisé par Platon dans un dialogue qui porte son nom.

EVHÉMÈRE, philosophe grec (IVe siècle avant J.-C.) qui prétendait que les dieux mythologiques ne sont que des héros humains divinisés par l'admiration des peuples. D'où le nom d'*évhémérisme* donné à cette interprétation rationnelle des mythes.

F

FÉNELON, philosophe français, évêque de Cambrai, né en Perigord en 1650, mort à Cambrai en 1715.

Fénelon.

Dans le *Traité de l'existence de Dieu*, il accepte presque en entier la philosophie cartésienne; il va du doute au *cogito ergo sum*, mais il se sépare de Descartes en acceptant l'existence des causes finales et en développant, d'après elles, la preuve de l'existence de Dieu.

FÉRÉ (Charles), physiologiste et philosophe contemporain. Avec Binet il a institué des méthodes de psychologie expérimentale et il a particulièrement étudié, par de beaux travaux de laboratoire, la psycho-mécanique ou la psychophysique, c'est-à-dire la science de la correspondance des phénomènes psychiques (sensoriels, intellectuels, volontaires) et des phénomènes mécaniques ou physiques (accroissement de force musculaire, augmentation de volume, élévation thermique, production d'électricité), et l'action des uns sur les autres. Ses principaux ouvrages sont : *Sensation et mouvement* et *Dégénérescence et criminalité*.

FERGUSON (Adam), philosophe écossais, né en 1723 à Logierait, mort en 1816 à Saint-Andrews. Pour la méthode, il appartient à l'école de Bacon. Sur l'origine de la connaissance, il partage la doctrine de Locke. En morale, il adopte la morale du sentiment et reconnaît qu'il y a en nous des instincts naturellement bons, auxquels nous pouvons obéir.

FERRERO (Gabriel), savant et philosophe italien qui a écrit les *Lois psychologiques du symbolisme* (1895), et qui, avec Lombroso (V. *ce nom*), a étudié les conditions physiologiques de la folie, du crime, du génie. Ces deux savants, Ferrero et Lombroso, ont créé en Italie une véritable école de psychologues physiologistes qui appliquent à l'étude des phénomènes de l'esprit la rigueur des méthodes scientifiques.

FERRIER, philosophe anglais. Dans ses *Institutions de métaphysique*, il fait, à l'encontre de ses compatriotes, profession de rationalisme et tente *a priori* une démonstration de l'idéalisme.

FICHTE (Jean Gottlieb), philosophe allemand, né dans la Haute-Lusace en 1762.

Nommé professeur à Iéna en 1793 pour son *Essai d'une critique de toute révélation* (1792), il publie en 1794 les *Principes fondamentaux de la science et de la connaissance*, et en 1796 les *Principes fondamentaux du droit naturel*. Accusé d'athéisme, il renonce à sa chaire, subit de nombreuses tribulations et meurt professeur à l'Université de Berlin en 1814.

On lui doit encore : un *Traité de la Destination de l'homme* (1800), un *Discours sur l'état de l'homme de lettres et sur ses travaux dans l'empire de la liberté* (1806), une *Méthode pour arriver à la vie bienheureuse* (1806), et des *Discours à la nation allemande* (1808).

Fichte, tout en adoptant la philosophie critique de Kant, en fit sortir l'idéalisme qu'elle contenait en germe. Le *moi*, selon Fichte, se pose lui-même, et en se posant il pose en même temps, et par cela s'oppose, le *non-moi*. Le moi seul est réel, rien n'existe que par un effet de son activité ; il crée, par une série d'oppositions successives, le monde qui n'est qu'une apparence produite par la pensée absolue contraire, pour prendre conscience d'elle-même, de se déterminer, de se limiter, de se donner un objet.

La fin de nos actions est de faire régner la raison. Cette suprématie de la raison ne rencontre pas d'obstacle dans l'activité pratique. Elle s'y déploie avec une liberté absolue. La liberté est le principe suprême, le vrai bien qui se manifeste par la loi morale. Les consciences individuelles, en tant qu'elles connaissent cette loi, s'unissent à la conscience divine elle-même, et, comme elles ont toutes la même fin, elles doivent s'oublier comme individus, pour contribuer à l'amélioration de tous, au triomphe de la raison, au règne de la liberté.

FICHTE (Emmanuel-Hermann), né à Iéna, en 1797, fils du précédent. Il fut professeur à Bonn et à Tubingue. Par de nombreux ouvrages, il s'efforça de réagir contre le panthéisme hégélien et d'appuyer le spiritualisme sur les données de la physiologie moderne.

FICIN. (V. MARSILE FICIN.)

FLINT (Robert), philosophe anglais, né en 1838. Il fut professeur à l'Université d'Edimbourg. Sa *Philosophie de l'histoire en France et en Allemagne* (1873), traduite par Ludovic Carrau (en 1878), l'a fait connaître en France. Son livre est précis et très documenté. Il a aussi écrit une remarquable étude sur *Vico* (1884), et de nombreux discours sur le *Théisme*. Il est théiste et spiritualiste.

FLUDD (Robert), philosophe anglais, né à Milgate en 1574, mort à Oxford en 1637. Alchimiste et mystique, il compte parmi les philosophes du XVIe siècle qui préparèrent la renaissance des sciences. Son érudition était prodigieuse.

FORCE ET MATIÈRE, livre célèbre du philosophe allemand Büchner. (V. *ce nom.*) Le principe fondamental du livre est : « Point de force sans matière ; point de matière sans force. » Il eut une influence considérable sur la pensée philosophique du XIXe siècle.

FORGE (de la), philosophe français, né à Saumur. Il fut un fervent adepte de la philosophie de Descartes. Il contribua à la défendre et à la propager.

FOUILLÉE (Alfred), philosophe français, né à la Pouèze (Maine-et-Loire), en 1838. Il donna une édition des *Œuvres choisies* de Descartes, une édition des *Fragments philosophiques* de Pascal ; une série d'études sociales : *l'Idée moderne du droit en Allemagne, en Angleterre, et en France* (1878) ; la *Science sociale contemporaine* (1880) ; *Critique des systèmes de morale contemporains* (1883) ; *La Propriété sociale et la démocratie* (1884). Ses études philosophiques comptent parmi les plus originales et les plus profondes de ce temps. Citons : *La Liberté et le Déterminisme ; La Morale, la Religion et l'Art d'après Guyau ; l'Évolution-*

tionnisme des idées-forces; la *Psychologie des idées-forces;* l'*Avenir de la métaphysique; Le Mouvement positiviste et la conception sociologique du monde; Le Mouvement idéaliste et la réaction contre la science positive,* etc. La théorie des idées-forces est la conception propre de M. Alfred Fouillée. Il l'a exposée avec une science très sûre et une psychologie très profonde.

FRANCK (Adolphe), 1809-1897, philosophe français, spiritualiste. Il fut professeur au Collège de France. Il fonda la Ligue contre l'athéisme, avec Jules Simon. Il a publié quelques ouvrages très estimés : *Philosophes modernes-français et étrangers* (1879); *Essais de critique philosophique* (1885); *Le Péché originel et la Femme* (1886); *Philosophie du droit civil* (1886). C'est sous sa direction qu'a paru le *Dictionaire des sciences philosophiques* dont la première édition parut en 1843 et la dernière en 1885, le seul livre français de ce genre.

FUSTEL DE COULANGES (1830-1889), historien et pénétrant observateur de la vie sociale. Son livre : la *Cité antique,* est une œuvre historique et philosophique de premier ordre.

G

GALIEN, philosophe grec et médecin, né à Pergame en 131. Il se rattache, en philosophie, à la doctrine d'Aristote.

GALIANI (l'abbé), littérateur, économiste et philosophe italien (1728-1787). Il fut l'ami de Mᵐᵉ d'Epinay, de Grimm, de Diderot et de la plupart des philosophes de l'*Encyclopédie.*

GALILÉE, philosophe et savant

Galilée.

italien, né à Pise en 1564, mort en 1642. Il est l'inventeur des lois de la pesanteur. Il enseigna le double mouvement de la terre et, à l'aide d'un télescope de sa construction, il découvrit les satellites de Jupiter et détermina la loi de leur évolution.

Persécuté par l'Eglise, forcé de rétracter ce qu'il avait dit du mouvement de la terre dans son *Dialogue sur les systèmes du monde,* il prononça la formule qu'on lui imposait et frappant du pied, s'écria : « *E pur si muove,* et pourtant elle se meut ».

GALL (1758-1828), médecin allemand, créateur de la *phrénologie,* qui localise les diverses facultés dans différents points du cerveau et du crâne.

GARNIER, philosophe français, de l'école spiritualiste, né à Paris en 1801, mort à Paris en 1864. Ce fut un collaborateur et un élève de Cousin. Il est connu par des descriptions très claires de certains phénomènes psychologiques. Son ouvrage principal est le *Traité des facultés de l'âme.*

GASSENDI, philosophe français, né à Champtercier près de Digne en 1592. Reçu docteur en théologie à Avignon, il enseigna la philosophie à l'Université d'Aix et les mathématiques au collège Royal. Il mourut en 1655.

Il lutta d'abord contre la scolastique dans ses *Exercitationes paradoxicæ adversus Aristotelem* (1624), et il se lia avec Descartes, auquel il fit des objections sur la nature de l'étendue et de l'âme, dans son livre intitulé : *Disquisitio metaphysica, seu Dubitationes et instantiæ adversus*

Cartesii metaphysicam. Elles furent reçues avec aigreur par le grand philosophe. Dans son traité de la philosophie d'Epicure, *Syntagma philosophiæ Epicuri*, il essaya de restaurer la doctrine des atomes. Molière fut séduit par sa philosophie.

GAUNILON, philosophe français, fut moine à Marmoutiers et vécut au XIIᵉ siècle. Dans une réponse à saint Anselme : *Liber pro insipiente*, il fait une objection à la preuve ontologique de l'existence de Dieu. Il démontre qu'il n'y a pas de relation à établir entre l'existence réelle et l'existence simplement conçue. Kant devait, sept siècles plus tard, reprendre cette objection.

GÉMISTHE PLÉTHON, philosophe italien, vécut au XVᵉ siècle. Il tenta une rénovation de la philosophie de Platon et établit à Florence une académie platonicienne.

GEORGE DE TRÉBIZONDE, né en 1396, mort à Rome en 1486. Continuateur de la philosophie péripatéticienne. Fervent admirateur des pères grecs de l'Eglise, il lutte contre la rénovation, à la même époque, des doctrines platoniciennes.

GERBERT, philosophe français, né vers le commencement du Xᵉ siècle, devint pape sous le nom de Sylvestre II en 999, et mourut en 1003. Il avait passé une partie de sa vie en Espagne et appris, dans les Universités maures, à connaître la philosophie d'Aristote et les mathématiques. Il enseigna cette philosophie à Reims, où il fit connaître à ses élèves les *Catégories*. Il enseigna en même temps l'arithmétique.

GERSON (Jean Charlier, connu sous le nom de), philosophe français, né en 1363 à Gerson, mort en 1429. Il fut chancelier de l'Université de Paris. Il joua un rôle important dans la querelle des universaux, puis se confina dans le mysticisme. C'est un des mystiques à qui l'on attribue l'*Imitation de Jésus-Christ.*

GEULINCK (Arnold), philosophe hollandais, né à Anvers en 1625, mort en 1659. Ce fut un partisan de Descartes et un propagateur de sa doctrine. Il enseigna la nouvelle philosophie à Louvain et à Leyde. Il publia une *Morale* et une *Méta-physique.* Dans ce dernier ouvrage, il explique que la communication des deux substances de la matière et de la pensée se fait par l'intervention de Dieu, qui fait naître en nous des idées à l'occasion des mouvements de la matière.

GILBERT DE LA PORRÉE, philosophe français, né vers 1070 à Poitiers, dont il fut évêque. Il enseigna à Paris et mourut vers 1154. Il était réaliste, mais il encourut, pour être tombé dans le panthéisme, la censure de saint Bernard. Il avait été le disciple d'Anselme, à Laon.

GIORDANO BRUNO, (V. BRUNO.)

GORGIAS, philosophe grec de l'école des sophistes et rhéteur. Il était né à Leontium en Sicile en 487. Il vint à Athènes comme ambassadeur de sa ville natale. Il engagea les Athéniens à faire la guerre aux Syracusains. Il fonda à Athènes une école d'éloquence et mourut à un âge très avancé.

Il applique la définition de l'Etre, des *Eléates*, aux choses sensibles qui ne doivent être considérées que comme des apparences.

Selon lui, rien n'existe. Si quelque chose existe, ce quelque chose ne peut être connu. En admettant que l'être existe et que quelqu'un puisse le connaître, il lui est impossible de le faire connaître aux autres. Aucun jugement n'est vrai, disait Gorgias, nous ne saisissons que l'apparence.

GRATRY (le P.), 1805-1872, prêtre de l'Oratoire, rationaliste chrétien.

Ce fut un prêtre libéral, très informé des tendances de la pensée moderne et qui s'efforça de les comprendre ou même de les suivre. Les *Sources* (1861-1862) sont sa meilleure œuvre. Il fut d'abord contraire à la doctrine de l'infaillibilité du pape; mais après la décision du concile du Vatican (1870), il fit sa soumission à Rome.

GRÉARD, né en 1828, à Vire (Calvados).

Il a écrit une thèse de doctorat très remarquable sur la *Morale de Plutarque* (1866), et un grand nombre d'ouvrages d'éducation : l'*Enseignement secondaire des filles* (1883), l'*Esprit de discipline dans l'éducation,* (1884), l'*Education des femmes par les femmes* (1886), *Education et instruc-*

tion (1887). Ce sont des œuvres de sage hardiesse rénovatrice et d'une pénétrante finesse d'observation et d'analyse. M. Gréard a aussi étudié la vie et les idées de Mᵐᵉ de Maintenon dans une monographie intéressante (1884).

GREEF (de), philosophe et sociologue belge contemporain. On a de lui : le *Transformisme social*, essai sur le progrès et le regrès des sociétés (1895), et les *Lois sociologiques*. Ces ouvrages sont l'une des plus savantes applications qui aient été faites de la doctrine évolutionniste à la vie sociale.

GRÉGOIRE DE NAZIANZE, philosophe grec, Père de l'Eglise, né en Cappadoce en 329, mort en 389. Il étudia à Athènes. Il fut évêque et s'occupa principalement de combattre l'hérésie arienne.

GRIMM (baron), 1723-1807, né à Ratisbonne, et introduit dans la société des philosophes par Mᵐᵉ d'Epinay, son amie. Sa *Correspondance* est pleine de documents curieux sur le monde de l'*Encyclopédie*.

GROTIUS, philosophe hollandais, né à Delft en 1583, mort en 1645. Il écrivit un livre intitulé : *De jure belli et pacis*, dans lequel il étudie et fonde le droit des gens. Il contribua, par ses études positives du droit, à l'avènement de la philosophie moderne.

GUÉNÉE (l'abbé), 1717-1803, écrivain et philosophe, ennemi de Voltaire.

GUILLAUME D'AUVERGNE, philosophe français, né vers la fin du xııᵉ siècle. Il fut évêque de Paris de 1228 jusqu'à sa mort, en 1248. Auteur d'un livre intitulé : *De Universo*, qui est une *somme* analogue à celles du xıııᵉ siècle, il défend la doctrine d'Aristote, tout en restant dans l'orthodoxie. Il insiste sur la réalité de la liberté humaine, qu'il défend contre le fatalisme.

GUILLAUME DE CHAMPEAUX, philosophe français, né vers le milieu du xıᵉ siècle, mort en 1121. Il fut professeur à Paris et, plus tard, évêque de Châlons. Il soutint le réalisme en l'exagérant et sans s'inquiéter des conséquences panthéistiques où aboutissait sa doctrine. Il déclarait que l'universel seul est réel.

GUILLAUME DE SAINT-AMOUR, né à Saint-Amour au commencement du xıııᵉ siècle, mort en 1272, Il professa la philosophie à l'école du parvis Notre-Dame. Des démêlés avec les dominicains et les moines mendiants le firent condamner par le pape. De concert avec Robert de Sorbon, il constitua l'enseignement des docteurs de Sorbonne. Saint Thomas d'Aquin et saint Bonaventure furent ses adversaires.

GUILLAUME D'OCCAM, philosophe anglais, vécut au xııᵉ siècle. Il appartint à l'ordre des franciscains et entendit Duns Scot à Paris. Il intervint dans le différend entre Boniface VIII et Philippe le Bel, pour qui il prit parti.

Sa doctrine est contenue dans son *Commentaire sur le Livre des sentences*. Il est nominaliste. Il n'existe, selon lui, que des substances individuelles. L'universel ou l'idée générale n'a pas d'existence substantielle. Il combat aussi l'explication de la perception par l'intervention des *espèces* ou idées-images, qui ne sont que de vaines entités.

GUYAU (Jean-Marie), 1854-1888, philosophe français contemporain.

Il fut d'abord professeur dans l'Université, puis il se consacra exclusivement aux travaux philosophiques. Un mémoire à l'Académie des sciences morales et politiques (en 1847) sur la morale utilitaire, fit sensation par l'originalité et la hardiesse des idées. Il publia une traduction du *Manuel d'Epictète* (1875), la *Littérature chrétienne du ııᵉ au ıvᵉ siècle* (1876), la *Morale d'Epicure et ses rapports avec les doctrines contemporaines* (1878), la *Morale anglaise contemporaine* (1879), les *Vers d'un philosophe* (1881), les *Problèmes de l'Esthétique contemporaine* (1884), l'*Esquisse d'une morale sans obligation ni sanction* (1884), et enfin l'*Irréligion de l'avenir* (1886). Ces deux derniers ouvrages sont les plus importants. Guyau rejette tous les principes de moralité *a priori*, antérieurs et supérieurs aux faits, et il fonde sur les seules données de la science positive une loi de la vie. D'autre part, il montre comment l'humanité peu à peu se dégage des religions organisées et dogmatiques pour aller à « l'irréligion », et il étudie surtout le caractère social de la religion considérée comme une aspiration à l'inconnu, à l'infini.

Guyau, qui fut surtout préoccupé par les questions esthétiques, morales, sociales et religieuses, se rattache à la philosophie de l'évolution, mais très librement, et il reste avant tout un penseur indépendant et original. Il mourut malheureusement à trente-trois ans. Ce fut une grande perte pour la philosophie. Son œuvre inachevée révèle pourtant l'un des plus grands esprits de ce temps.

H

HÆCKEL (Ernest), né en 1834, à Postdam, naturaliste et philosophe. Il s'est fait en Allemagne l'un des plus ardents protagonistes du trans-

W. Hamilton.

formisme darwinien, et, poussant jusque dans leurs extrêmes conséquences les doctrines sur l'origine des espèces, il a rattaché l'homme aux singes anthropoïdes et il a soutenu qu'une forme embryonnaire permanente, la *gastrula*, est à la base de toute vie animale. Son œuvre capitale est l'*Anthropogénie* ou *Histoire de l'Evolution humaine*, ouvrage traduit en français par Letourneau (1874). Un *Essai sur la psychologie cellulaire*, traduit par Jules Soury (1879), est aussi fort remarquable. Enfin, Hæckel a exposé dans divers ouvrages et discours la théorie du *monisme* ou de l'homme considéré comme étant une force et une *seule* force.

HAMILTON (William), 1788-1856), philosophe écossais, né à Glasgow. Il édita les œuvres de Th. Reid et de Dugald Stewart, et exposa sa doctrine dans les *Leçons sur la métaphysique et la logique*. Il était très versé dans la connaissance de la philosophie ancienne et surtout de la philosophie d'Aristote. Il s'occupa principalement de psychologie, et fut conduit à professer une doctrine de la relativité de la connaissance, qui est surtout la cause de sa notoriété philosophique et où il oscille entre Reid et Kant. Stuart Mill a exposé et critiqué sa doctrine dans un ouvrage intitulé : *la Philosophie d'Hamilton*.

HARTLEY (1705-1759), médecin et philosophe anglais. Il est l'auteur des *Observations sur l'homme, son organisation, ses devoirs et ses espérances*. Il fut en philosophie le disciple de Hume son contemporain, et il professa la doctrine de l'associationisme.

HARTMANN (de), philosophe allemand, né à Berlin en 1842. Son principal ouvrage est la *Philosophie de l'inconscient*. C'est un disciple de Schopenhauer. Selon lui, l'univers est la manifestation d'une volonté inconsciente, guidée par l'idée (au sens platonicien), et qui tend à ses fins comme si elle avait l'intelligence des moyens qui lui sont nécessaires. Pour lui, comme pour Schopenhauer, le mal l'emporte nécessairement dans le monde sur le bien.

HÉBREUX (Philosophie des). Se confond avec la philosophie de la Bible : Dieu, créateur de toutes choses, gouverne le monde (théorie de la Providence); distinction de l'âme et du corps, et, dans l'âme, de l'intelligence, de la sensibilité et de la volonté. Dieu défend à Adam et Eve de manger du fruit de l'arbre de la science : c'est donc qu'ils sont intelligents et libres, soumis à l'attrait du sentiment, avec une volonté capable de dominer et une raison capable de comprendre. Enfin, il y a dans la Bible une morale où se trouvent, avec tous les préceptes de la loi naturelle (Décalogue), les meilleurs conseils, les plus sages exhortations à la vertu, les plus vives diatribes contre le vice.

On peut rattacher à la philosophie des Hébreux les doctrines, mal connues d'ailleurs, des sectes juives : pharisiens, saducéens, esséniens, thérapeutes.

HEGEL (1770-1832), philosophe allemand, né à Stuttgard. Il occupa les chaires de Heidelberg et de Berlin, où il mourut du choléra.

Ses principaux ouvrages sont : la *Phénoménologie de l'esprit;* la *Logique;* l'*Encyclopédie des sciences philosophiques;* les *Eléments de la philosophie du droit;* les *Cours sur la philosophie de la religion,* l'*Histoire de la philosophie* et l'*Esthétique.*

Ce fut un prodigieux penseur et un dialecticien puissant. Loin de s'en tenir aux conceptions de Kant sur la métaphysique, il trouva, au contraire, dans l'étude de la *Critique de la raison pure,* des raisons nouvelles pour donner libre carrière aux spéculations les plus hardies de l'esprit. Son système, où l'on constate aussi l'influence de Fichte et de Spinoza, est contenu dans la *Logique.*

L'absolu n'est pas transcendant au monde, il lui est immanent. Il n'est pas, il devient, et il se manifeste successivement dans l'univers matériel inconscient et dans le moi spirituel où il prend conscience de lui-même. Les catégories de la raison ne sont pas, comme le prétendait Kant, des cadres vides, mais des manières d'être de l'absolu, les formes sous lesquelles il se manifeste. L'être est raison. Le processus logique représente le développement de l'être et les antinomies logiques ne sont que l'expression des contradictions réelles que l'être contient en lui-même.

La contradiction n'est pas illogique, elle est au contraire la condition du progrès de la pensée et de la vie de l'univers. Elle existe au sein de l'absolu. En effet, l'*être,* la première des notions de la raison, n'est ni *ceci,* ni *cela,* mais il peut devenir ceci et cela. Il réalise les contraires par l'effet même de son propre développement. Le mouvement, où rien n'existe, mais où tout est en voie de réalisation, en est le symbole. Le progrès dialectique se fait par thèse, antithèse et synthèse. La limite, la mesure sont la synthèse du fini et de l'infini. Le phénomène est la synthèse de l'essence et de l'accident, de la substance et

Hégel.

de la cause. La logique consiste à découvrir la dépendance des catégories ou jugements, elle est la métaphysique même.

L'histoire du développement de l'univers et de ses transformations, par lesquelles l'absolu se réalise, reflète d'une manière concrète le mouvement de la pensée qui reproduit *a priori* la genèse du monde. C'est ce qu'Hegel tente de démontrer dans les chapitres qui ont pour objet la *Philosophie de la nature* et la *Philosophie de l'esprit.*

Le monde sidéral, qui exista en premier lieu, est le produit de deux forces centripète et centrifuge, dont les effets opposés se résolvent dans le fait et la loi de la gravitation universelle. Les étapes successives du développement de l'être se marquent ensuite par la production des phénomènes physiques et chimiques et par l'apparition des règnes végétal et animal.

Enfin, l'homme est le produit le plus beau de l'univers. Il marque l'avènement de l'esprit où l'être prend conscience de lui-même. Mais l'absolu dépasse bientôt le *moi* individuel pour se réaliser sous une forme supérieure par l'organisation des individus en sociétés. Les Etats naissent et disparaissent au profit du plus fort, qui est aussi celui qui a le plus de droit à l'existence et réalise le mieux l'idée de l'absolu. L'organisation sociale n'est pas le dernier terme du devenir. L'absolu se réalise encore sous les formes de l'art et de la religion, qu'il dépasse pour prendre conscience de lui-même dans la philosophie. Hegel, par l'intermédiaire de Renan, a exercé une grande influence sur la pensée contemporaine.

HEGÉSIAS, philosophe grec de l'école cyrénaïque, vécut à Alexandrie sous les Ptolémées. Il poussa la doctrine du plaisir jusqu'à ses dernières conséquences. Selon lui, le plaisir est la fin de la vie, mais il ne dépend pas de nous; la douleur, au contraire, s'impose à nous sous mille formes; le mieux est de mourir. Il confirma sa théorie en se donnant la mort. On l'avait surnommé : « l'orateur de la mort ».

HELMHOLTZ (1821-1894), célèbre physicien et physiologiste allemand contemporain; il se rattache à la philosophie des sciences par ses beaux travaux sur les couleurs et sur les sons.

HELMONT (van), philosophe et médecin belge, né à Bruxelles en 1577, mort en 1644. Il fut le disciple de Paracelse et marcha sur ses traces. Il est célèbre par sa théorie des *archées*, principes de toutes les formes, aussi nombreux que les différentes espèces de corps, et qui dans l'homme servent d'intermédiaires entre le corps et l'âme.

HELVÉTIUS, philosophe français de l'école matérialiste du xviiie siècle. Il est né à Paris en 1715 et mort en 1771.

Selon Helvétius, il n'y a pas de différence entre la force et la matière. Sa doctrine de la connaissance est à la fois matérialiste et sensualiste.

En morale, il soutient que le seul motif des actions des hommes est l'intérêt personnel, et que l'art du législateur est de faire que l'homme ait plus d'intérêt à suivre la loi qu'à la violer. La législation est le fondement de la morale sociale. On doit tendre à ce que les biens par-

Helvétius (Claude-Antoine).

ticuliers se confondent avec le bien public.

HÉRACLITE, d'Ephèse, philosophe grec de l'école d'Ionie. Il florissait vers 500 avant J.-C. Il reste de lui des fragments d'une œuvre intitulée *De la nature*.

Héraclite considère tous les corps comme des transformations d'un seul et même élément, qui est le *feu*. Tout ce qui existe en dérive et tend à y revenir. L'air, l'eau sont du feu en voie d'extinction ou de renaissance; la terre et les solides sont

Héraclite.

du feu éteint, et s'embraseront de nouveau à l'heure marquée par le destin.

La vie universelle est une alternance sans fin de création et de destruction. Le repos, l'arrêt est une illusion des sens. Les choses sont dans un écoulement perpétuel qui est l'effet d'une lutte de forces contraires, de courants opposés, dont l'un, venant en haut, tend à transformer le feu céleste en matière solide, tandis que l'autre remontant vers le ciel, tend à transformer en feu la matière terrestre. C'est la rencontre de ces deux courants qui engendre la vie végétale, la vie animale et la vie intellectuelle.

Le vrai étant ce qui reste le même, il n'y a pas de science certaine, puisque tout change et que tout devient. Les sens nous trompent en nous faisant croire à l'existence stable. La raison seule devine la loi divine du changement, loi qui reste fixe dans l'universelle variabilité.

On ne se baigne jamais dans la même eau, disait Héraclite, et en insistant ainsi sur l'instabilité des choses, sur la vanité des existences individuelles et l'impossibilité du plaisir sans la douleur, du bien sans le mal, il a laissé après lui la renommée d'un pessimiste accompli, par opposition à Démocrite qui, dans l'antiquité, représente l'optimisme.

HERBART, philosophe allemand, né en 1776, mort en 1841. Il fut professeur à Kœnigsberg et à Gœttingue. Il avait eu pour maîtres Fichte, Kant, Hégel, mais il s'efforça de réagir contre leurs systèmes idéalistes, et il soutint que la philosophie théorique n'est qu'un rêve de notre imagination, et que seuls le doute méthodique de Descartes et l'examen expérimental peuvent conduire à des résultats pratiques.

Les choses n'existent pas seulement dans notre pensée, mais elles existent réellement et indépendamment de la raison qui les pense. La spéculation doit donc avoir pour base l'observation et l'expérience. Une philosophie qui ne s'édifie pas sur les données positives de la science opère à vide.

Admettre avec Hegel que la contradiction existe dans les choses, c'est un paradoxe et non une solution. Le travail philosophique doit justement commencer par débarrasser les idées générales des contradictions qu'elles renferment : l'être ne comporte ni négation, ni limitation; il est ce que Platon et Parménide ont appelé l'*un* et que Spinoza appelle la *substance*.

Mais, selon Herbart, il y a pluralité d'êtres réels ou d'unités qui ne subissent aucun changement intérieur. L'objet sensible renferme autant de réalités que de propriétés distinctes. Le changement cependant existe, et s'il n'affecte pas les substances elles-mêmes, il est l'effet de leurs relations mutuelles. Herbart a tenté d'expliquer ces relations par des formules mathématiques. Il en a même fait l'application à l'étude de l'âme, ce qui donne à sa philosophie une allure positive et scientifique.

HERDER, philosophe allemand, né en 1744 à Mohrungen, mort en 1803. Disciple de Leibnitz, il prétendit concilier la philosophie de son maître avec la doctrine de Spinoza. Il montra quels étroits rapports il y a entre ces deux philosophies.

En 1769, Herder fit un voyage en France. Il fut mis en relation avec Diderot et d'Alembert. L'influence de ces penseurs fut considérable sur son esprit. Il abandonna les spéculations philosophiques pour les généreuses préoccupations de progrès humain et de révolution sociale, qui agitaient alors les encyclopédistes.

Un livre de Herder qui a pour titre : *Idées sur la philosophie de l'histoire et de l'humanité* (1784-1787), et un opuscule : *Regards sur l'avenir de l'humanité*, sont de très savantes et profondes études de philosophie de l'histoire. Ainsi, Herder a devancé Vico. Edgar Quinet a traduit (1827) le premier de ces ouvrages.

HÉRILLE, de Carthage, philosophe grec de l'école stoïcienne. Il vécut au IIIe siècle avant notre ère. Il fut un des disciples personnels de Zénon.

HERMARCHUS, philosophe grec de l'école épicurienne. Disciple d'Epicure, il prit, à la mort de son maître, la direction de l'école. Il enseigna, sans la modifier, la doctrine épicurienne.

HIPPIAS, d'Elis, philosophe grec de l'école des sophistes (Ve siècle avant (J.-C.). Il soutenait que rien n'est certain, et en particulier que les lois ne reposent que sur la convention. Socrate, dans l'un des dialogues de Platon, maintient énergiquement contre lui la doctrine des lois non écrites, fondement de la morale et du droit.

HOBBES, philosophe anglais, né à Malmesbury, dans le Wiltshire, en 1588, et mort en 1679. Collaborateur de Bacon, il connut aussi la philosophie de Descartes. Il se trouvait à Paris au moment où parurent les *Méditations*, dont Mersenne lui communiqua le manuscrit.

Ses œuvres principales sont : le *De cive* (1642), le *Léviathan ou la matière, la forme et l'autorité du gouvernement;* le *Traité sur la nature humaine et le corps politique* (1652). Il écrivit encore des traités sur la *Logique*, la *Philosophie première*, la *Politique* et les *Mathématiques*.

Hobbes exagéra à la fois le sensualisme de Bacon et la doctrine de Descartes sur la raison et l'étendue, de façon à en tirer des conséquences matérialistes. Selon lui, toute substance est corporelle et tous les phénomènes qui se passent dans les corps se ramènent à des mouvements. La sensation est un mouvement du cerveau. Quand ce mouvement est favorable à l'organisme, il produit le plaisir, et le plaisir lui-même engendre le désir ou volonté. Quant au raisonnement, il n'est autre chose qu'une composition de mots (Hobbes est nominaliste) qui, si elle est exacte, représente la nature.

L'originalité de Hobbes paraît surtout dans ses études sur la morale et l'organisme social, qui sont exposées dans le *De cive* et dans le *Léviathan*. Il prétend que la recherche du plaisir et la fuite de la douleur sont les deux seuls motifs de l'activité humaine et que tous les sentiments dérivent de l'égoïsme. Aussi l'état de nature ne peut être, d'après lui, que l'état de guerre, *bellum omnium contra omnes;* l'homme est un loup pour l'homme, *homo homini lupus*. Mais las de s'entre-tuer, et considérant que la guerre est le pire des maux, les hommes se sont réunis, et, pour jouir de la paix, ils ont abdiqué leurs droits entre les mains d'un maître dont la volonté absolue devient la règle maîtresse qui s'impose à tous. Le bien est ce que décrète le souverain. Il est le maître des consciences. La doctrine de Hobbes est l'apologie la plus hardie du despotisme.

HOLBACH (baron d'), philosophe français, né à Paris en 1723, mort en 1789. Riche et prodigue, le baron d'Holbach ouvrit sa maison à tous les philosophes de son temps : Diderot, d'Alembert, Helvétius, Condillac. Ses dîners sont restés fameux. L'abbé Galiani l'appelait « le maître d'hôtel de la philosophie ». D'ailleurs, il fut, dans sa vie privée, un honnête homme fort simple. Il publia à Londres en 1770, sous le pseudonyme de feu Mirabaud, un ouvrage intitulé *Système de la nature*, où il expose une théorie du matérialisme.

Tout se réduit à la matière et au mouvement. La matière et le mouvement n'ont ni commencement ni fin; l'univers n'est gouverné ni par un Dieu ni par le hasard, mais par des lois nécessaires, qui dérivent de la nature même des choses. Le mécanisme explique tout. Les fonctions de la vie ne sont que l'effet d'un certain groupement des atomes. Il n'y a pas d'âme; la pensée est une fonction du cerveau. Enfin le libre arbitre de la volonté humaine n'existe pas; tout est déterminé par les lois immuables de la matière.

D'Holbach fut un adversaire passionné du christianisme. Il publia à Londres, en 1767, le *Christianisme dévoilé*, qui est une des critiques les plus violentes du dogme et de la morale chrétienne.

HOUDETOT (Comtesse d'), femme du XVIIIᵉ siècle, célèbre par son esprit, par sa liaison avec Saint-Lambert et par l'amour qu'elle inspira à J.-J. Rousseau. Son salon fut le rendez-vous des philosophes.

HUET (Daniel), philosophe français, évêque d'Avranches, né en 1630, mort à Avranches en 1721. Il représente en philosophie le scepticisme théologique. Il invoque contre Descartes la limitation de la raison et son impuissance à résoudre certaines questions qui ne trouvent de solution que dans la foi religieuse.

HUET (François), 1814-1869, publiciste français, disciple de Bordas-Demoulin, dont il a publié les œuvres posthumes, a évolué du catholicisme libéral à la libre pensée. On a de lui *La Science de l'Es-*

pril ; la *Révolution religieuse au XIXᵉ siècle* ; la *Révolution philosophique au XIXᵉ siècle.*

HUGUES DE SAINT-VICTOR, philosophe français d'origine lorraine, né en 1097, et mort à Paris, à l'abbaye de Saint-Victor, dont il était moine, en 1140.

Ce fut surtout un mystique. L'orthodoxie absolue ne lui paraît ni nécessaire ni possible, et il expose, dans le *De sacramentis christianæ fidei*, que l'on peut être d'accord sur la vérité des dogmes sans l'être sur leur interprétation. Du reste, comment l'uniformité des idées sur Dieu pourrait-elle exister? Il échappe à toute conception humaine. Il n'existe que pour la foi.

Dans le *De anima*, Hugues expose des théories psychologiques fort nouvelles. Le corps et l'âme sont des substances distinctes, sans être absolument opposées l'une à l'autre. Il y a entre elles un double trait d'union : d'une part, l'imagination ; d'autre part, la sensibilité. L'âme possède trois forces fondamentales : la force naturelle, qui a son siège dans le foie, où elle prépare le sang et les humeurs, qu'elle distribue par les veines à travers le corps ; la force vitale, qui réside dans le cœur et cause la respiration qui purifie le sang ; la force animale, dont le siège est le cerveau et qui engendre la sensation, le mouvement et la pensée. Chacune de ces manifestations a aussi pour organe une partie du cerveau.

On retrouve, en outre, l'idée de l'évolution des êtres, dans son exposition des progrès de la vie depuis la plante jusqu'à l'homme. Ce fut un esprit original et novateur.

HUME (David), philosophe écossais, né en 1711 à Edimbourg. Destiné d'abord au barreau, il abandonna le droit et essaya du commerce. Les affaires l'ayant rebuté, il vint en France, à La Flèche, où il résolut de s'adonner à la philosophie et à l'histoire. En 1737, il publia son *Traité de la nature humaine*, qui n'eut pas de succès. Ses *Essais moraux et politiques* (1742) furent mieux accueillis. Il partit en expédition maritime, et ensuite en Italie et en Allemagne, avec le général Saint-Clair. A son retour, il publia

les *Essais sur l'entendement humain* qui ne sont qu'une réédition de son premier traité. En 1753, il est à Edimbourg, conservateur de la bibliothèque des avocats, et compose l'*Histoire d'Angleterre*. Il revint en France après le traité de Paris, et retourna à Edimbourg, où il mourut en 1776.

Pendant son séjour à Paris, où il remplit les fonctions de secrétaire d'ambassade auprès de lord Hertford, Hume fut mis en relation avec les philosophes, et particulièrement avec Jean-Jacques Rousseau, qu'il voulut emmener en Angleterre. Mais ils se brouillèrent, et leur querelle, qui donna lieu à un échange

Hume.

de lettres violentes, est demeurée célèbre.

Au moment où parut Hume, les philosophes étaient séparés en deux camps : les dogmatiques idéalistes, qui prétendaient que la substance matérielle n'existe pas, et les dogmatiques matérialistes, qui prétendaient que tout est matière. Hume opposa aux uns et aux autres la solution sceptique du doute, non qu'il prétendit que toute connaissance est vaine, mais parce qu'il estimait que la raison a des bornes qu'elle ne peut franchir, que l'entendement est limité à l'expérience, et qu'au delà de ces limites, ses affirmations n'ont plus de fondement. L'objet de son *Traité de la nature humaine* et de ses *Essais sur l'entendement*, est justement de reprendre l'œuvre de Locke, d'examiner la nature de la pensée, de lui faire prendre conscience de ses forces, d'amener, par suite, la philosophie à restreindre son objet et à abandonner des questions insolubles.

Selon Hume, toutes nos connaissances ont pour origine des *idées* ou des *impressions*. Les *impressions* sont des perceptions actuelles, très vives, comme celles de la vue, de l'ouïe, du toucher, auxquelles il joint aussi l'amour, la haine, le désir, la volition, etc. Quant aux *idées* ou *pensées*, qui nous semblent l'œuvre de l'esprit et le résultat de sa libre activité, elles dérivent des impressions dont elles ne sont que des copies affaiblies. Les données des sens, et tout ce que fournit l'expérience, servent à former les idées et entrent dans leur composition. La pensée la plus élevée, les idées les plus abstraites, se réduisent à des impressions ou à des sensations et dérivent de l'expérience externe ou interne. L'idée de Dieu elle-même a pour origine notre propre réflexion sur ce qui se passe dans notre âme. Nous la formons en donnant une étendue illimitée aux qualités de sagesse et de bienfaisance que nous remarquons en nous.

Hume a démontré que toutes les idées dérivent de la sensation et qu'elles tirent leur origine de l'expérience, mais elles se présentent suivant un certain ordre; il y a entre elles des principes de liaison selon lesquels nos pensées se succèdent, se groupent et qui sont : la *ressemblance*, la *contiguïté de temps ou de lieu*, la *causalité*. Il s'agit de savoir si ces principes dérivent eux-mêmes de l'expérience ou s'ils existent *a priori* dans nos esprits.

Le principe de causalité. — C'est sur la discussion de ce principe, le plus important, que se concentre l'effort critique de Hume. D'où nous vient, dit-il, la connaissance d'un rapport de causalité entre deux faits? Une connaissance de cette nature n'existe pas *a priori*, car il faudrait que la cause et l'effet fussent identiques, qu'il y eût une *liaison nécessaire* entre la cause et l'effet ou que l'effet fût contenu dans la cause. Or, l'examen le plus approfondi ne peut faire lire un effet dans sa cause. Nous savons que la chaleur est la compagne inséparable de la flamme, mais rien de l'idée de chaleur n'est contenu dans l'idée de la flamme. C'est l'expérience qui nous renseigne sur leur connexité. De même, c'est grâce à elle qu'on apprend qu'une bille de billard touchée par une autre se meut à son tour et dans telle direction. La causalité est donc le résultat de la perception d'une simple succession entre deux phénomènes, et notre connaissance se borne à la perception de cette succession.

Quant aux idées de *pouvoir*, de *force*, d'*énergie*, nous ne les percevons pas directement. On alléguera qu'en réfléchissant sur ce qui se passe en notre âme, nous sentons au dedans de nous comme un pouvoir d'agir sur nos organes, que nous nous connaissons comme des causes. C'est aussi un fait d'expérience. Le mouvement de l'organe suit la volition, mais nous ignorons les moyens par lesquels cette opération s'effectue.

D'où vient donc cependant l'idée de connexion nécessaire entre les faits, l'idée de succession constante? Elle vient, selon Hume, de la coutume ou de l'*habitude* que nous avons de voir certains faits se succéder dans le même ordre. Quand des événements d'une certaine espèce ont été toujours et dans tous les cas aperçus ensemble, nous présageons l'un à la vue de l'autre. Nous observons, par exemple, une liaison constante entre la solidité et la pesanteur et nous sommes déterminés par l'*habitude* à conclure de l'existence de l'une à l'existence de l'autre.

La conclusion qui se dégage de la doctrine de Hume est que nous ne connaissons que des *phénomènes*, c'est-à-dire qu'il faut distinguer entre les choses telles qu'elles sont et les choses telles qu'elles nous apparaissent. « Sans philosophie, dit-il, nous supposons un univers indépendant de nos perceptions et qui n'en existerait pas moins quand nous serions absents ou anéantis ». Mais la philosophie nous apprend que les existences que nous considérons ne sont autre chose que des perceptions de l'esprit.

Qu'est-ce que l'âme, qu'est-ce que la matière? Nous n'en pouvons rien savoir. Le moi ne se distingue pas des états qui le composent. C'est une *idée* analogue aux autres. Les qualités dites *premières* de la substance matérielle, telles que l'*étendue*, la *solidité*, se résolvent en des sensations et ne sont encore que des perceptions de l'esprit. Ces perceptions sont-elles produites par des objets extérieurs? L'expérience qui seule pourrait décider cette question, ne nous renseigne pas. Les seuls objets d'une *vraie science*, ce sont les quantités et les nombres; quand il s'agit des existences, l'expérience ne fournit que des probabilités.

En morale, dans ses *Recherches sur la théorie des sentiments moraux,* Hume estime que la révélation et la poursuite du bien sont indistinctes. Le bien, c'est l'*humanité* ou le sentiment qui nous porte à aimer le bien de tous les hommes et à le préférer à la satisfaction des intérêts d'un seul. Nous retrouvons là quelques-unes des plus hautes idées de l'humanitarisme philosophique du xviiie siècle. Celle-ci notamment : « Le bien est le beau moral; il y a un sens, un instinct moral. »

HUTCHESON, philosophe écossais, né en Irlande en 1694, mort à Glasgow en 1747.

Il est surtout connu par ses études sur les principes de la morale. : *Recherches sur les idées de beauté et de vertu; Système de philo-*sophie morale. Il admet une perception immédiate du bien et du beau à l'aide de deux *sens internes*. Le *sens moral*, qui commande à nos facultés, n'est autre chose que l'instinct de la bienveillance. Il apprécie en effet et estime les actes inspirés par le désintéressement. Il peut excuser les autres actions, mais il ne les juge jamais bonnes.

HUXLEY, savant physiologiste et philosophe anglais contemporain, né à Ealing, en 1825. Il a écrit un excellent livre sur *la place de l'Homme dans la nature*, et un autre sur *Hume, sa vie, sa philosophie*, traduit en français par Gabriel Compayré (1880).

HYPATIE, femme illustre par sa beauté et par ses connaissances philosophiques. Née à Alexandrie vers 380, elle fut de l'école néo-platonicienne, qui jetait alors un vif éclat dans cette ville. On la surnomma *la philosophe*. Elle enseigna même la philosophie. Aussi la populace chrétienne, à l'instigation de l'évêque saint Cyrille, la traîna dans une église, la dépouilla de ses vêtements et la massacra sous une grêle de pierres et de poteries. Son cadavre fut coupé en morceaux, promené dans les rues de la ville et enfin brûlé (415).

I

IBSEN (Enrick), écrivain norvégien, né à Skjean, en 1828, auteur de drames très puissants qui touchent à la philosophie par leur portée de critique sociale. Voir la thèse de M. Ossip Lourié : *La philosophie sociale dans le théâtre d'Ibsen*, 1900.

ICARIE (Voyage en), ouvrage du sociologue Cabet (V. *ce nom*), dans lequel est exposé un système de bonheur par l'intervention de l'État qui règle et dispose toutes choses,

ICHTYAS, philosophe grec, de l'école de Mégare. Il soutenait comme son maître Euclide que la réalité appartient seulement à ce qui est connu de la raison et que le multiple, le particulier, n'est ni réel, ni même possible.

IDÉALISME, nom par lequel on désigne divers systèmes qui ne reconnaissent de valeur qu'aux idées, n'admettent comme certain que ce qui est perçu par la conscience, et même vont jusqu'à nier la réalité des choses distinctes de la conscience. Les grands philosophes idéalistes sont Parménide, Zénon, Anaxagore, Platon, Descartes, Leibnitz, Berkeley, Kant, Fichte, Hegel, Schelling. (V. Systèmes.)

IDÉALISTE, philosophe qui pro-.

fesse l'idéalisme, ou, dans un sens plus large, tout homme qui recherche l'idéal.

IGNACE DE LOYOLA (Saint), 1481-1556, fondateur de l'ordre des jésuites et écrivain mystique à qui on attribue un livre d'*Exercices spirituels*, règle d'initiation pour les religieux de la célèbre compagnie.

IMMORTALISME, système philosophique qui prétend établir l'immortalité de l'individu en dehors de tous les principes de métaphysique spiritualiste et par la seule preuve des phénomènes de spiritisme ou d'hypnotisme qui auraient été constatés par des savants tels que W. Crookes, Zœllner, Richet.

INDE (Philosophie de l'). C'est dans l'Inde que pour la première fois nous trouvons de vrais systèmes philosophiques. Victor Cousin soutient même que l'Inde a parcouru longtemps avant nous tous les systèmes : le matérialisme, le panthéisme, le scepticisme, le mysticisme, etc.

Les sources de la philosophie hindoue sont : d'abord les livres sacrés des *Védas*, le recueil des lois de Manou et les commentaires de ces livres ; les grands poèmes, le *Râmayana*, le *Mahabharata* ; enfin les livres des chefs des grandes écoles avec leurs innombrables commentaires.

Tous les auteurs de ces ouvrages sont historiquement inconnus. On ne peut même dire dans quel ordre ont paru les livres, car dans l'état où ils sont aujourd'hui, ils se citent tous et se combattent. On distingue généralement six grands systèmes : Mimansa, Vedanta, Saukya, Ioga, Nyaya, Veiseshika, Djaïnisme, Bouddhisme. Le Nyaya (discussion, raisonnement) est une logique, un art de discuter qui a eu dans l'Inde le même sort que la logique d'Aristote en Europe.

INÉGALITÉ DES CONDITIONS (Discours sur l'origine de l'), première œuvre de Jean-Jacques Rousseau, qui y formule déjà ses critiques contre la société.

INSTITUTION DE LA RELIGION CHRÉTIENNE, ouvrage dans lequel Calvin énonce les doctrines du protestantisme français.

J

JACOBI, philosophe allemand, né à Dusseldorf en 1743, mort en 1819. Il protesta contre les tendances idéalistes de la philosophie kantienne. Il invoquait contre elle le témoignage du sens commun et le sentiment. Sa pensée semble procéder à la fois des Écossais et de Jean-Jacques Rousseau.

Ses œuvres principales sont : les *Lettres sur la philosophie de Spinoza* (1785), *David Hume sur la foi ou Idéalisme et réalisme* (1787), *Des choses divines* (1811).

JAMBLIQUE, philosophe grec de l'école d'Alexandrie. Né à Chalcis en Syrie dans la seconde moitié du IIIᵉ siècle, il mourut en 333. Savant commentateur de Platon et d'Aristote, il était aussi théologien et thaumaturge, c'est-à-dire faiseur de miracles. Tout lui semblait plein de la divinité. Sa philosophie est un composé de superstitions. Il renouvela le culte des nombres (doctrine de Pythagore) et poussa le système de Plotin jusqu'à l'extravagance.

JAMES (William), physiologiste et psychologue américain contemporain, né à New-York en 1842. Il s'est fait depuis une dizaine d'années une notoriété universelle par des analyses subtiles et précises et par une ingénieuse théorie des sentiments qui allie les données de la psychologie expérimentale et de la science à un pénétrant esprit métaphysique. Il est un des philosophes contemporains qui ont le plus profondément renouvelé les méthodes de psychologie positive et le plus contribué aux progrès de cette science. M. W. James peut être considéré comme le plus brillant représentant du néo-spiritualisme hors de France.

Ses principales études sont *l'Intelligence de l'homme et celle de l'animal* (1878), *le Sentiment de la rationalité* (1879), *Action réflexe et théisme* (1881), *le Dilemme du déterminisme* (1884), *Ce que fait la volonté* (1888). *Sur la fonction de la connaissance* (1885), Dans tous ces travaux il sait allier un rigoureux positivisme scientifique à la généralisation philosophique.

JANET (Paul), philosophe français contemporain (1823-1899), professeur à la Sorbonne durant plus de trente années, auteur de nombreux ouvrages et d'articles variés dans la *Revue des Deux Mondes* et la *Revue philosophique.*

Il a été l'un des principaux représentants de la conciliation du spiritualisme universitaire avec la libre recherche scientifique. Ses œuvres montrent l'étendue de sa culture philosophique et la curiosité de son esprit : *Histoire de la philosophie morale et politique dans l'antiquité et les temps modernes; Études sur la dialectique dans Platon et dans Hegel; la Famille; la Philosophie du bonheur; le Matérialisme contemporain; la Crise philosophique; les Problèmes du xixᵉ siècle; les Causes finales; Traité élémentaire de philosophie.* L'originalité de M. Janet est peut-être dans ses études morales. Il a écrit un excellent livre : la *Morale.*

JANSÉNIUS, théologien plutôt que philosophe, né en Hollande en 1585, et mort en 1638. Il souleva dans son *Augustinus* le grave problème de l'accord du libre arbitre avec la grâce. Les jansénistes français, et surtout Arnauld et Pascal, défendirent ses doctrines.

JEAN CHRYSOSTOME (Saint), c'est-à-dire à la bouche d'or. Né en 347 et mort en 407. Il fut évêque de Constantinople dans des circonstances tragiques. Il a surtout laissé des homélies. En philosophie, il est platonicien et allie la doctrine du grand philosophe avec les vérités du christianisme.

JOUBERT (1734-1824), moraliste français, auteur de *Pensées.* Ce livre fut réédité par l'abbé Raynal et augmenté de traits piquants et originaux.

JOUFFROY, philosophe français, né à Paris en 1796, mort en 1842. Disciple de Cousin, il se sépare de son maître pour rester fidèle à l'esprit de la philosophie écossaise, qui néglige les questions de métaphysique.

Il distinguait les questions de faits et les questions ultérieures; il n'admettait celles-ci que dans la mesure où elles pouvaient être résolues par les premières. Aussi réduisait-il la philosophie à l'étude de la psychologie. On lui doit de bonnes descriptions de certains phénomènes de l'âme, et il a défini avec précision la méthode qu'il faut employer dans l'observation interne et les services qu'on en peut attendre. « La conscience obscure que nous avons tous de nous-mêmes deviendra, dit-il, la science du moi, quand elle aura été éclaircie par la réflexion libre. Qu'y a-t-il dans la conscience que chacun de nous a de soi-même? La solution de cette question est la psychologie tout entière. »

En morale, il reste le disciple d'Adam Smith. La bonté d'une action est en raison directe de l'assentiment qu'elle excite dans les autres hommes, et les actions les meilleures sont celles qui sont de nature à obtenir la sympathie la plus pure et la plus universelle possible.

Ses *Mélanges philosophiques* sont un modèle de style. Il a donné en outre des traductions de Th. Reid, de Dugald Stewart, d'Adam Smith.

K

KANT (Emmanuel), philosophe allemand, né à Kœnigsberg en Prusse, le 22 avril 1724. Il fit ses études à l'Université de sa ville natale, où il fut nommé *privat-docent* en 1755. Il y enseigna la logique, la morale, la métaphysique, les mathématiques, la cosmographie, la géogra-

Kant (Emmanuel).

phie générale, l'anthropologie. C'était alors un disciple de Wolf. Mais, selon sa propre expression, la lecture de Hume « le réveilla de son sommeil dogmatique ». En 1770, dans sa thèse inaugurale qui lui valut d'être nommé professeur titulaire, il fit soupçonner ce que serait sa nouvelle doctrine. Elle avait pour titre : *De mundi sensibilis et intelligibilis forma et principiis*. On y trouve déjà la théorie de l'idéalité de l'espace et du temps. L'ouvrage capital de Kant, la *Critique de la raison pure*, fut publié en 1781. Il publia ensuite la *Critique de la raison pratique*, la *Critique du jugement*, les *Prolégomènes de toute métaphysique*, la *Base d'une métaphysique des mœurs*, les *Principes métaphysiques du droit*, la *Doctrine de la vertu*, la *Religion d'accord avec la raison*. La régularité de la vie de Kant, l'affabilité de son caractère, son désintéressement et son élévation

morale, le firent appeler le sage de Kœnigsberg. Il mourut en 1804.

Philosophie de Kant. — Théorie de la connaissance : la « Critique de la raison pure ». — Kant, après avoir lu les ouvrages de Hume, fut frappé des difficultés insurmontables que rencontre la métaphysique, et il rejeta ce qu'il a appelé un « vieux dogmatisme vermoulu ». Mais, pénétré des doctrines de Newton et du bien fondé de la science, il ne se laissa pas aller au scepticisme du philosophe anglais. Il entreprit d'examiner à nouveau le problème de la raison, de faire une étude critique de la connaissance, d'en déterminer la nature et les limites. Pour arriver à ses fins, il prend une position nouvelle. « On avait admis jusqu'ici, dit-il, que toutes nos connaissances devaient se régler sur les objets; que l'on cherche donc une fois si nous ne serions pas plus heureux en supposant que les objets se règlent sur la connaissance. » Il compare lui-même la révolution qu'il entreprend de faire à celle que Copernic fit en astronomie. « Voyant qu'il ne pouvait venir à bout d'expliquer les mouvements du ciel en admettant que les astres tournaient autour du spectateur, il chercha s'il ne serait pas mieux de supposer que c'est le spectateur qui tourne et que les astres demeurent immobiles. » C'est donc dans l'esprit qu'il faut, selon Kant, chercher la raison des lois des choses. Telle est l'idée maîtresse de la *Critique de la raison pure*.

Une connaissance *a priori*, c'est-à-dire indépendante de l'expérience, est-elle possible, et comment l'est-elle ? Telle est la première question qui se pose et qui divise les rationalistes et les empiristes.

Pour y répondre, il faut distinguer deux sortes de jugements : 1° les jugements *analytiques* ou *explicatifs*, dans lesquels l'attribut est déjà contenu dans le sujet et qui n'enrichissent pas la connaissance ; 2º les jugements *synthétiques* ou *extensifs*, qui ajoutent au sujet un attribut qu'il ne contenait pas et qui par suite servent à enrichir la connaissance.

Les jugements analytiques sont tous *a priori*. Quant aux jugements synthétiques, l'association des idées suffit à rendre compte de ceux qui sont formés *a posteriori*. Nous comprenons qu'ayant vu de l'eau à l'état liquide et la voyant ensuite à l'état solide nous disions : l'eau se congèle. C'est une synthèse *a posteriori*.

Mais est-ce qu'il n'y a pas de jugements synthétiques *a priori*? Si leur existence est démontrée, il s'ensuit que l'esprit est capable par lui-même, sans le secours de l'expérience, de former certaines synthèses. Or, quand j'affirme que *tout phénomène a une cause*, je fais une synthèse de ce genre. En effet, l'attribut *avoir une cause* n'est pas contenu dans le sujet *phénomène*. De plus, cette synthèse est *a priori;* car elle est nécessaire et universelle et l'expérience ne peut nous aider à former que des jugements contingents (non nécessaires) et particuliers. Elle est incapable de nous apprendre que *tout* phénomène a une cause.

En fait, après avoir examiné les différentes sciences, Kant établit l'existence de jugements synthétiques *a priori*. Les jugements mathématiques sont tous des jugements synthétiques *a priori*. La physique contient des jugements synthétiques *a priori* qui lui servent de principes. Exemple : la quantité de matière reste invariable, l'action et la réaction doivent être égales l'une à l'autre, etc. La métaphysique, qu'elle soit possible ou non, doit contenir des connaissances *a priori*, puisqu'elle se propose d'étendre la connaissance sans le secours de l'expérience. Le problème consiste alors à se demander : comment est possible la mathématique pure; comment est possible la physique pure; comment la métaphysique, du moins à titre de disposition naturelle, est-elle possible?

La connaissance synthétique *a priori* ne pouvant porter sur des objets de l'expérience, il est nécessaire qu'elle porte sur les conditions mêmes de la pensée. « Nous ne connaissons *a priori* des choses, dit Kant, que ce que nous y mettons nous-mêmes. » Et pour qu'il y ait une connaissance *a priori*, il faut admettre que les choses se règlent sur l'esprit. « L'expérience elle-même est un mode de connaissance qui exige le concours de l'entendement, dont je dois présupposer la règle en moi-même, avant que les objets ne soient donnés, par conséquent *a priori*. Et cette règle s'exprime en des concepts *a priori* sur lesquels tous les objets de l'expérience doivent nécessairement se régler et avec lesquels ils doivent s'accorder. » Mais ces règles *a priori*, ces formes de la pensée exigent un contenu que peut seule donner l'expérience.

De ce point de vue, on peut envisager déjà plusieurs conséquences que l'analyse de Kant, dans les différents chapitres de son ouvrage, ne fera que fortifier et établir : 1º aucune connaissance ne précède en nous l'expérience; 2º nous ne pouvons, par la faculté de connaître *a priori*, dépasser les bornes de l'expérience, puisque la part que nous apportons *a priori* dans la connaissance, sert précisément à la rendre possible; 3º notre connaissance est un assemblage composé de ce que nous recevons par des impressions et de ce que notre propre faculté de connaître tire d'elle-même à l'occasion de ces impressions.

En résumé, il faut distinguer dans la connaissance la *matière* qui vient des sens, et la *forme* qui vient de l'esprit. C'est cette distinction que Kant va faire à l'aide de l'analyse métaphysique, en examinant les éléments de la pensée dans ses différents modes et ses différents degrés. Toute connaissance commençant d'abord par les *sens*, passant de là par l'*entendement* et finissant par la *raison*, il examinera quelle est la nature de la *sensibilité* qui nous donne l'objet, et déterminera les éléments innés ou *a priori* qu'elle contient. De même, il étudiera la nature *a priori* de l'*entendement*, dont les principes permettent de lier les phénomènes et, enfin la nature de la *raison*, dont les idées expriment le besoin d'unité de l'esprit qui veut s'exercer au delà de l'expérience et pose des problèmes insolubles.

La *Critique de la raison pure* comprend donc trois parties principales : 1° l'*esthétique transcendantale*, qui pose les principes *a priori* de la sensibilité ; 2° l'*analytique transcendantale* qui énumère les catégories de l'entendement et les conditions de l'expérience; 3° la *dialectique transcendantale* qui établit l'impossibilité de la métaphysique et d'une connaissance *a priori* dépassant l'expérience.

L'esthétique transcendantale. — « Toute pensée doit aboutir en dernière analyse soit directement, soit indirectement, à des intuitions, et, par conséquent, à la sensibilité qui est en nous, puisque aucun objet ne peut nous être donné autrement. » Mais les intuitions contiennent autre chose que ce qui vient de la sensation. Il faut dégager des sensations la *forme* qu'elles prennent et qui vient de l'esprit. Quelle est cette *forme*, quels sont ces éléments *a priori?* C'est l'*espace*, forme de la sensibilité externe ; c'est le *temps*, forme de la sensibilité interne.

Ces formes préexistent indépendamment de l'expérience. Elles appartiennent en propre à l'esprit. En effet, la pensée peut faire abstraction de tout ce qui remplit l'*espace* et le *temps;* elle ne saurait faire abstraction dans aucun cas de l'*es ace* et du *temps* lui-même. De plus, l'existence *a priori* de l'intuition *pure* de l'*espace et du temps* permet de comprendre l'universalité et la nécessité des propositions mathématiques. La possibilité de la mathématique pure, qui découle de la théorie de Kant sur les formes de la sensibilité, est une des preuves les plus fortes de la vérité de cette théorie. Dira-t-on que ce sont des idées générales formées par comparaison et abstraction? Mais une idée ainsi formée renferme moins de caractères que l'idée individuelle. Or, on ne peut soutenir que l'espace universel ou le temps infini contient moins que tel

espace particulier ou que telle durée déterminée. L'espace et le temps ne sont donc pas des objets de la perception, mais des manières de percevoir les objets. Ce sont, en outre, des formes idéales et infinies.

La conséquence la plus importante de l'*esthétique transcendantale* est que nous ne percevons pas les objets tels qu'ils sont en eux-mêmes, mais tels qu'ils nous apparaissent. Par suite, la science ne porte que sur des *phénomènes* (des apparences), et n'atteint jamais les choses en soi, les *noumènes*. Si notre constitution était différente, l'apparence serait différente.

Analytique transcendantale. — Il ne suffit pas que les objets soient donnés, il faut encore, pour être connus, qu'ils soient *pensés*. Les phénomènes flotteraient dans l'espace et le temps comme une poussière dispersée. Il faut qu'ils soient reliés entre eux par des rapports invariables qui permettent de ramener leur multiplicité à l'unité de la conscience. Le problème est donc de savoir quelles sont les conditions qui rendent possible la connaissance. Le *je pense* étant le plus haut principe de l'usage de l'entendement, il s'agit d'examiner quelles sont les règles ou les formes de l'entendement et quelle en est la nature. L'expérience nous donne bien les rapports qui existent entre les choses, mais elle ne nous apprend rien des rapports *nécessaires* qui rendent possible la connaissance. L'entendement est donc, par ses concepts et ses principes *a priori*, l'auteur de l'expérience.

Kant donne le nom de *catégories* à ces formes de liaisons synthétiques que l'entendement applique aux données de l'intuition. Pour en dresser la table ou en faire l'énumération, Kant se réfère à l'ancienne logique, qui distingue quatre espèces de jugements, suivant que l'on considère la quantité, la qualité, la relation ou la modalité ; et, dans chacune de ces quatre espèces, il distingue encore trois formes de jugements:

TABLE DES JUGEMENTS

Quantité.	Qualité.
Universels.	Affirmatifs.
Particuliers.	Négatifs.
Singuliers.	Indéfinis.

Relation.	Modalité.
Catégoriques.	Problématiques.
Hypothétiques.	Assertoriques.
Disjonctifs.	Apodictiques.

Cette classification des jugements permet de dresser le tableau des notions *a priori*, ou des *catégories* de l'entendement pur.

TABLE DES CATÉGORIES

Quantité.	Qualité.
Unité.	Réalité.
Pluralité.	Négation.
Totalité.	Limitation.

Relation.	Modalité.
Substance et accident.	Possibilité — Impossibilité.
Cause et effet.	Existence — Non-existence.
Communauté (réciprocité).	Nécessité — Contingence.

Ces notions, en tant qu'elles sont *a priori*, sont universelles et nécessaires, mais elles ne sont par elles-mêmes que des formes. Il faut les données des sens pour les remplir. L'expérience résulte de la subsomption des données empiriques aux catégories, et celles-ci ne valent que par rapport à ces données et qu'en tant qu'elles s'y appliquent.

Les données des sens et les formes de l'entendement étant de nature différente, on se demande comment est possible la subsomption des premières aux secondes. Il faut un troisième terme, qui serve d'intermédiaire, « qui soit homogène, d'un côté à la catégorie, de l'autre au phénomène, et qui rende possible l'application de la première au second ». Ce moyen terme est le *temps*. Comme forme *a priori*, le *temps* est de même nature que les catégories; comme forme de la sensibilité, il est de même nature que le phénomène. A chaque catégorie répond une modification de l'intuition du temps; c'est ce que Kant appelle un *schème*. Le schème n'est pas une image, c'est une œuvre de l'imagination qui « dessine pour ainsi dire dans le *temps* certaines formes, certains contours qui s'appliqueront à tous les phénomènes considérés sous une catégorie ». Le schème de la *quantité* sera la règle générale par laquelle je construis *dans le temps* une grandeur quelconque. Le schème de la réalité, c'est l'*être dans le temps;* le schème de la substance, c'est la *permanence dans le temps;* le schème de la causalité, c'est la *succession régulière des phénomènes dans le temps*. Et l'ensemble s'appelle *schématisme transcendantal*.

L'application des catégories aux données des sens par le moyen des schèmes est l'effet du jugement, qui lui-même découle de certains *principes a priori*. Il y a quatre espèces de principes, selon que l'on considère la *quantité*, la *qualité*, la *relation* et la *modalité*. 1° Quantité : les *axiomes de l'intuition*, d'après lesquels tous les objets sont des *grandeurs extensives*. 2° Qualité : dans tous les phénomènes, le réel, qui est un objet de sensation, a une *grandeur intensive*, c'est-à-dire un degré. 3° Relation : la substance persiste au milieu du changement de tous les phénomènes, et sa quantité n'augmente ni ne diminue dans la nature. Tous les changements arrivent suivant la loi de liaison des effets et des causes. Toutes les substances, en tant qu'elles peuvent être perçues comme simultanées dans l'espace, sont dans une action réciproque générale. 4° Modalité : ce qui s'accorde avec les conditions formelles (formes de la sensibilité, catégories de l'entendement) de l'expérience est possible. Ce qui s'accorde avec les conditions matérielles de l'expérience est réel. Ce dont l'accord avec le réel est déterminé suivant les conditions générales de l'expérience est nécessaire.

On voit quelle est la part qui revient à l'esprit dans la connaissance. Non seulement c'est lui qui crée le phénomène, mais c'est encore lui, c'est la raison qui, sous forme d'intellect, détermine les relations des phénomènes sensibles.

La matière seule nous est donnée, la forme vient de nous. Ce n'est pas l'esprit qui se soumet aux choses, c'est la raison qui dicte ses lois à l'univers sensible. Le monde n'existe pour nous qu'autant que nous le pensons, et la violation des lois de la pensée ferait évanouir à la fois et la pensée et le monde qui en est l'objet.

Dialectique transcendantale. — Cependant les formes de la sensibilité et les formes de l'entendement ne sont les lois des choses qu'en tant que celles-ci deviennent des objets de connaissance. Mais si nous considérons l'unité formelle elle-même comme objet, si nous croyons atteindre, grâce à la raison, les choses en soi, nous en faisons un usage illégitime, car elle s'exerce en dehors de toute intuition, c'est-à-dire en dehors de tout objet. Nous créons ainsi « l'apparence transcendantale. »

Les *phénomènes* seuls nous sont connus, le *noumène* (chose en soi) est inconnaissable.

L'œuvre de la dialectique transcendantale sera de montrer comment l'esprit est à la fois contraint de poursuivre l'absolu, et incapable de l'atteindre. L'idée de l'inconditionnel, de l'absolu, est impliquée dans tout raisonnement, la raison aspire à l'intelligence complète, mais les *idées* qu'elle fournit ne correspondent à aucune intuition sensible, elles ne sont que des exigences de l'esprit qui soutiennent son effort et tendent à l'élever à une synthèse de plus en plus haute des phénomènes. L'illusion de la métaphysique est de prendre ce besoin pour une réalité.

Les idées de la raison sont au nombre de trois : 1° l'*idée psychologique*, c'est-à-dire l'idée de l'âme comme substance (psychologie rationnelle) ; 2° l'*idée cosmologique*, ou l'idée d'un monde conçu comme totalité des phénomènes (cosmologie rationnelle) ; 3° l'*idée théologique*, ou idée de Dieu considéré comme raison dernière de la possibilité de tout ce qui est (théologie rationnelle).

Si nous attribuons une valeur objective à ces idées, nous commettons, en ce qui concerne l'idée de l'âme, un *paralogisme de la raison pure*. En ce qui concerne l'idée cosmologique, nous précipitons la raison dans les *antinomies de la raison pure*. En ce qui concerne enfin l'idée de Dieu, nous prenons un idéal vide, l'*idéal de la raison pure*, pour une réalité.

Paralogisme de la raison pure. — Dans le : *je pense, donc je suis*, nous ne saisissons pas directement l'existence substantielle de l'âme. La pensée n'est l'objet ni d'une perception, ni d'une conception. Elle est l'acte de l'esprit qui unit toutes les perceptions. La substance âme, comme la substance corps, n'est que la résultante des formes de l'entendement qui ramènent la diversité des phénomènes à l'unité de la pensée. De quel droit substituer un *moi objet* à un *moi sujet* ? de quel droit conclure de l'unité et de l'identité *formelle* de la pensée, à l'existence d'une *substance* une et identique ?

Les antinomies de la raison pure. — Si nous accordons qu'un objet répond à notre idée du monde conçu comme totalité des phénomènes, nous tombons dans des *antinomies* ou contradictions dont la thèse et l'antithèse sont possibles sans pouvoir se concilier. Nous admettrons que le monde a un commencement dans le temps et des limites dans l'espace ; nous admettrons aussi que le monde n'a pas de commencement dans le temps et qu'il n'a pas de limite dans l'espace. Nous admettrons que tout est composé d'éléments simples, et qu'il n'y a pas d'éléments simples ; qu'il y a une cause première et que la série des causes secondes remonte à l'infini ; qu'il y a un être nécessaire et qu'il n'y a que des êtres contingents dans une dépendance réciproque.

L'idéal de la raison pure. — Dans la preuve ontologique de l'existence de Dieu, preuve à laquelle se ramènent toutes les autres, on passe sans fondement de l'idée à l'existence. La possibilité de l'existence de Dieu n'entraîne nullement la réalité de son existence.

La preuve cosmologique conclut faussement de l'existence empirique à une cause située en dehors de l'expérience.

Quant à la preuve par les causes finales, bien qu'il la considère avec respect, Kant ne lui accorde pas une certitude rigoureuse. En effet, si l'ordre du monde suppose une intelligence qui l'a établi, cet ordre n'est pas tel qu'il nous force à admettre l'existence d'un être parfait.

L'*idéal* de la raison pure, l'*idée psychologique* et l'*idée cosmologique* ne sont donc que des principes régulateurs qui nous servent à organiser nos connaissances, à en faire des systèmes. Nous ne pouvons ni affirmer ni nier leur existence. En fait, nous restons enfermés dans le monde empirique des phénomènes ; l'absolu est en dehors des limites de l'entendement, et la métaphysique scientifique est impossible. Elle ne subsiste que comme un besoin de l'esprit humain.

Morale de Kant. — Critique de la raison pratique. — Nous ne sommes pas doués simplement d'un entendement, nous sommes doués encore de volonté. Il y a en nous, en même temps qu'une raison spéculative, une *raison pratique* et agissante. Ce qui est interdit à la raison pure ne l'est sans doute pas à la raison pratique et quand la volonté s'exerce suivant ses propres lois, lorsqu'elle conquiert son autonomie, elle émane de notre personnalité libre et absolue, de ce *moi noumène*, que l'entendement est incapable de nous faire connaître, mais qui se manifeste pratiquement dans l'accomplissement du *devoir*. Savoir en quoi consiste le devoir, c'est faire la critique de la raison pratique, c'est examiner la *forme* que prend la volonté libre.

Quand la volonté est soumise à des motifs sensibles, elle n'est pas différente des autres causes empiriques. Elle est, comme elles, déterminée au regard de l'entendement. Il en est ainsi, par exemple, quand elle poursuit le plaisir ou le bonheur. Mais il s'agit de savoir si elle est essentiellement déterminée à suivre des fins sensibles qui ne sont pas absolument en notre pouvoir et qui ne dépendent pas de nous,

Parmi les fins que se propose la volonté, Kant distingue l'idée du *devoir*. D'où nous vient cette idée? Elle ne peut venir de l'expérience, puisqu'elle est universelle et nécessaire. C'est donc une idée *a priori* de la raison. Et, par suite, elle s'impose nécessairement à la volonté de tous les hommes, tandis que les autres fins ne s'imposent ni nécessairement, ni universellement. Rien ne nous oblige à poursuivre le bonheur, mais nous nous reconnaissons obligés d'accomplir le devoir. Cette contrainte exercée par la raison sur la volonté, c'est ce que Kant appelle un *impératif*.

Il y a deux sortes d'impératifs : l'impératif *hypothétique* et l'impératif *catégorique*. L'impératif hypothétique commande une certaine action, non pour l'action elle-même, mais pour le résultat qu'on ne peut obtenir que par elle. Tels sont, par exemple, les préceptes du médecin pour guérir les malades et, en général, les préceptes qui servent à l'accomplissement de nos désirs. La formule de l'impératif hypothétique est celle-ci : « Qui veut la fin, veut les moyens. » L'impératif catégorique, au contraire, commande l'action, non pour son résultat, mais pour elle-même. C'est la loi même du devoir et elle se formule ainsi : « Fais ce que dois, advienne que pourra. » Elle ne s'impose pas fatalement à la volonté avec la nécessité d'une loi physique, elle ne s'impose qu'au respect, et elle fait appel à notre personnalité morale. Une action, pour être conforme au devoir, doit avoir été librement consentie et accomplie en vue du devoir.

La *liberté* est donc un postulat de la morale. Son existence est apodictiquement liée à l'idée de devoir : « Tu dois, donc tu peux. » Ce pouvoir appartient universellement à tous les hommes, et le moyen pour la volonté d'acquérir une valeur universelle de bonté est, selon Kant, « d'agir de telle façon que le motif de nos actions puisse être érigé en maxime universelle. »

Le *devoir* est la forme que doit prendre la volonté pour acquérir une valeur morale. Mais ce n'est encore qu'une simple formule représentative de la loi. Il lui faut un contenu. Tandis que les autres moralistes considèrent la volonté comme un moyen pour réaliser une fin qui lui est étrangère, Kant, et c'est là son originalité, la considère comme une fin en soi, alors qu'elle s'exerce pour elle-même, comme cela existe dans l'accomplissement du devoir. Il prétend que le fondement de la morale est l'idée du devoir. En quoi consiste le bien, sinon dans l'exercice du devoir et dans l'intention de l'accomplir? De ce chef, il n'accorde aucune valeur morale aux inclinations et aux sentiments, fussent-ils naturellement bons. Il faut que la loi morale soit acceptée et voulue. La volonté devient alors la *bonne volonté*. Elle est à elle-même son propre bien. Elle n'est déterminée par aucune influence étrangère. Elle trouve en elle-même sa propre loi.

La liberté est ce qui confère à la personnalité humaine la dignité morale, ce qui la rend digne de respect et permet de la considérer comme une fin objective pour les volontés étrangères. Le premier devoir est de se respecter soi-même, de libérer sa personnalité en ne la laissant entamer ni par les désirs, ni par les passions, en usant de sa volonté conformément à la raison. Toutes les fois que l'homme obéit à ses inclinations au préjudice de sa raison, il manque à sa dignité, il se sert de lui-même comme d'un *moyen*. Les personnes, au contraire, ne doivent jamais être traitées de cette manière; elles sont des *fins en soi*, et, à ce titre, inviolables. C'est pourquoi nous devons, au même titre, respecter la liberté et la personnalité d'autrui. «Agis de telle sorte, dit Kant, que tu traites toujours l'humanité, soit dans ta personne, soit dans la personne d'autrui, comme une fin, et que tu ne t'en serves jamais comme d'un moyen. »

Kant se représente ainsi un règne des fins, c'est-à-dire un royaume idéal où toutes les volontés se regardent comme des *fins en soi*, mais qui ne sont là qu'à la condition d'instituer elles-mêmes une loi, et de l'établir en même temps pour toutes les volontés raisonnables. C'est ce qu'il appelle l'autonomie de la volonté. Mais, il arrive que ce règne idéal ne peut exister sur terre. En effet, la volonté subit le plus souvent une loi qui lui est étrangère, mais qui lui est naturellement imposée par la poursuite du bonheur. Le souverain bien ne consiste pas seulement dans la vertu. Outre le bien moral, il comprend d'autres biens parmi lesquels il faut faire place au bonheur. On ne conçoit pas, du reste, que la vertu n'entraîne pas légitimement le bonheur à sa suite. Or, non seulement l'union de la félicité et de la vertu n'existe pas nécessairement dans ce monde, mais encore leur union est volontairement impossible. Ce n'est que par hasard que la félicité s'ajoute à la vertu, car la volonté ne saurait, sous peine de devenir immorale, poursuivre la félicité ou établir un compromis entre la félicité et le devoir. Si leur union doit avoir *nécessairement* lieu, ce ne peut être que dans une autre vie. L'*immortalité de l'âme* est le second postulat de la morale.

Mais rien dans la nature ne nous assure le triomphe final du bien; nous devons cependant croire à ce triomphe, puisque nous sommes obligés d'y tendre, et à ce qui en est la condition nécessaire, c'est-à-dire à l'existence de Dieu. Le troisième postulat de la morale est l'existence de Dieu.

Kant refusait à la raison spéculative la valeur métaphysique, mais il l'accorde à la raison pratique. Nous pouvons affirmer maintenant ce que la critique de la raison pure avait ébranlé, c'est-à-dire l'existence de la liberté, l'existence de l'âme et de Dieu.

Critique du jugement. — Dans cet ouvrage, Kant traite du *beau* et de la convenance finale. L'intelligence a pour objet le vrai et pour élément la nature; la volonté tend au bien et a pour élément la liberté; le *sens esthétique et téléologique* (de la finalité) se rapporte à ce qui est intermédiaire entre le vrai et le bien, entre la nature et la liberté, c'est-à-dire à la beauté et à la finalité.

C'est le sens esthétique qui constitue le beau. La beauté n'est pas inhérente aux objets. La beauté est ce qui plaît à tous, indépendamment de tout intérêt et de toute notion. Ce qui caractérise le beau et le distingue du sublime, c'est le sentiment de paix, de calme et d'harmonie qu'il procure grâce à l'accord parfait entre l'imagination et l'intelligence. Le sublime, au contraire, remue et transporte. C'est dans la forme que réside la beauté. C'est dans la disproportion entre la forme et le contenu que réside le sublime. Il met en désaccord la raison qui conçoit l'infini et l'imagination qui a des limites infranchissables.

Le jugement téléologique est nécessaire à l'esprit quand il étudie les êtres organisés. Il est obligé de supposer des fins pour rendre compte de leur existence. Cette idée de finalité s'étend, par suite, à toute la nature, « où rien ne se fait en vain. » L'antinomie du mécanisme et de la finalité n'est pas insoluble. Sans croire qu'il y a des fins, on peut en considérer l'idée comme un principe régulateur et estimer que, dans le monde nouménal, la causalité et la finalité se confondent.

KEPLER, philosophe et savant allemand, né en 1571 dans le duché de Wurtemberg et mort en 1630. Dans l'*Astronomia nova sive Physica cœlestis* et dans l'*Harmonia mundi*, il explique les mouvements et les lois des planètes. Il contribua à introduire, dans l'étude des sciences, la méthode expérimentale et positive.

L

LA BOËTIE (Etienne de), 1530-1563, né à Sarlat, ami de Montaigne, à qui il inspira un des plus beaux chapitres des *Essais* (*de l'Amitié*), et auteur du *Discours sur la servitude volontaire*, qui est une violente protestation contre la tyrannie des rois.

LACHELIER (Jules), philosophe et professeur français contemporain, né à Fontainebleau en 1832. Il professa pendant vingt-trois ans (1864-1897) la philosophie et l'histoire de la philosophie à l'Ecole normale, et cet enseignement est la plus considérable influence qui se soit exercée en ce siècle sur la philosophie classique en France.

S'appuyant sur le kantisme, qu'il interprète dans le sens d'un dogmatisme idéaliste, M. Lachelier a combattu à la fois le spiritualisme superficiel de l'école cousinienne et les doctrines positivistes de l'empirisme contemporain. Il n'a écrit, en dehors de quelques articles très importants, qu'un petit livre : *Le fondement de l'induction*, à la suite duquel a été publiée une étude de haute valeur : *Psychologie et métaphysique*. Dans cette dernière étude, il fait la critique des théories psychologiques de l'école de Cousin et de l'école expérimentale ; et il conclut que la métaphysique est la vraie science de l'esprit, le vrai fondement du spiritualisme. On doit regretter, à lire cette forte et pénétrante critique, qu'un tel esprit philosophique n'ait pas produit une œuvre plus nombreuse. Le peu qu'il a écrit, et surtout son enseignement, est encore la plus grande force de résistance du néo-spiritualisme contre les divers positivismes qui tendent à dominer la science et la philosophie.

LACORDAIRE (le Père), célèbre orateur dominicain (1802-1861). Il fut d'abord l'ami de Lamennais et rédigea avec lui le journal *l'Avenir*. Après la condamnation de Lamennais, il se soumit à Rome et se consacra à la prédication. Ses conférences de Notre-Dame furent un événement religieux et littéraire. Très moderne d'esprit, d'allures, de parole, il exerça une très grande influence sur ses auditeurs. Mais il semble qu'il n'ait guère ajouté que des développements oratoires à l'apologétique établie. Il mourut au moment où il aurait dû engager la lutte contre Louis Veuillot et son catholicisme intransigeant.

LACTANCE, philosophe catholique, surnommé le *Cicéron chrétien*, à cause de l'élégance de son style, mort à Trèves en 325 ou 327. Il fait, dans ses *Institutions divines*, le procès de la philosophie ancienne, et

Lamennais.

essaie de montrer combien fut vaine cette occupation.

LAMARCK, 1744-1829, savant naturaliste qui fut le devancier de Darwin dans les théories du *transformisme* et de la *génération spontanée*.

LAMENNAIS (Abbé de), philosophe français, né à Saint-Malo en 1782, mort à Paris en 1854.

Il est le fondateur du scepticisme théologique du xixᵉ siècle. Il emprunte au pyrrhonisme ses arguments contre l'autorité de la raison, et il essaie de rétablir ce qu'il a détruit, en se servant comme critérium du « consentement universel ». Il fonde sur cette base le déisme, la révélation et le catholicisme. Cette doctrine est exposée dans l'*Essai sur l'indifférence en matière de religion*. Dans l'*Esquisse d'une philosophie*, il présente la création dans l'espace et le temps comme le déplacement de l'unité divine et de son infini contenu.

C'est surtout dans ses pamphlets et ses œuvres de philosophie politique que Lamennais laisse parler son âme, sa colère, son génie. Les *Paroles d'un croyant* sont un chef-d'œuvre de lyrisme éloquent et d'imprécations fougueuses. Séparé de l'Église après avoir été prêtre,

Lamennais fut toujours un grand révolté qui dénonça les oppresseurs du peuple et réclama la justice sociale. Il fut l'ami de tous les républicains de 1848 et il voulut être enterré dans la fosse commune, « au milieu des pauvres », pour marquer jusque dans la mort l'amour des humbles qui avait inspiré toute sa vie.

LA METTRIE, philosophe français, né à Saint-Malo en 1709, mort à Berlin en 1751. Il a exposé, dans son livre intitulé : l'*Homme machine*, une doctrine franchement matérialiste. Il ne fait aucune différence entre ce qui est psychologique et ce qui est physiologique. La pensée est, suivant lui, un produit de la matière.

LANFRANC, philosophe français, 1005-1089. Il fut abbé du Bec, en Normandie, et archevêque de Cantorbéry. Raisonneur subtil, il se plut aux sujets mesquins et puérils qui caractérisent le commencement de la scolastique.

LAO-TSEU, philosophe chinois qui

De la Rochefoucauld (François VI, duc).

vivait vers 600 avant J.-C. (V. PHILO-SOPHIE DES CHINOIS.)

LA RÉVEILLIÈRE-LÉPEAUX (1753-1824), conventionnel qui se montra philosophe et favorable aux idées des théophilanthropes.

LA ROCHEFOUCAULD, philosophe français (1613-1680). C'est un moraliste à l'esprit désabusé. Il prétend que l'égoïsme ou l'amour-propre est le mobile de toutes nos actions, et qu'il n'y a dans le cœur humain aucun sentiment désintéressé, S'il en est qui présentent cette apparence, c'est que l'égoïsme est assez subtil pour se cacher ou se donner le change à lui-même, et ainsi mieux arriver à ses fins sous une forme nouvelle. L'amour, l'amitié, la gloire, le désintéressement, le sacrifice ne sont au fond qu'un amour-propre déguisé. Telle est la pensée qui se dégage du livre des *Maximes*, ouvrage profond où l'auteur fait preuve d'une connaissance très subtile du cœur humain.

LAROMIGUIÈRE, philosophe français, né à Levignac en 1756, mort à Paris en 1837. Le premier, il tenta

Lassalle.

de réagir en France contre le sensualisme de Condillac. Sa doctrine est exposée dans les *Leçons de philosophie*. Il est l'un des fondateurs de l'éclectisme en France.

LASSALLE (Ferdinand), né à Breslau en 1825, tué en duel à Genève en 1864, philosophe et agitateur socialiste. Il était fils d'un riche négociant juif qui le destina au commerce. Mais il ne se soumit pas aux desseins de son père et il fréquenta les cours de philosophie aux universités de Leipzig et de Berlin. Il publia un livre de solide érudition et de profonde pénétration critique : *la Philosophie du mélancolique Héraclite d'Éphèse*, et quelques études historiques et philosophiques de jurisprudence.

Enfin il entra dans le parti démocratique et dans l'agitation ouvrière.

Un discours qu'il prononça à Berlin (1862) et qui parut en brochure : *Programme des ouvriers*, servit de base aux premières revendications du prolétariat universel. Il publia ensuite *la Science et les ouvriers* et *les Impôts indirects et la situation de la classe ouvrière*. Il proposa surtout l'association productive des ouvriers, qui ferait d'eux leurs propres maîtres d'industrie et arracherait aux patrons capitalistes les bénéfices dus au travail. Le rôle de Lassalle fut d'éveiller la conscience des prolétaires. Mais il ne formula pas un système profond de socialisme. (V. le volume *Socialisme*.)

LAVATER, théologien protestant et philosophe (1741-1801). Il a inventé l'art et établi les règles de la *physiognomonie*, c'est-à-dire du discernement des qualités morales de chaque personne d'après les traits du visage.

LAVELEYE (Emile de), économiste et philosophe belge (1822-1894), né à Bruges. Il a mis en évidence, par d'intéressantes comparaisons ethnographiques, l'action déprimante du catholicisme autoritaire et clérical sur les races qu'il domine. Comme économiste, il a publié de très importantes et solides études sur les formes primitives de la société et sur le socialisme. Sa critique est d'un esprit large et impartial.

LECKY, historien et philosophe anglais contemporain, né à Dublin en 1838. Ses principaux ouvrages sont : *L'esprit rationaliste en Europe* (1865) ; *la Moralité européenne, d'Auguste à Charlemagne* (1869).

LEIBNITZ ou **LEIBNIZ**, philosophe allemand, né à Leipzig le 1er juillet 1646. Son père était jurisconsulte et professeur de morale à l'Université de Leipzig. Il le perdit à l'âge de six ans. A quinze ans il entra à l'Université de sa ville natale, où il se familiarisa avec les sciences modernes, en même temps qu'il y apprit la philosophie et la théologie scolastiques. En 1667, il fit la connaissance du baron de Boinebourg, qui obtint pour lui, en 1672, une mission diplomatique à Paris. Il s'agissait de décider Louis XIV à entreprendre la conquête de l'Egypte. Leibnitz ne réussit pas à persuader le souverain; néanmoins, son séjour à Paris, qui dura jusqu'en 1676, lui profita. Il connut Arnaud et Huyghens, fit des progrès en mathématiques et inventa le *calcul différentiel*. Il partage cet honneur avec Newton, qui était, à la même époque, arrivé aux mêmes résultats à l'aide de sa *méthode des flexions*.

Boinebourg étant mort, Leibnitz quitta Paris, passa par Londres, Amsterdam et La Haye, où il visita Spinoza, arriva à Hanovre en 1676, où il accepta les fonctions de bibliothécaire à la cour du duc de Lunebourg. A ce moment, son activité se déploie dans les domaines les plus différents. Il fait des efforts,

Godefroid Guillaume, baron de Leibnitz.

sans parvenir à s'entendre avec Bossuet, pour amener l'union des églises chrétiennes. Il soumet des projets politiques à Charles XII, à Pierre le Grand, à l'empereur d'Allemagne. Le roi de Prusse accepte, suivant ses conseils, de fonder à Berlin une société des sciences. Néanmoins, Leibnitz poursuivait, malgré ces occupations multiples, ses travaux philosophiques. En 1684, il publie ses *Méditationes de cognitione, veritate et ideis*. Il expose quelques points de sa doctrine dans des *Lettres* et des *Opuscules*. En 1695, il fait paraître le *Système nouveau de la nature et de la communication des substances, aussi bien que de l'union qu'il y a entre l'âme et le corps*. En 1703, il compose, pour répondre à Locke, les *Nouveaux essais sur l'entendement humain*. En 1710, il compose la *Théodicée*. En 1714, il écrit

pour le prince Eugène de Savoie la *Monadologie* et les *Principes de la nature et de la grâce*. Il mourut à l'âge de soixante-dix ans, à Hanovre, le 14 novembre 1716.

Philosophie de Leibnitz. Sa méthode. — Leibnitz est à la fois le disciple et l'adversaire de Descartes. Il accepte la logique du *Discours de la méthode*, mais il ajoute au principe de la contradiction, le principe de raison suffisante. Tout ce qui est mathématiquement possible n'est pas, en effet, actuel ou réel. Il ne suffit pas, pour qu'une chose existe, qu'elle n'implique pas de contradiction; elle n'est réalisée que quand elle a une raison suffisante de l'être, c'est-à-dire quand elle suppose une certaine convenance, un certain ordre.

Il ne rejette pas non plus l'ancienne philosophie. Il voudrait concilier entre elles les vérités partielles que les différents systèmes contiennent. Il s'ingénie à découvrir ce qu'il y a de meilleur en eux et à en faire usage. « J'ai été frappé, dit-il, d'un nouveau système. Ce système paraît allier Platon avec Démocrite, Aristote avec Descartes, les scolastiques avec les modernes, la théologie et la morale avec la raison. Il semble qu'il prend le meilleur de tous côtés, et après, il va plus loin qu'on n'est allé encore... En faisant remarquer ces traces de la vérité dans les anciens, on tirerait l'or de la boue, le diamant de la mine et la lumière des ténèbres, et ce serait, en effet, *perennis quædam philosophia*. »

La substance et la force. — « La philosophie cartésienne est, suivant Leibnitz, l'antichambre de la vérité, et il est difficile de pénétrer bien avant sans avoir passé par là; mais on se prive de la véritable connaissance des choses quand on s'y arrête. » Il fut d'abord charmé par la manière dont les cartésiens expliquaient la nature mécaniquement, et il alla jusqu'à refuser d'admettre l'attraction newtonienne, parce qu'elle lui semblait une qualité occulte. Mais une étude plus approfondie du mécanisme lui fit comprendre qu'il n'était pas la dernière explication des choses, qu'il n'y avait pas deux substances de nature irréductible, et que l'étendue n'est pas l'essence des choses corporelles.

En effet, s'il n'y avait dans les corps que de l'étendue, ils seraient indifférents au mouvement. Il s'ensuivrait que le moindre corps donnerait au plus grand, qui serait en repos et qu'il rencontrerait, la même vitesse qu'il a, sans perdre quoi que ce soit de la sienne. En outre, la notion de substance impliquant l'unité, la matière ne peut être une substance, car elle est divisible à l'infini, et les corpuscules les plus petits qu'on puisse trouver sont toujours composés de parties. Enfin, admettre que le monde n'est qu'étendue, c'est admettre la passivité des substances. Or, être, c'est agir. La substance est une force active; elle contient et enveloppe l'effort; elle se détermine d'elle-même à l'action et n'a pas besoin d'y être aidée. Les atomes physiques ne sont indivisibles qu'en apparence; la divisibilité de l'étendue, poussée jusqu'à ses dernières limites, réduit la matière à des points mathématiques qui n'existent pas. L'être véritable est « un atome de substance », un principe immatériel, la force.

Les monades. — Chacune de ces forces, chacun de ces atomes existe séparément, et Leibnitz les appelle des *monades.* Qu'est-ce donc que ces unités dernières? « La force, dites-vous, nous ne la connaissons que par ses effets et non telle qu'elle est en soi. Je réponds qu'il en serait ainsi si nous n'avions pas une âme et si nous ne la connaissions pas; mais notre âme connue de nous a des perceptions et des appétits, et sa nature y est contenue. »

Les monades sont donc des substances analogues à nos âmes. Elles sont simples, car elles sont immatérielles et elles ne peuvent pas périr naturellement; elles ne peuvent commencer que par création, finir que par annihilation. Il s'ensuit aussi qu'elles ne peuvent pas subir d'altération, autrement elles seraient divisibles en leurs parties, ce qui n'est pas. Elles n'ont pas, selon l'expression de Leibnitz, « de fenêtres par lesquelles quelque chose y puisse entrer ou sortir. »

Ce qui constitue la monade, c'est la *perception*, la représentation de la multiplicité dans l'unité. Chaque monade est un miroir de l'univers. Elle représente tout ce qui est, mais d'une manière plus ou moins claire. Il ne faut pas, en effet, confondre la *perception* et l'*aperception*, qui suppose la conscience. Il y a en nous une infinité de petites perceptions dont nous n'avons pas conscience. « Quand je me promène sur le bord de la mer, j'entends le bruit des flots, mais je ne distingue pas mille petits bruits de chacune des vagues. » La monade perçoit tout l'univers, mais elle ne perçoit clairement que la partie infiniment restreinte de cet univers qui se trouve en rapport avec le corps dont elle est l'*entéléchie.* Notre corps, par exemple, est la partie de l'univers que notre monade, c'est-à-dire notre âme, perçoit avant toutes les autres, et celles-ci ne sont perçues que par l'intermédiaire du corps et relativement à ce corps. Ainsi, lorsque je suis dans ma chambre, l'objet qui m'est tout d'abord représenté, c'est mon corps; puis, devant ce corps, une table; autour de lui, des meubles, des murs, une fenêtre, etc.

La monade est aussi douée d'*appétition*, c'est-à-dire d'un principe de mouvement ou de changement qui tend à la faire passer d'une perception moins claire à une perception plus claire. Ce qui excite l'individu à changer, c'est que son développement actuel n'est jamais égal à ce que sa puissance enveloppe.

Hiérarchie des monades. — Le nombre des monades est illimité. Il n'y a pas, en effet, de raison suffisante pour qu'il en fût autrement. L'infini est seul digne de la puissance de Dieu, créateur de l'univers. Tout est donc plein; le vide, c'est le néant. Le rien, le défaut d'existence, ne se conçoit pas. De plus, dans cette infinité de monades, il n'en est pas deux qui se ressemblent. Si Dieu avait créé deux êtres identiques, pourquoi aurait-il placé l'un ici plutôt que là? Quelle raison aurait-il eue de les créer? Le principe des *indiscernables*, auquel Leibnitz fait appel en cette occasion, est un corollaire du principe de raison suffisante.

En vertu du principe de *continuité*, qui est un autre corollaire du principe de raison suffisante, la nature se développe aussi par une série de créations successives qui se tiennent et se superposent l'une à l'autre. *Natura non facit saltus;* il n'y a pas plus de solution de continuité dans les degrés de la perfection que dans l'espace. L'être inférieur possède en puissance ce qui est développé et actuel chez l'être supérieur. Il y a une hiérarchie des monades. Au sommet, la monade parfaite, Dieu, et, au-dessous, des monades en nombre infini et de moins en moins parfaites. L'intelligence n'est qu'en germe dans les monades inférieures, tandis qu'elle se transforme par degrés insensibles dans les monades supérieures, en conscience claire ou en *aperception*. En Dieu, tout est actuel, l'intelligence est souveraine.

L'harmonie préétablie. — Les monades étant des substances isolées et sans action les unes sur les autres, on se demande comment elles s'unissent pour composer l'harmonie du monde et, en particulier, quelle est l'union qui existe entre la monade âme et les monades qui composent le corps? « Je croyais entrer dans le port, dit Leibnitz; mais quand je me suis mis à méditer sur l'union de l'âme et du corps, je fus rejeté comme en pleine mer. » Il n'y a qu'une seule solution possible, c'est l'harmonie préétablie. Le corps et l'âme sont comme deux horloges qui, sans agir l'une sur l'autre, marqueraient toujours les mêmes heures. Mais ce n'est là qu'un point de vue superficiel. Comment expliquer l'unité du monde et de ses phénomènes, dans l'infinité des êtres qui le composent? Cette unité ne peut résider que dans l'accord et la correspondance des perceptions de chaque monade avec les perceptions de toutes les autres monades. « Il faut dire que Dieu a créé d'abord l'âme ou toute autre unité réelle, en sorte que tout lui naisse de son propre fonds, par une parfaite *spontanéité* à l'égard d'elle-même, et pourtant avec une

parfaite *conformité* aux choses du dehors... Et c'est ce qui fait que chacune de ces substances représentant exactement tout l'univers à sa manière et suivant un certain point de vue, et les perceptions ou expressions des choses externes arrivant à l'âme à point nommé, en vertu de ses propres lois, comme dans un monde à part, *et comme s'il n'existait rien que Dieu et elle*, il y aura un parfait accord entre toutes ces substances, qui fait le même effet qu'on remarquerait si elles communiquaient ensemble par une transmission des espèces ou des qualités que le vulgaire des philosophes imagine. » Leur vraie relation est une influence idéale, semblable, quant à ses effets, à une influence réelle, mais tout interne. On peut dire que, si on connaissait un seul acte d'une seule monade dans tous ses rapports, on connaîtrait, par cela même, les actes passés, présents et futurs des autres monades.

La liberté. — Que devient la liberté dans un pareil système? Il semble que, par l'harmonie préétablie, chacune des actions des hommes soit réglée d'avance. C'est, selon Leibnitz, se faire une fausse idée de la liberté que d'accepter la liberté d'indifférence. La volonté est libre quand elle s'exerce suivant la raison du meilleur, et elle se trouve ainsi d'elle-même et spontanément en harmonie avec le monde. Les conditions de la liberté dont nous avons « un sentiment vif interne » ne consistent-elles pas dans l'*intelligence*, la *spontanéité* et la *contingence*? On ne saurait dire que les deux premières ne sont pas remplies; quant à la contingence, elle existe, puisque l'univers échappe aux lois fatales du mécanisme, et n'obéit qu'à des convenances d'ordre et d'harmonie.

L'existence de Dieu. — Déjà, l'idée de l'harmonie préétablie dont on ne saurait se passer pour expliquer la nature du monde et de ses lois suppose l'existence de Dieu. En effet, puisque le nombre des individus dont il faut accorder les perceptions est infini, et que les phénomènes qu'il s'agit de coordonner sont infinis dans le temps, une intelligence absolue a pu seule résoudre ce problème. Le principe de raison suffisante exige, en outre, que nous rattachions la série des phénomènes contingents à un être nécessaire, qui se suffise à lui-même et explique tout ce qui existe. Enfin, Leibnitz a recours, ainsi que Descartes, à la preuve ontologique, mais en la modifiant. L'existence de l'être parfait peut être déduite de la seule idée que nous avons du parfait, à la condition que cette idée *n'enveloppe aucune contradiction*. Or, rien n'empêche la possibilité de ce qui n'enferme aucune borne, aucune négation et, par suite, aucune contradiction.

L'optimisme. — Tous les mondes possibles existent dans l'intelligence divine, mais Dieu n'a donné l'existence réelle, par un acte de sa volonté, qu'au meilleur de ces mondes possibles. « La suprême sagesse, jointe à une bonté qui n'est pas moins infinie qu'elle, n'a pu manquer de choisir le meilleur. » S'il en est ainsi, d'où vient donc le mal? d'où viennent la souffrance et l'imperfection morale? Le mal est dans la nature des choses, il ne vient pas de Dieu; il est, au contraire, la conséquence de la perfection générale de l'univers. Dieu veut toujours *antécédemment* le bien; il ne veut le mal que *conséquemment*, en tant qu'il est imposé par le bien. L'imperfection de la créature est une nécessité de son existence, car la créature ne peut être l'égale du créateur; mais l'existence n'est-elle pas un bien? Vouloir supprimer un mal particulier, ce serait changer le meilleur monde possible. A la fin de la *Théodicée*, dans un dialogue sur le *libre arbitre*, Leibnitz imagine un songe de Théodore, grand prêtre de Jupiter, que Pallas conduit à travers une suite d'appartements plus beaux les uns que les autres et où sont représentés tous les mondes possibles. On y prévoit, avant qu'elles aient été commises, des mauvaises actions, des crimes, tels que celui d'un Sextus Tarquin, mais il n'en reste pas moins vrai que le monde réel où ce crime a pu se commettre, est, dans son ensemble, le meilleur et le plus beau. « Les apparte-

ments, écrit Leibnitz, allaient en pyramide; ils devenaient toujours plus beaux à mesure qu'on montait vers la pointe, et ils représentaient de plus beaux mondes. On vint enfin dans le suprême, qui terminait la pyramide, et qui était le plus beau de tous; car la pyramide avait un commencement, mais on n'en voyait point la fin; elle avait une pointe, mais point de base; elle allait croissant à l'infini... Théodore entra dans cet appartement, se trouva ravi, en extase... — Nous sommes dans le vrai monde actuel, dit la déesse, et vous y êtes à la source du bonheur. Voilà ce que Jupiter vous y prépare, si vous continuez de le servir fidèlement. Voici Sextus tel qu'il est, et tel qu'il sera actuellement. Il sort du temple tout en colère, il méprise le conseil que l'oracle lui a donné de ne retourner point à Rome. Vous le voyez allant à Rome, mettant tout en désordre, violant la femme de son ami. Le voilà chassé avec son père, battu, malheureux. Si Jupiter avait pris ici un Sextus heureux à Corinthe, ou roi en Thrace (comme dans d'autres mondes possibles), ce ne serait plus ce monde. Et, cependant, il ne pouvait manquer de choisir ce monde, qui surpasse en perfection tous les autres, qui fait la pointe de la pyramide. Autrement, Jupiter aurait renoncé à sa sagesse; il m'aurait bannie, moi qui suis sa fille. Vous voyez que mon père n'a point fait Sextus méchant; il l'était de toute éternité, il l'était toujours librement; il n'a fait que lui accorder l'existence, que sa sagesse ne pouvait refuser au monde où il est compris : il l'a fait passer des régions des possibles à celle des êtres actuels. Le crime de Sextus sert à de grandes choses; il en naîtra un grand empire, il donnera de grands exemples. Mais cela n'est rien au prix du total de ce monde, dont vous admirerez la beauté, lorsqu'après un heureux passage de cet état mortel à un autre meilleur, les dieux nous auront rendus capables de la connaître. »

LEMOINE (Albert), philosophe français, né en 1824 à Paris, mort en 1874. Ce fut un disciple de Cousin et un partisan de l'éclectisme. Il s'occupa principalement de psychologie et dans son écrit ; *La physionomie et la parole*, il réfuta l'existence d'une faculté interprétative naturelle admise par Jouffroy. Il a laissé un excellent ouvrage, élégant et clair, plein d'analyses ingénieuses, sur l'*Habitude* et l'*Instinct*.

LÉOPARDI (Giacomo), poète et moraliste italien, né en 1798, mort à Naples en 1837. Il s'instruisit tout seul par la lecture de tous les livres de la bibliothèque de son père, et il apprit ainsi le grec, le latin, l'hébreu, le français, l'anglais, l'espagnol et sa propre langue italienne. Il écrivit d'abord des poésies lyriques. Pauvre et malade, ses amis durent le faire vivre. Ses *Operette morali* (*Opuscules moraux*) sont de petits dialogues à la manière de Lucien, écrits dans une langue sobre, nette, qui rappelle l'antiquité.

LE PLAY (Frédéric), 1806-1882, ingénieur et économiste distingué. Il a très justement marqué l'importance des idées morales dans la réforme sociale. Ses conclusions en faveur du catholicisme demeurent discutables; mais ses livres sont pleins d'observations très savantes, de documents ethnographiques et sociologiques très sûrs, qui valent indépendamment des idées de l'écrivain. Il a écrit principalement les *Ouvriers et la Réforme sociale*, l'*Organisation de la famille*.

LEQUINIO (Joseph-Marie), né en 1740, mort en 1813. Ce fut un philosophe et un conventionnel. Il a laissé une œuvre qui, pour son temps, fut très hardie et qui demeure une très juste critique des préjugés religieux et sociaux. Le livre a pour titre : les *Préjugés détruits*. Lequinio s'y proclame « citoyen du globe ».

LEROUX (Pierre), philosophe et homme politique, né à Paris, en 1798, mort en 1871. Il fut admis à l'Ecole polytechnique. Mais, pour subvenir aux besoins de sa famille, il se fit ouvrier maçon, puis ouvrier typographe et prote. En 1824, il entra à la rédaction du *Globe*, et, devenu partisan des idées saint-simoniennes, il fit de ce journal l'organe de l'école. Il fonda avec Viardot et George Sand la *Revue indépendante* (1841), qui mena de violentes campagnes contre le catholicisme et contre l'éclectisme de Cousin. L'ouvrage qui a établi la réputation philosophique de Pierre Leroux a pour titre : *De l'Humanité, de son principe et de son avenir, où se trouve exposée la vraie définition de la religion et où on explique le sens, la suite et l'enchaînement du mosaïsme et du christianisme* (1840). L'auteur y développe ses théories humanitaires. En 1844, il fonda la *Revue sociale*. Il fut élu en 1848 à

Pierre Leroux.

l'Assemblée Constituante et siégea à la Montagne. Ses polémiques avec Proudhon, qui l'accusait de vouloir faire un « couvent laïque » de la société nouvelle, sont demeurées célèbres. Réélu en 1849 à l'Assemblée Législative, il fut obligé de s'exiler au 2 décembre, et il ne rentra en France qu'en 1860, quand l'amnistie fut prononcée. Il passa dans la paix le reste de sa vie, toujours fidèle à ses idées généreuses.

LEROY-BEAULIEU (Paul), économiste et philosophe, né à Saumur en 1843. Il a, dans de nombreux ouvrages et de nombreuses études de la *Revue des Deux Mondes* ou de l'*Economiste français*, soutenu la thèse du pur libéralisme, du *laissez faire* et du *laissez passer* absolus. Ses observations sur l'*Influence de l'état moral et intellectuel des populations ouvrières sur le taux des sa* *laires* sont d'une ·méthode rigoureuse. Sa compétence économique, financière, administrative, est incontestée. Il s'est toujours déclaré l'adversaire du socialisme.

LEROY-BEAULIEU (Anatole), né à Lisieux, en 1842. Il s'est fait remarquer par des travaux savants sur la Russie : l'*Empire des Tsars et les Russes* (1882); la *France, la Russie et l'Europe* (1888). Il a étudié très librement, quoique catholique, la question religieuse telle qu'elle se pose à la démocratie. Son livre : les *Catholiques libéraux, l'Eglise et le libéralisme, de 1830 à nos jours* (1886), est un exposé très impartial des luttes entre le cléricalisme et le libéralisme.

LESPINASSE (Mlle de), femme d'esprit que l'amour passionné de d'Alembert et l'amitié de Marmontel, de Turgot, de Chastellux, non moins que ses *Lettres*, ont rendue célèbre (1732-1776).

LESSING, philosophe et littérateur allemand, né en 1729 à Camenz, mort en 1781. Il reprit, pour son compte, la doctrine de Leibnitz, mais il la modifia en ce qui concerne ses rapports avec la religion et la possibilité des miracles, dont il fait une critique.

LETTRES PERSANES, lettres satiriques de Montesquieu (V. *ce nom*), dans lesquelles l'auteur passe en revue la politique, les mœurs, la religion de son temps.

LEUCIPPE, philosophe d'Abdère, en Thrace, considéré comme le fondateur de l'école atomistique. On ne sait rien de lui, sinon qu'il fut le compagnon et probablement le maître de Démocrite.

LÉVÊQUE (Jean-Charles), philosophe français, né en 1818, professeur de philosophie grecque et latine au Collège de France. Ses travaux se rapportent à l'histoire de la philosophie et surtout à l'esthétique : *La Science du Beau, étudiée dans ses principes, son application et son histoire*, le traité de philosophie esthétique le plus complet de la langue française; *Du spiritualisme dans l'art;* les *Harmonies providentielles; Etudes de philosophie grecque et latine*. M. Lévêque appartient à l'école spiritualiste.

LÉVIATHAN, titre du plus célèbre des ouvrages de Hobbes, dans lequel l'auteur expose ses idées en psychologie, en morale et en politique.

LEWES (Georges-Harris), 1817-1878, psychologue de l'école associationniste. Il a traduit en anglais la *Philosophie positive d'Auguste Comte*. Il a écrit une *Histoire biographique de la philosophie* (1860), les *Problems of life and wind* (1875), et un grand nombre d'études dans les journaux et revues. Il a été l'ami intime et parfois l'inspirateur de la grande romancière George Eliot.

LIARD (Louis), philosophe et auteur d'études pédagogiques, né à Falaise, en 1846. Il a écrit : *Des définitions géométriques et des définitions empiriques* (1873), les *Logiciens anglais contemporains* (1878), la *Science positive et la métaphysique* (1879), une étude sur *Descartes* (1881). Tous ces ouvrages sont remarquables par l'originalité et l'indépendance de la pensée, et aussi par l'exactitude scientifique.

LIEBKNECHT (Guillaume-Louis), philosophe et agitateur socialiste allemand, né à Giessen en 1825, mort en 1900. Il se destina d'abord à l'enseignement. Les ouvrages de Saint-Simon le gagnèrent au socialisme. Il a été pendant ces dernières cinquante années à la tête du mouvement socialiste en Allemagne et il s'est mêlé, par la plume et la parole, à toutes les luttes ouvrières.

LITTRÉ (Maximilien-Paul-Émile), philosophe français, né à Paris en 1801, mort en 1881. Il fut le fidèle disciple d'Auguste Comte. On lui doit une étude très claire sur le positivisme de son maître qu'il s'efforça de répandre. Littré se sépara d'Auguste Comte quand celui-ci s'abandonna aux idées mystiques et à une sorte de théurgie. Il devint dès lors le véritable chef de l'Ecole positiviste. En 1857, il fonda la *Revue de philosophie positive*. Comme il posa en 1863 sa candidature à l'Académie française, le fougueux évêque Dupanloup écrivit contre lui un violent pamphlet et dénonça ses doctrines comme impies et immorales. Aussi ne put-il être élu que bien plus tard, en 1871, et M. Dupanloup donna alors bruyamment sa démission de l'Académie. Il fut surtout, comme a dit Sainte-Beuves, « un homme de science et de méthode ». Son *Dictionnaire de la langue française* est un monument de science historique, littéraire, philologique. Il ne doit pourtant pas faire oublier les innombrables travaux philosophiques du grand penseur positiviste.

Littré.

LOCKE, philosophe anglais, né à Wrington, dans le comté de Bristol, le 29 août 1632. Après avoir étudié à Londres, il entra à l'Université d'Oxford. La lecture de Descartes l'influença vivement et il s'appliqua à des études positives, telles que la physique, la chimie, la médecine et la politique. Par suite de sa mauvaise santé, il fut forcé de voyager et vint en France, à Montpellier, où il passa deux ans, de 1675 à 1677. En 1683, il accompagna en exil le comte de Salisbury, son protecteur, et resta en Hollande. En 1688, après la mort de Salisbury, la révolution le ramena en Angleterre, où il publia sa *Lettre sur la tolérance*, ses deux *Traités du gouvernement civil*, et son *Essai sur l'entendement humain*. Il se retira définitivement à Oates, dans le comté d'Essex, où il mourut le 28 octobre 1704.

La philosophie de Locke est une étude critique de l'esprit humain. Il se propose, dans les *Essais*, de rechercher quelle est l'étendue de la connaissance et d'en étudier les origines; il veut « montrer par quel moyen notre entendement vient à se former les idées qu'il a des

choses, marquer les bornes de la certitude, définir les limites qui séparent l'opinion de la connaissance, examiner quelles règles il faut observer pour déterminer exactement les degrés de notre persuasion à l'égard des choses dont nous n'avons pas une connaissance certaine ». Il prétend que la connaissance doit se borner à l'expérience, dont nous tirons tout ce que nous savons, et il s'élève d'abord contre la théorie des idées innées de Descartes.

Suivant Locke, les principes les plus évidents ne sont pas innés, puisque les enfants, les sauvages, les idiots n'en ont aucune connaissance. De plus, comment ces idées seraient-elles dans l'entendement, sans que nous en ayons conscience? Qu'est-ce que des idées qui sont dans l'entendement sans y être? Les préceptes moraux ne sont pas plus innés que les idées d'ordre spéculatif. L'histoire le prouve par des erreurs admises pendant des

Jean Locke.

siècles, par les coutumes barbares les plus étranges.

C'est de l'expérience que nous viennent toutes nos connaissances. L'âme est, à l'origine, une *table rase*. La sensation et la réflexion nous fournissent toutes nos idées. La sensation nous fait connaître les objets extérieurs par l'intermédiaire des sens. La réflexion nous révèle les opérations de notre âme. « Nous n'avons d'autres idées dans l'esprit que celles qui y ont été produites par ces deux voies. »

Il y a deux sortes d'idées : les idées *simples* et les idées *composées*. Les premières nous sont fournies soit par un seul sens, comme la couleur par la vue, soit par plusieurs sens à la fois, comme celles d'étendue et de mouvement par la vue et le toucher, ou par la réflexion et la sensation, comme les idées de force, d'unité, de succession. L'esprit est passif quand il reçoit les idées simples; mais par différentes opérations il en forme des *idées complexes.* Les prétendues idées innées résultent de ces opérations de l'entendement, qui compare, abstrait et combine. De quelque manière que les idées complexes soient composées et divisées, quoique le nombre en soit infini, elles peuvent pourtant être réduites à ces trois chefs : les *modes*, qui ne sont pas supposés exister par euxmêmes (gratitude, meurtre, etc.); les *substances* (plomb, homme, etc.); les *relations* (cause, effet, identité, diversité).

Locke s'applique principalement à expliquer d'une manière empirique les idées de substance et de cause. Voici ce qu'il est dit de la première : « Faute de concevoir comment des qualités simples, toujours inséparablement unies, peuvent subsister par ellesmêmes, nous supposons un soutien, un *substratum* dans lequel elles existent. L'idée de substance n'est donc que l'idée de je ne sais quel sujet qu'on suppose être le soutien des qualités qui produisent, dans notre âme, des idées simples. » La substance n'est donc autre chose qu'une collection de qualités.

Quant au concept de cause, il est produit par la remarque qu'une chose cesse d'être et qu'une autre prend sa place, par l'observation des changements qui se produisent en dehors de nous ou en nousmême, à la suite d'actes volontaires ou par l'effet des impressions des objets externes. L'idée d'infini elle-même, ou idée de Dieu, a son origine dans un travail de combinaison de l'esprit et dans l'élaboration qu'il fait subir aux idées simples. « Tout homme qui a l'idée de quelque espace, d'une longueur

déterminée, comme d'un pied, d'une aune, peut aussi doubler, tripler cette longueur et avancer toujours de même, sans voir de fin à ses additions. »

L'entendement est donc limité. Rien n'est en lui qui ne vienne de la sensation, et il ne peut s'étendre au delà de l'expérience. Nous n'avons aucune idée claire de la substance soit matérielle, soit spirituelle. Nous ne pouvons nier l'existence de l'esprit, mais, par contre, il est aussi possible que Dieu ait doué la matière de la faculté de penser.

Locke a aussi une politique. Dans l'*Essai sur le gouvernement civil*, il combat la doctrine de Hobbes, qui est une apologie de la tyrannie, et il loue la révolution de 1688. L'état de nature n'est pas l'état de guerre. L'homme a des droits imprescriptibles que nul ne saurait violer, que la société doit défendre. Elle est instituée, du reste, pour cela. Le souverain tient son autorité de la nation, dont il est le mandataire, et, s'il en abuse, le peuple a le droit de le déposer.

Dans ses *Lettres sur la tolérance.* Locke est partisan de la séparation de l'Eglise et de l'Etat. Toute espèce de culte doit être tolérée. L'Etat n'a pas à intervenir.

LOGIQUE, partie de la philosophie qui étudie le raisonnement. Aristote, par son *Organon*, fut le grand logicien que suivirent tous les scolastiques du moyen âge. Le *Discours de la méthode*, de Descartes, réagit contre cette domination exclusive et enseigna une méthode nouvelle de parvenir à la vérité.

LOGIQUE ou ORGANON, ouvrage d'Aristote, qui a tout dit sur les règles de la raison.

LOGIQUE DE PORT-ROYAL ou ART DE PENSER, ouvrage célèbre composé à Port-Royal (1662), par Arnauld et Nicole.

LOMBARD (V. PIERRE LOMBARD.)

LOMBROSO (Cesare), psychologue et physiologiste criminaliste italien, né à Venise, en 1836. Il étudia d'abord les aliénés et publia : le *Génie et la Folie* (1864), ouvrage qui établit un rapprochement hardi entre deux exceptions cérébrales, puis des *Etudes cliniques des maladies mentales* (1865). Plus tard ses recherches expérimentales portèrent sur les criminels. Il écrivit : la *Folie criminelle en Italie* (1872), la *Médecine légale de l'aliénation étudiée d'après la méthode expérimentale* (1873), enfin et surtout l'*Homme criminel* (1875). Dans cette dernière œuvre, Lombroso considère le criminel-né comme un malade soumis à des conditions ataviques et à des conditions pathologiques, ou comme un fou, comme un être déformé par une anomalie pathologique qui porte sur le sens moral et qui est une sorte d'état épileptoïde. Il ne croit pas à la puissance de la raison ou du libre arbitre pour modifier l'anomalie pathologique, mais à l'efficacité des seuls soins physiologiques et de la substitution d'actes réflexes à ceux qui ont déterminé les tendances mauvaises.

LONGUS, philosophe grec, de l'école alexandrine. Il fut le disciple d'Ammonius Saccas et combattit les idées de Plotin sur l'émanation et la nature de Dieu.

LOTZE, philosophe allemand, né à Berlin en 1817 et mort professeur à Gottingue en 1881. Il réagit contre l'influence de Hegel. Il est l'auteur d'un spiritualisme concret dominé à la fois par l'idée morale et l'idée moniste. Il s'inspire de Kant et de Spinoza. Il fit en psychologie des recherches positives. On lui doit la théorie des *signes locaux*, par lesquels nous distinguons les différentes parties du corps et les sensations entre elles, grâce à un signe qui est spécial à chacune d'elles.

LUCIEN, philosophe grec, de Samosate, en Syrie, vécut environ de l'an 120 à l'an 200 après J.-C. Ce fut un sceptique qui se contenta d'écrire des traités de morale dans lesquels il attaque toutes les doctrines.

LUCRÈCE (Lucretius Carus), philosophe et poète latin, né à Rome en 95, mort en 52. Il donna à la doctrine d'Épicure la consécration de son génie poétique. Dans le *De natura rerum*, il expose fidèlement la doctrine de son philosophe préféré. (V. ÉPICURE et ÉPICURIENS.)

LULLE (Raymond), philosophe espagnol, né à Palma dans l'île Minorque, en 1235. Il fit des voyages innombrables pour faire adopter et répandre son *Ars magna*. Il parcou-

rut l'Asie et l'Afrique, où il se fit mettre à mort par les mahométans en 1315. Philosophe excentrique, il prétendait avoir inventé une méthode (*Ars magna*) qui devait dispenser d'apprendre et qui permettait de parler de tout sans études. Il avait même fabriqué une machine, composée de tableaux mobiles superposables, où étaient figurées les idées abstraites. Leurs combinaisons variées formaient toute espèce de raisonnements et de discours.

LUTHER, philosophe et réformateur allemand, né à Eisleben en

Martin Luther.

1483, mort en 1546. Auteur de la réforme religieuse, la philosophie lui doit d'avoir éveillé l'esprit de critique et d'examen et d'avoir mis en honneur la libre interprétation des textes. D'abord mystique, Luther peu à peu en vint à mieux apprécier la raison et le libre arbitre. Il accomplit sans le savoir, ou du moins sans en avoir une pleine conscience, une révolution philosophique et politique qui eut son principe dans la réforme religieuse. Il prépara l'avènement de la société moderne gouvernée par la raison et la conscience.

LYCÉE, école philosophique d'Aristote (V. *ce nom*), ainsi nommée d'une promenade d'Athènes dans laquelle Aristote enseignait en se promenant avec ses disciples; d'où cet autre nom encore d'école péripatéticienne.

M

MABLY (l'abbé), 1709-1785, écrivain politique français, né à Grenoble. Il a laissé deux ouvrages intéressants : *Droit public de l'Europe* et *Observations sur l'histoire de France*.

MACAULAY, historien et homme politique anglais (1800-1859). Son *Histoire d'Angleterre* est une vraie philosophie de l'histoire.

MACHIAVEL, historien et écrivain politique de Florence (1469-1530). Il est l'auteur de *Décades sur Tite-Live* et *du Prince*. Il a formulé une doctrine qui de son nom s'appelle le *machiavélisme* et qui justifie tous les moyens d'action, pourvu qu'ils mènent au succès.

MACROBE, philosophe grec, de l'école alexandrine, vécut du temps de l'empereur Théodose. On lui doit, à propos de certaines œuvres de Cicéron, des analyses et des développements sur Platon et Aristote qui sont remarquables de clarté.

MAIMONIDE, philosophe juif, né en 1135, mort en 1204. Il eut pour maître Averroès. Il est surtout célèbre par son système de psychologie, où il reproduit et développe avec assez d'indépendance les théories d'Aristote.

MAINE DE BIRAN, philosophe français, né à Bergerac en 1766. Il fut sous-préfet de l'Empire et député de la Restauration. Il mourut à Paris en 1824.

On peut distinguer trois périodes dans le développement de la doctrine philosophique de Maine de Biran.

Dans la première période, marquée par son mémoire sur l'*Influence de l'habitude*, il admet avec l'école sensualiste que les connaissances viennent de la sensation. Cependant, il s'en sépare déjà en admettant que le mouvement volontaire est le signe de l'extériorité. Il distingue à ce point de vue la sensation de la perception. La première n'est qu'une affection tandis que l'autre réclame un effort de la part du sujet. Il montre que le degré d'affection et que la perception varient en raison de la mobilité de l'organe. Il étudie avec une grande profondeur certaines facultés de l'âme et il découvre cette loi fondamentale que l'habitude affaiblit la sensation et fortifie la perception.

Dans la seconde période, signalée par les *Rapports du physique et du moral* et par l'*Essai sur les fondements de la psychologie*, il abandonne complètement les sensualistes. Leur plus grande erreur fut, selon Maine de Biran, de se représenter les faits et les causes internes sur le modèle des faits et des causes externes. Par là, ils ne font que raisonner sur des abstractions. Il se tient également à distance des métaphysiciens, pour se livrer à l'observation intérieure, où tout est concret. Le fait primitif de la conscience est celui de l'*effort volontaire*, par lequel le *moi* se révèle à lui-même grâce à la résistance qu'il éprouve. Le *moi* se sent limité et il reconnaît ainsi l'existence du *non-moi*. De même, en prenant conscience de notre activité nous acquérons l'idée de *cause*. Maine de Biran admet la distinction de la matière et de la forme dans la connaissance, mais les catégories ne sont pas, comme on vient de le voir en ce qui regarde la causalité, des principes abstraits de liaison, elles dérivent d'une activité que l'expérience interne décèle. Le principe de contradiction a, par exemple, son origine dans ce fait que deux états de conscience sont toujours successifs et ne peuvent se pénétrer l'un l'autre. Quant à la matière de la connaissance, elle est fournie par le terme de résistance et de limitation que rencontre le *moi*.

La troisième période est restée incomplète. Dans l'*Anthropologie*, Maine de Biran distingue pour l'homme trois vies : la vie animale, caractérisée par la sensation, la vie humaine caractérisée par la volonté, et la vie de l'esprit, qui est le règne de l'amour. La personnalité finit par se perdre et par s'anéantir en Dieu.

MAINTENON (Madame de), née à Niort en 1635, morte à Saint-Cyr en 1719. Elle a écrit des *Lettres sur l'éducation des filles*, d'un ton familier et d'une délicate sagesse.

MAISTRE (Joseph de), philosophe français, né à Chambéry en 1754, mort à Paris en 1821. Il s'est fait, dans son livre original intitulé :

Le comte J. de Maistre.

Du Pape, le théoricien de l'ultramontanisme moderne. Il voudrait soumettre toute puissance temporelle à la juridiction et à la puissance religieuse du plus haut représentant de l'Eglise, persuadé qu'il est que rien n'arrive dans le monde qui ne dépende de la volonté directe de Dieu. On retrouve la même pensée dans les fragments des *Soirées de Saint-Pétersbourg*. Préoccupé de l'idée théologique et du péché originel, il ne voit dans le mal qu'une expiation et qu'un châtiment. De là le caractère cruel de sa philosophie, son apologie de la guerre, du bourreau et de l'inquisition.

MALEBRANCHE, philosophe français, né à Paris en 1638. En 1660, il entra à la congrégation de l'Oratoire. La lecture du *Traité de l'homme*, de Descartes, lui révéla sa vocation

philosophique. En 1674, il publia la *Recherche de la vérité*, puis les *Méditations chrétiennes* en 1678, le *Traité de morale* en 1684 et les *Entretiens métaphysiques* en 1688. Il eut à lutter contre Bossuet, Mairan et Arnauld, et fut condamné par la cour de Rome en 1687. Il mourut à l'Oratoire en 1715.

Malebranche adopta la philosophie cartésienne, mais il se préoccupa principalement du problème de la communication des substances. Il est, à ce titre, l'inventeur de deux théories originales : la théorie des *causes occasionnelles* et la théorie de la *vision en Dieu*.

Les causes occasionnelles. — Selon Descartes, l'étendue est par elle-même inerte et passive. Elle ne peut se donner le mouvement, elle le reçoit. Il en résulte qu'on ne conçoit pas comment une partie de l'étendue peut par elle-même en mouvoir une autre. Il n'y a qu'une vraie cause de ce mouvement, c'est Dieu. Or, on ne conçoit pas que Dieu, auteur du mouvement, ne soit présent dans tous ses effets et que son action cesse de s'exercer dans tous les mouvements particuliers. Ces conclusions n'ont pas été développées par Descartes, mais elles étaient implicitement contenues dans sa doctrine. Malbranche les en a fait sortir en poussant jusqu'à ses dernières limites le rationalisme logique.

De même, l'âme n'agit pas, elle est agie. Elle tient toute sa puissance de Dieu et elle ne la conserve que par sa volonté. A plus forte raison, une âme ne saurait-elle agir sur une autre âme.

Il est donc nécessaire d'admettre que c'est la puissance de Dieu qui intervient dans tous les changements du monde. A l'occasion d'un mouvement dans l'étendue, il crée un autre mouvement dans l'étendue. Quant à l'union de l'âme et du corps, elle s'explique de la même façon. C'est Dieu qui est la *cause occasionnelle* par laquelle un mouvement du corps répond à une idée, ou à un changement dans l'âme.

L'ordre, l'harmonie, la perfection qui règnent dans le monde, se doivent rapporter à Dieu, c'est lui qui gouverne l'univers dans ses plus infimes détails. Bien que tout s'explique par les lois les plus simples et les plus belles établies par sa volonté, il n'en reste pas moins vrai qu'il en calcul. '~s effets particuliers, pour le bien du monde entier.

La vision en Dieu. — La connaissance que nous avons de l'univers est représentée par des idées. D'où viennent ces idées? Elles ne sauraient provenir des corps, comme l'explique la théorie des idées-images, puisqu'il n'y a aucune communication possible entre la pensée et l'étendue; elles ne sont pas non

Malebranche.

plus créées par l'âme, comme l'entendait en partie Descartes, car l'âme ne peut produire d'elle-même des idées de choses matérielles qu'elle ne connaît pas. Il reste que Dieu les produit en nous à mesure que nous les avons; mais pour penser aux choses, il est nécessaire que nous en ayons toutes les idées présentes, Or, on ne peut dire qu'en se considérant elle-même, l'âme y trouve les essences des corps. Il reste donc que nous voyons toutes ces idées dans une seule qui nous est toujours présente, c'est-à-dire en Dieu.

Nous ne connaissons pas Dieu, comme les autres êtres, par l'intermédiaire d'une idée; nous le connaissons immédiatement et en lui-même. Or, « Dieu enferme le monde intelligible où se trouvent les idées de toutes choses ». Il s'ensuit que l'intelligence de l'homme voit dans l'intelligence de Dieu les idées du monde. Il est « l'archétype que je contemple du monde créé que j'habite ». C'est en lui qu'est « la raison qui m'éclaire, par les idées purement intelligibles qu'elle fournit abondamment à mon esprit et à celui de tous les hommes ». Il est « le lieu des esprits, comme l'espace est le lieu des corps, je lui suis immédiatement uni ».

Contrairement à l'opinion de Descartes, nous sommes très éclairés sur la nature des corps, dont nous voyons les essences en Dieu dans l'étendue intelligible, et nous sommes très peu éclairés sur la nature de notre âme, car nous nous connaissons par nous-mêmes et non par une idée venue de Dieu. Par contre, il nous est impossible de prouver l'existence réelle des corps, puisque nous n'en avons que des idées, et force nous est de nous en tenir là-dessus à la révélation de l'Écriture Sainte, tandis que nous sommes assurés de l'existence réelle de notre âme.

MALON (Benoît), écrivain et agitateur socialiste. Il naquit près de Saint-Etienne en 1841 et mourut à Paris en 1895. Fils de paysan, il s'instruisit tout seul, avec des livres. Il fut homme de peine, puis ouvrier teinturier. Venu à Paris, il prit part à la Commune et aux événements de 1871. Il se réfugia à Genève, après l'échec de ce mouvement révolutionnaire, et ensuite à Milan. On l'expulsa d'Italie. Lors de l'amnistie, il rentra en France, fonda la *Revue socialiste*, publia la *Morale sociale* (1887), une traduction de la *Quintessence du socialisme* de A.-E. Schœffle, un grand nombre d'opuscules sur la question ouvrière, et surtout le *Socialisme intégral*.

MALTHUS (1766-1834), économiste anglais, auteur d'un *Essai sur le principe de la population*, dont la première édition est de 1798. Il y soutient que la population tend à s'accroître dans une proportion plus grande que les moyens de subsistance et qu'il faut par suite restreindre cette proportion. Cette doctrine, désormais célèbre sous le nom de *malthusianisme*, implique, ainsi que le mot *malthusiens* appliqué à ses partisans, une idée défavorable.

MAMIANI (1800-1885), poète, philosophe et homme politique italien, né à Pesaro. Mamiani doit être compté parmi les plus grands philosophes italiens de ce siècle avec Rosmini et Gioberti. Il joua un rôle important dans les événements politiques des Etats Romains, sous le gouvernement de Pie IX, et il se prononça pour l'intervention piémontaise et française. Retiré de la politique et professeur de philosophie de l'histoire à Turin, il exposa dans la *Rivista contemporanea* un système nouveau d'*ontologie* ou de

Malthus.

vision des idées dans l'Etre absolu, Dieu.

MANÈS, né en Perse, mort vers 274 ap. J.-C., fondateur de la secte des *manichéens*, qui combina les traditions des mages avec celles du christianisme. Manès expliquait le mélange du bien et du mal en attribuant la création à deux principes : l'un essentiellement bon, qui est Dieu, l'esprit ou la lumière; l'autre essentiellement mauvais, qui est le Diable, la matière ou les ténèbres. Il est facile de reconnaître dans ce système le dualisme d'Ormuzd et d'Ahriman, qui fait le fond de la religion de Zoroastre. (V. *ce nom.*)

MANICHÉISME, doctrine de Manès, et, par extension, toute doctrine fondée sur les deux principes opposés du bien et du mal.

MANOU (Livre de la loi de), un des livres sacrés de l'Inde, où est exposée la doctrine du brahmanisme.

MANSEL, philosophe anglais (1820-1871). Disciple d'Hamilton, il soutient que nous ne pouvons connaître l'absolu. Non seulement les attributs de Dieu diffèrent en degré des perfections humaines, mais ils diffèrent encore en essence.

MANUEL D'ÉPICTÈTE (V. ÉPICTÈTE), abrégé des doctrines de ce philosophe moraliste, par Arrien. (V. *ce nom.*) Le *Manuel d'Epictète* est un chef-d'œuvre pour la noblesse des pensées et la beauté simple, un peu austère et nue, de la forme.

MARC-AURÈLE (Marcus Aurelius Antoninus), philosophe latin de l'école stoïcienne. Il naquit en 121 après J.-C. Associé à l'empire en 138, il fut empereur en 161. Il mourut à Rome en 180. Ce fut un des esprits les plus nobles, les plus élevés et les plus religieux de l'antiquité. Persuadé comme tous les stoïciens de l'intervention de la Providence dans le monde, il accepte tout ce que les dieux ont décidé et reste indifférent aux biens et aux maux passagers et périssables de ce monde. C'est en lui qu'il cherche le bonheur, et il le trouva dans l'exercice le plus généreux de la charité humaine, inspirée par le sentiment très vif de l'égalité des hommes. Sa doctrine diffère de la doctrine générale stoïcienne en ce qu'il ne considère pas l'âme comme étant tout à fait matérielle. La raison capable de concevoir Dieu est indépendante du corps et immortelle. Il fonda à Athènes plusieurs chaires de philosophie, et il nous reste de lui des *Pensées* où se reflète la grandeur de son esprit.

MARCILE FICIN, philosophe italien, né en 1433, mort en 1499, fut le président de l'Académie platonicienne, fondée à Florence par Cosme de Médicis. Il donna une édition des œuvres de Platon et de Plotin, avec des commentaires et une traduction en latin. Avec lui commence la renaissance de la philosophie et de la science, qui devait produire l'esprit moderne.

MARCION, philosophe gnostique, né à Sinope au commencement du IIe siècle. Il mêla la philosophie stoïcienne au christianisme et fonda une véritable Eglise distincte de l'Eglise orthodoxe. Il fut combattu par Tertullien, Origène, et soutint la lutte avec une grande éloquence.

MARÉCHAL (Sylvain), philosophe du xviiie siècle (1750-1803), auteur de *Bergeries* et aussi du *Manifeste des Egaux*, où sont formulées les revendications communistes et révolutionnaires du parti de Babeuf. En 1797 et 1798 il publia des livres très hardis : *Code d'une société d'hommes sans Dieu; Pensées libres sur les prêtres;* et en 1800 il écrivit le *Dictionnaire des athées*, dont Bonaparte interdit la circulation.

MARIANA, jésuite espagnol (1537-1624), qui dans un livre célèbre : *De regis institutione*, justifie le régicide.

MARION (François-Henri), philosophe français, né à Saint-Perizeen-Viry (Nièvre), en 1846, mort en 1896. Élève de l'Ecole normale supérieure, il fut d'abord professeur de philosophie. Chargé par le conseil supérieur de l'instruction publique de divers rapports sur l'enseignement secondaire des jeunes filles, il prit, sous le ministère Ferry, une part active à l'organisation de cet enseignement, et il professa aux écoles normales de Fontenay-aux-Roses et de Saint-Cloud un cours d'éducation. La Sorbonne ayant institué un » cours complémentaire de la science de l'éducation », c'est M. Marion qui en fut chargé. Et dès lors il ne s'occupa que des questions de psychologie et de morale appliquées à la pédagogie. Ses œuvres philosophiques sont : *De la solidarité morale, essai de psychologie appliquée* (1880) ; une étude sur *Locke, sa vie et son œuvre d'après des documents nouveaux* (1878); *Leçons de psychologie appliquée à l'éducation* (1881) ; *Leçons de morale* (1882). Comme philosophe, Marion subit d'abord l'influence de Lachelier. Puis il s'attacha aux doctrines du néo-criticisme de Renouvier. Mais il fut par-dessus tout un moraliste soucieux des plus droites données de la conscience.

MARTIAN CAPELLA, philosophe scolastique, qui vécut au ve siècle. Il est l'auteur d'une sorte d'encyclopédie qui renfermait toutes les matières enseignées au moyen âge. C'est le *trivium* et le *quadrivium*. Le *trivium* comprenait : la grammaire, la logique et la rhétorique. Le *quadrivium* comprenait : l'arithmétique, la musique, la géométrie et l'astronomie.

MARTINEAU (Miss Henriette), 1802-1876, écrivain anglais née à Norwich, vécut en Amérique et se fit *unitarienne*, puis devint *agnostique*. Elle a écrit des *Lettres sur le mesmérisme* et des ouvrages de vulgarisation sur l'économie politique, ainsi qu'une autobiographie fort curieuse.

MARTINEAU (Jacques), frère de la précédente, philosophe anglais contemporain, né en 1805. Ses principaux ouvrages philosophiques sont : le *Matérialisme moderne, Heures de pensée, Essais, Spinoza.*

MARTINEZ PASQUALIS, philosophe mystique, chef de la secte des illuminés dits *martinistes*, né en Portugal et mort en 1774. Il voulut former une sorte de rite religieux avec les traditions de la cabale judaïque et des alchimistes. Le « philosophe inconnu » Saint-Martin (V. *ce nom*) reprit quelques-unes de ses idées.

MARX (Karl), socialiste et agitateur révolutionnaire allemand, né d'une famille juive de Trèves en 1814, mort à Londres en 1883, auteur d'un ouvrage célèbre sur le *Capital* et fondateur de l'*Internationale*. Marx fut professeur de philosophie à Bonn, puis journaliste. Sa polémique violente fit suspendre la *Gazette rhénane* (1843). Il se réfugia à Paris et en fut chassé en 1846. Il se rendit alors à Bruxelles et fit paraître *Misère de la Philosophie, réponse à la Philosophie de la Misère, de Proudhon* (1847), puis, avec Engels, le *Manifeste du parti communiste* (1848). Il rejeta avec dédain le socialisme humanitaire de Saint-Simon, Fourier, Cabet, pour fonder l' « école scientifique » du socialisme, qui se fonderait sur les découvertes de Darwin et Büchner, et constituerait la loi de l'individu d'après son organisme et les lois de la société ou de la vie internationale d'après les caractères des races humaines. Karl Marx prit part à l'agitation révolutionnaire de 1848 à Cologne. De nouveau expulsé, il alla vivre à Londres, dans la retraite et l'étude. En 1862, il fonda l'*Association internationale des travailleurs*, et dès lors il se consacra exclusivement à l'organisation de cette Société et à l'expansion des idées socialistes par ses congrès et l'action de son conseil central. C'est en 1869 que parut le principal ouvrage de Karl Marx : *Le Capital, critique de l'économie politique*. C'est le livre d'où procède ce qu'on a appelé le *marxisme* ou la théorie du *matérialisme historique*, acceptée aujourd'hui par toutes les écoles socialistes.

MATÉRIALISME, système de philosophie qui ne reconnaît que l'existence de la matière et, dans la question de la connaissance, rattache à la sensation l'origine de toutes nos idées. Les grands philosophes matérialistes sont : Démocrite, Leucippe, Epicure, Gassendi, Hobbes, Helvétius, d'Holbach, Condillac, Büchner, Moleschott, Charles Vogt, la plupart des positivistes et des psychologues de l'école expérimentale. (V. SYSTÈMES.)

MATÉRIALISTE, philosophe partisan du matérialisme.

MAUDSLEY (Henry), médecin philosophe anglais contemporain, né en 1835. Il a écrit des ouvrages de psychologie physiologique : *Physiologie de l'esprit* (1879), *Pathologie de l'esprit* (1883), et *Responsabilité dans les maladies mentales*.

MAXIMES DE LA ROCHEFOUCAULD (V. *ce nom*), œuvre de morale (1665) qui rapporte toutes les actions et tous les sentiments à l'égoïsme, à l'intérêt personnel ou, comme dit l'auteur, à l'*amour-propre*.

MAXIMES DE VAUVENARGUES. (V. *ce nom*.)

MAZDÉISME. (V. ZOROASTRE.)

MÉGARIQUES, philosophes de l'école de Mégare, fondée par Euclide. Les principaux représentants de cette école furent, après Euclide, Ichthyas, Eubulide, adversaire d'Aristote, Pasiclès, Diodore Cronos, Stilpon de Mégare. Ils soutiennent que la réalité n'appartient qu'à l'unité, et ils nient le mouvement de la pensée et la valeur du jugement. Les mégariques, comme Zénon d'Elée, s'attachèrent surtout à réduire à l'absurde les opinions de leurs adversaires. Ils inventèrent des arguments captieux, tels que le *menteur*, le *tas de blé*, le *chauve*, et leur subtilité leur mérita le nom d'*école éristique*, c'est-à-dire de disputeuse.

MÉLANCHTHON, philosophe allemand, né en 1497, mort en 1560. Il fut, avec Luther et Calvin, le promoteur de la réforme religieuse.

D'abord professeur de littérature antique, il se consacra bientôt, gagné par Luther, à la propagation des idées réformatrices. Il étudia la Bible et jugea la profonde différence qu'il y a entre la vraie doctrine chrétienne et le dogme catholique. Pourtant la douceur de son caractère et la bonté de son cœur le portèrent toujours à la conciliation plus qu'à la révolte, et jusqu'à sa mort il souhaita un rapprochement entre la Réforme et Rome, « l'union de l'Eglise ». Mélanchthon apparaît donc comme un homme de piété et de tendresse mystique, plutôt que comme un penseur et un philosophe.

MÉLISSUS, de Samos, philosophe grec de l'école d'Elée, florissait vers 444 avant J.-C. Il expose une doctrine analogue à celle de son maître Parménide, mais il considère l'unité comme matérielle et la confond avec le monde.

MENAISIENNE (Ecole), ou Ecole Lamenaisienne. On désigne par là le groupe des disciples de Lamennais (V. *ce nom*), dont les plus célèbres furent Lacordaire, Montalembert et Maurice de Guérin.

MENCIUS, non latinisé de Mengtseu. (V. CHINOIS [philosophie des].)

MÉNÉDÈME LE CYNIQUE, philosophe grec de l'école cynique, vivait vers 250. Il n'exposa pas une autre doctrine que celle d'Antisthène et fit, comme son maître, profession de n'estimer aucun bien matériel et de n'accorder de dignité qu'à la volonté.

MÉNÉDÈME, d'Erétrie, philosophe grec de l'école d'Erétrie ou d'Elis, vivait 300 ans avant J.-C. On ne sait rien de positif sur lui. On lui attribue des propositions qui peuvent aussi bien appartenir aux mégariques, dans lesquelles il nie la possibilité du jugement.

MÉNIPPE LE SATIRIQUE, philosophe grec de l'école cynique. Il vivait vers 250. Sa doctrine n'offre aucune originalité : il reproduit simplement les doctrines de son école

MÉNODOTE, philosophe grec de l'école des sceptiques. Il vécut vers la fin du 1er siècle. Il fut le disciple de Pyrrhon.

MERSENNE (le Père), 1588-1648, savant religieux, ami de Descartes, dont le nom et les travaux sont étroitement unis à l'histoire de la philosophie cartésienne.

MESMER (1733-1815), médecin allemand, fondateur de la théorie du magnétisme animal, connue sous le nom de mesmérisme.

MESMÉRISME, doctrine de Mesmer, qui signala l'existence d'un fluide magnétique animal, et qui prétendit soumettre ce magnétisme à l'action des aimants, en modifier les courants par diminution ou accélération, et s'en servir comme d'un moyen thérapeutique.

MÉTAPHYSIQUE, partie de la philosophie qui étudie les idées universelles et abstraites conçues par la raison pure et qui échappent à l'observation. Les grands métaphysiciens sont Platon, Aristote, Descartes, Malebranche, Leibnitz, Kant.

MÉTAPHYSIQUE ou **PHILOSOPHIE PREMIÈRE**, célèbre ouvrage d'Aristote, qui a donné son nom à l'étude des premiers principes et des premières causes. Les premiers éditeurs d'Aristote avaient réuni sous le nom de *meta ta physica*, ou œuvres à placer *après la physique*, certains écrits dont l'objet transcendant dépassait l'expérience. De là le nom adopté depuis de *métaphysique*.

MÉTHODE (Discours de la), célèbre ouvrage de Descartes (V. *ce nom*) qui parut en 1637 et renouvela entièrement la philosophie ainsi que toutes les méthodes de recherche scientifique.

MÉTRODORE DE CHIO, disciple de Démocrite, fut le maître d'Anaxarque d'Abdère, qui fut lui-même le maître de Pyrrhon. Il va déjà nettement à l'extrême scepticisme. Diogène Laërce lui fait dire : « Je ne sais pas même si je ne sais rien », et Cicéron rapporte de lui ces paroles : « Nous ne pouvons pas savoir si nous savons quelque chose ou si nous ne savons rien, pas même ce que c'est que savoir ou ne savoir pas, ni s'il existe quelque chose ou s'il n'existe rien. »

MÉTRODORE, philosophe grec de l'école épicurienne, vécut environ entre l'an 420 et l'an 337 avant J.-C. Il est surtout connu pour avoir été l'ami et le disciple préféré d'Epicure.

MILL (James), philosophe anglais, né en 1773, mort à Kensington en 1836. Il fut un partisan de la doctrine positive. Il s'efforça d'élever son fils Stuart Mill selon cette doctrine, en écartant de lui toute influence mystique ou religieuse.

MILL (John-Stuart), philosophe anglais, né à Londres en 1806, mort à Avignon en 1873.

Dans son *Système de logique déductive et inductive*, il essaie de faire pour l'induction ce qu'Aristote a fait pour le raisonnement déductif, c'est-à-dire de ramener le procédé inductif à des règles précises et à un critérium scientifique. Il associa, dans cet effort, le positivisme avec l'esprit psychologique traditionnel en Angleterre, et renouvela la philosophie de Hume.

Il admet, avec son prédécesseur, que toutes nos idées viennent des sens, et que les formes de la connaissance, ou les liaisons que nous concevons entre les idées, sont le résultat du concours de l'expérience et de certaines habitudes de penser qui se sont formées dans l'esprit. Mais il pousse plus loin la théorie du philosophe écossais ; il montre comment les formes empiriques de la connaissance peuvent présenter les caractères scientifiques de la nécessité et de l'universalité, et comment elles donnent naissance aux principes des sciences.

Le principe d'identité est né de l'utilité et de la nécessité qu'ont les hommes de se comprendre. Il est le nerf du raisonnement mathématique dont les notions furent à l'origine empiriques. Il est aussi le principe essentiel du syllogisme qui, selon Stuart Mill, n'est qu'une tautologie.

Le raisonnement le plus fécond, le véritable instrument de la science, est le raisonnement inductif, qui repose sur l'idée de causalité.

Mill reprend la discussion de l'origine et de la nature de cette idée au point où Hume l'a laissée. Il l'expurge, comme l'avait fait son prédécesseur, des idées obscures de force et d'énergie; il réduit scientifiquement la causalité à une simple succession inconditionnelle; mais il est original en ce qu'il explique la *croyance* à la *nécessité* du principe de causalité. Dès le début, l'esprit s'est livré à de simples inférences, et il a contracté ainsi l'habitude d'attendre un phénomène à la suite d'un autre phénomène; l'expérience, par les successions qu'elle présente, s'est ensuite chargée d'elle-même d'entretenir et de fortifier

Stuart Mill.

cette habitude, en sorte qu'elle est devenue invétérée. C'est pourquoi, quand il se présente par la suite une succession particulière, l'esprit, en vertu de cette habitude, lui confère le caractère de la nécessité.

Cette habitude est subjective; c'est une simple manière de penser. Aussi ne pouvons-nous dire qu'il y ait réellement une liaison nécessaire entre les faits. Tout ce qu'il est permis d'avancer, c'est que dans une succession, il y a un fait antécédent, qui est la seule condition du suivant, et qui le précède *inconditionnellement*. Il appartient au savant de le déterminer. Il est possible, dit en substance Stuart Mill, qu'il existe un monde où la causalité soit inconnue; si nous avions vécu dans ce monde, nous aurions acquis d'autres façons de penser; l'idée de la nécessité causale s'évanouirait dans notre esprit ou n'aurait pas pris naissance. Mais tant que nous vivrons dans le monde où nous sommes, les mêmes expériences laisseront dans tous les esprits les mêmes enseignements. Nous continuerons tous de former les mêmes associations d'idées.

La doctrine de Stuart Mill laisse, on le voit, la porte ouverte au scepticisme, et comme la croyance à l'existence *a priori* et à la nécessité des principes de la raison peut seule nous permettre d'affirmer qu'il y a en dehors de nous des objets qui répondent à nos idées, nous sommes forcés de rester dans les limites de l'idéalisme subjectif. Stuart Mill explique en effet, comme Hume, la notion de substance par l'association des idées et l'habitude. Les objets ne sont plus au regard de l'esprit que des collections de sensations et ils n'ont plus que la possibilité de l'existence.

Au point de vue de la connaissance, il faut en conclure que le savoir humain est limité à l'ordre des phénomènes. Stuart Mill se range ainsi du côté du positivisme français, représenté par Auguste Comte. Il affirme encore cette manière de voir dans son livre sur la *Philosophie de Hamilton*, dans lequel il fait des remarques judicieuses sur certains phénomènes psychologiques, et où il montre un esprit critique pénétrant.

Hume ne s'était pas attaqué aux principes de la morale. Stuart Mill s'efforce, dans son livre sur l'*Utilitarisme*, de démontrer qu'ils ont pris naissance dans l'expérience, et il recherche leur origine empirique. Ainsi que Bentham, il admet que l'intérêt bien entendu est le mobile des actions des hommes; mais il rejette la mathématique morale de son prédécesseur. Les plaisirs ne lui paraissent pas susceptibles de mesure; ils diffèrent plutôt par la qualité. Les uns sont bas et grossiers, les autres sont nobles et dignes. Ce sont les derniers qu'il faut rechercher; il vaut mieux, dit-il, être un Socrate malheureux qu'un pourceau satisfait. Enfin, et c'est là l'originalité de sa doctrine, il reconnaît l'importance des idées morales telles que le devoir, la responsabilité et la sanction, que Bentham niait simplement. Mais ce ne sont pas des idées *à priori*. Elles dérivent de l'intérêt bien entendu et de l'expérience ; ce sont des préceptes moraux qu'engendre, dans notre esprit, la vie sociale. En effet, l'homme vit en société et il a des instincts sociaux aussi puissants par la suite que ses instincts individuels. Il les satisfait en se sacrifiant, pour ainsi dire, à l'intérêt général, en agissant conformément au devoir. Mais comment se reconnaît-il obligé d'agir ainsi, puisque l'intérêt est le seul mobile de nos actions ? C'est parce que la vie sociale est un bien pour lui, qu'il doit s'efforcer de la sauvegarder et de la fortifier. Il a, de plus, remarqué que les actions qu'il accomplissait en vue de l'intérêt général lui rapportaient davantage. Il a donc associé dans son esprit l'idée de son propre bonheur à l'idée du bonheur de ses concitoyens et il a fini par s'oublier lui-même et par prendre pour règle d'action l'idée de l'intérêt général, assuré qu'il est d'en profiter individuellement au centuple. C'est ainsi que l'idée du devoir ou de l'obligation morale a pris naissance dans son esprit. Quant aux idées de responsabilité et de sanction, elles ont la même origine. Elles résultent de la réaction du milieu social, qui se manifeste par la récompense ou le châtiment à l'occasion de nos propres agissements.

Stuart Mill, de même que tous les philosophes anglais, accorde une large importance à l'organisation de la société. Il la considère comme nécessaire à l'épanouissement de la vie morale. Il demande qu'une éducation spéciale y prépare fortement les esprits et il va même jusqu'à réclamer l'établissement d'une religion de l'utilitarisme social. Ses tendances politiques sont naturellement en harmonie avec sa doctrine morale. Il se montre, en faveur de l'Etat, l'adversaire de l'individualisme.

MOLESCHOTT (Jacob), naturaliste et philosophe hollandais, né en 1822. D'abord médecin à Utrecht, il alla ensuite professer à Heidelberg, à Turin, à Rome, la physiologie et l'anthropologie. C'est un des plus résolus partisans des doctrines matérialistes, auxquelles il a apporté l'autorité d'un savoir immense.

MOLINA (1535-1601), jésuite espagnol dont la doctrine sur la grâce ou *molinisme* s'opposa au *jansénisme* dans le débat philosophique et religieux auquel prirent part Arnauld et Pascal. (V. *ces noms*.)

MOLINOS (1627-1696), théologien espagnol, dans les ouvrages duquel se révèle le germe du *quiétisme*. (V. *ce nom* et FÉNELON.)

MONISME, système philosophique qui affirme l'unité de la force et de la matière. C'est le savant naturaliste allemand Hœckel (V. *ce nom*) qui a créé le mot et qui a exposé la doctrine dans une conférence : le *Monisme, lien entre la Religion et la Science*, traduite en français et publiée par M. Vacher de Lapouge (1897).

MONOTHÉISME, doctrine religieuse qui n'admet qu'un seul Dieu. Le judaïsme et le christianisme furent les seules religions monothéistes.

MONOTHÉISTE, celui qui professe la croyance en un seul Dieu.

MONTAIGNE (Michel-Eyquem de), philosophe français, né au château de Montaigne en 1533, mort à Bordeaux en 1592.

Il a repris dans ses *Essais* les arguments des anciens sceptiques, et à toutes les questions que son esprit se pose, il répond : « Que sais-je? » Le doute lui fut souvent « un mol oreiller » à l'époque troublée où il vivait et au moment des guerres religieuses.

Son livre, qu'il écrivit pour lui-même, dans une langue charmante, spirituelle et savoureuse, est plein de remarques fines, d'aperçus originaux sur les sentiments humains, de jugements malicieux et délicats, en même temps que de pensées nobles et élevées.

Ce serait pourtant se méprendre, que de tenir Montaigne pour un sceptique absolu. Il se moqua des vains dogmatismes, de l'orgueil de la raison, de la prétention de la plupart des hommes à résoudre des questions insolubles, et le plus souvent inutiles, ou bien à énoncer les solutions comme si elles étaient certaines. Mais cette sorte de scepticisme, qui aboutit en somme ne rien affirmer dont on ne soit

Michel de Montaigne.

sûr, est plutôt une leçon de sagesse.

En ce qui est de la morale, Montaigne ne s'en fait pas non plus accroire. Il admire Socrate, Caton, mais il s'excuse et excuse le vulgaire de ne pas s'élever à leurs vertus.

MONTESQUIEU, philosophe français, né à la Brède le 18 janvier 1689, mort à Paris en 1755.

Il représente au xviiie siècle l'esprit rationaliste. Sa philosophie est surtout sociale. Il écrivit d'abord les *Lettres persanes*, œuvre d'une grâce légère, où il raille les coutumes et les mœurs de ses contemporains, puis le livre intitulé : *Grandeur et décadence des Romains*, où il montre que Rome dut sa gloire à la force de ses institutions.

Mais son ouvrage capital est l'*Esprit des lois*, où il fait une étude positive des organisations sociales, des gouvernements et des lois. « Les lois, dit-il, sont les rapports nécessaires qui dérivent de la nature des choses... La vraie loi de l'humanité est la raison humaine en tant qu'elle gouverne tous les peuples de la terre... ; dire qu'il n'y a rien de juste ni d'injuste que ce qu'ordonnent ou défendent les lois positives, c'est dire qu'avant qu'on eût tracé des cercles, tous les rayons n'étaient pas égaux. » Tels sont les caractères universels et nécessaires qui conviennent aux lois, envisagées au point de vue de la raison. Cependant, leur variété, leur multiplicité est aussi l'effet de causes matérielles, générales et diverses, que Montesquieu signale avec une grande autorité. Il reconnaît l'*influence des milieux* sur les institutions politiques, et il n'admet pas que les mêmes lois conviennent à tous les peuples. Après avoir examiné les différentes formes de gouvernements et montré que la monarchie repose sur l'idée du *point d'honneur*, et la forme républicaine ou démocratique sur la *justice*, il propose comme idéal un gouvernement mixte, dont il emprunte le modèle à l'Angleterre. Il réclame une constitution libre, où nul gouvernement ne puisse abuser de l'autorité. Il insiste, à ce sujet, sur le principe de la *séparation des pouvoirs* (le judiciaire, le

De Montesquieu.

politique et l'exécutif) et de leur mutuel équilibre.

MONTLOSIER (François-Dominique de Reynaud, comte de), né à Clermont-Ferrand en 1755, mort en 1838. Il est célèbre, comme polémiste, par le *Mémoire à consulter* (1826) et par la *Lettre d'accusation* (1828), deux libelles très vifs dirigés contre les jésuites.

MORALE, partie de la philosophie qui explique les notions de bien et de mal et établit les règles de la vie. Les grands philosophes qui ont exposé une doctrine sont : Socrate, Zénon et les stoïciens, Sénèque, les théologiens du christianisme, Montaigne, Pascal, Nicole, Rousseau, Kant, Auguste Comte, Stuart Mill, Proudhon, Guyau.

MORALE A NICOMAQUE, un des plus beaux traités d'Aristote.

MORALE (Essais de), ouvrage du janséniste Nicole.

MORALE (Principes métaphysiques de), par Kant (1785). L'ouvrage comprend les *Devoirs envers soi-même* et les *Devoirs envers autrui*.

MORALE INDÉPENDANTE, doctrine qui fonde la morale sur la seule idée du bien, immanente à la conscience humaine, et sur la loi de notre nature, en dehors de tout dogme et en dehors même de l'idée de Dieu. Cette doctrine est déjà dans la philosophie de Kant, qui place le principe de la morale dans le respect et le développement de la personnalité humaine. Auguste Comte la compléta en soutenant que les règles morales doivent être établies d'après la seule expérience. Ce qui convient aux fonctions de notre nature et au progrès de notre conscience et de notre vie, c'est cela qui est notre morale, et nous avons un sens moral pour le discerner. Quant à la sanction, elle ne peut être que dans l'augmentation ou la diminution de notre personnalité, dans le mérite même ou dans le démérite.

MORALISTE, philosophe qui observe et juge les mœurs en rappelant les doctrines morales. Les plus célèbres moralistes sont : Théophraste, Plutarque, Lucien, Marc-Aurèle, Sénèque, l'auteur du *Manuel d'Epictète*, Montaigne, Pascal, La Rochefoucauld, La Bruyère, Voltaire, Vauvenargues, Joubert.

MORALE SANS OBLIGATION NI SANCTION (Esquisse d'une), ouvrage du philosophe Guyau (1884), où est exposée la théorie d'une morale positive fondée sur la science.

MORELLET (L'abbé), né à Lyon en 1727, mort à Paris en 1819. Il fut l'ami de Turgot, dont il propagea les idées, et un habitué des cercles et salons philosophiques. Il tradui-

sit le *Traité des délits et des peines*, de Beccaria, et souvent il eut à défendre les philosophes contre les gens d'Eglise.

MORELLY, écrivain du XVIIIe siècle, né à Vitry-le-François. On a de lui divers ouvrages socialistes ou même communistes. Son *Code de la nature* a été souvent attribué à Diderot.

MORRIS (William), poète anglais né en 1834, mort en 1897. Il a célébré dans ses vers le peuple et le socialisme, particulièrement dans un chant socialiste : *Le jour vient!*

Thomas Morus.

Et il a, d'autre part, en artiste peintre et en démocrate, créé un art social de décoration et d'ameublement populaire. Il a été ainsi un excellent éducateur du peuple.

MORUS (Thomas), philosophe anglais, né en 1480, mort en 1535. Dans un livre intitulé : *Utopia, sive de optimo reipublicæ statu*, il fait l'exposé d'une sorte de communisme où, sur quelques points, il dépasse les hardiesses de Platon. Esprit intègre, il refusa d'approuver les réformes religieuses d'Henri VIII, dont il était garde des sceaux. Il fut condamné à mort et décapité.

MÜLLER (Max), orientaliste anglais d'origine allemande, né à Dessau en 1823. Ses études sur l'histoire des religions le classent parmi les grands penseurs de ce temps.

MUSONIUS RUFUS, philosophe latin de l'école stoïcienne, au premier siècle de notre ère. Néron l'exila de Rome.

MYSON DE CHÊNES est cité par Platon, dans le dialogue intitulé Protagoras, comme ayant été l'un des sept sages de la Grèce,

N

NATURE DES CHOSES (De la), poème de Lucrèce. (V. ce nom.) On y trouve une admirable exposition du système d'Epicure.

NATURALISME, système philosophique qui rapporte toutes choses à la nature comme à leur premier principe, en rejetant la notion de Dieu.

NATURISME, système de quelques philosophes et artistes qui veulent la vie ou l'art conforme à la nature et à ses règles.

NAUSIPHANE DE TÉOS (IVe siècle avant J.-C.). D'abord disciple de Pyrrhon, il se rallia plus tard à la doctrine de Démocrite et fut l'un des maîtres d'Epicure.

NAVILLE (François-Marc-Louis), philosophe et pédagogue suisse, né à Genève en 1784, mort en 1846. Il fut d'abord pasteur. Puis il s'adonna à la philosophie et à l'éducation. Il professa et répandit les idées de Maine de Biran, s'attachant à un éclectisme pénétré de préoccupations morales.

NAVILLE (Jules-Ernest), fils du précédent, né à Chaney en 1816. Il a écrit un beau livre sur Maine de Biran, sa vie et ses pensées (1857). Ses leçons de philosophie à l'Université de Genève ont été très suivies et ont donné lieu à de vives polémiques.

NÉO-PLATONICIENS (Ecole des). On donne ce nom aux philosophes de l'école d'Alexandrie, qui renouvelèrent la doctrine de Platon en lui donnant une apparence mystique. Ces philosophes sont les disciples de Plotin. Les plus célèbres furent Porphyre, Syrianus, Simplicius, Philippon et Proclus. Justinien ferma l'école en 529. Ses derniers représentants s'enfuirent en Perse.

NEWTON, philosophe et savant anglais (1642-1727). Il mêla la philosophie à la science. Il tira de la nature infinie de l'espace un argument en faveur de l'existence de Dieu. Il soutint contre Descartes l'existence du vide.

NICOLAS DE CUSA, philosophe italien, né en 1401, mort en 1464. Il commenta les dialogues de Platon, fit connaître certains ouvrages d'Aristote. Il fut un des promoteurs de la renaissance philosophique.

NICOLE (Pierre), philosophe et moraliste français, né à Chartres en 1625, mort à Paris en 1695. Il fut un des maîtres les plus renommés de l'école de Port-Royal. La Logique de Port-Royal est en grande partie son œuvre.

NIETZCHE (Frédéric), philosophe allemand, né à Röcken en 1844. Il fut d'abord professeur de philologie et publia des travaux philologiques et littéraires, entre autres la Naissance de la tragédie (1872). Plus tard, il s'adonna à la philosophie, étudia l'œuvre de Schopenhauer et écrivit les Considérations inactuelles, dans l'une desquelles il rend hommage au maître qui avait ouvert son esprit aux idées philosophiques. Les autres ouvrages sont : la Gaie science (1881-1882), Ainsi parlait Zarathoustra (1881-1885), Par delà le Bien et le Mal (1885-1886), la Généalogie de la morale (1887), le Crépuscule des Idoles (1888), l'Antechrist (1888), Nietzche contre Wagner (à propos de la rupture qui sépara le philosophe et le grand musicien, liés d'abord par une profonde amitié). Dans un style plein de lyrisme, Nietzche a proclamé la doctrine du développement individualiste, de l'augmentation de la vitalité, de l'effort par lequel l'homme doit se dépasser sans cesse lui-même, en tenant pour bien tout ce qui aide la vie, et pour mal tout ce qui est nuisible à la vie. Il a, selon ses propres termes, « enseigné le Surhomme », c'est-à-dire la théorie d'un être surhumain auquel les « hommes supérieurs » d'à présent s'élèveront par la douleur, par le dégoût de la multitude, par le renoncement à l'idéal chrétien, ascétique et démocratique. Une telle philosophie peut paraître justifier la férocité des pires égoïsmes ; du moins faut-il remarquer que Nietzche n'appelle à la surhumanité qu'une élite d'« hommes supérieurs », et qu'il renvoie les médiocres à la foi et à l'esclavage. C'est une doctrine d'aristocratie intellectuelle plutôt que de brutal égoïsme.

NOMINALISME, système philosophique qui ne reconnaissait aucune existence réelle aux êtres abstraits, genres et espèces, et les tenait pour de simples mots ou des noms (*flatus vocis*). Au nominalisme était opposé le réalisme (V. *ce nom*), et l'histoire de la scolastique est pleine des disputes soulevées par cette question de la réalité des idées. Les principaux philosophes nominalistes furent Roscelin, Abailard, Hugues de Saint-Victor, Pierre Lombard.

NOMINAUX, partisans du nominalisme.

NOUVELLE ACADÉMIE. (V. ACADÉMIE, PROBABILISME.)

NONNOTTE (1711-1793), jésuite français, célèbre par ses polémiques avec Voltaire, qui joint son nom par moquerie à celui de Patouillet, autre jésuite ennemi du grand écrivain.

NORDAU (Max-Simon), né à Pesth en 1849, médecin et philosophe. Il a publié de nombreuses études de physiologie et de critique littéraire ou sociale. Une comédie : les *Nou-*

veaux journalistes (1880) ; un drame : la *Guerre des millions* (1882) ; une thèse de doctorat soutenue devant l'Université de Paris ; la *Castration de la femme* (1882) ; un livre de très pénétrante critique : les *Mensonges conventionnels de notre civilisation* (1883), enfin ses *Paradoxes* (1885), et sa théorie audacieuse et même bizarre sur le génie, qui ne serait qu'une autre forme de la folie ou de l'exaspération cérébrale, théorie exposée dans un livre très riche d'observations et de documents : *Dégénérescence*, peuvent le faire tenir pour un des esprits les plus vigoureux et les plus profonds de ce temps.

NOURRISSON (Jean-Félix), 1825-1899, philosophe français, dont les nombreux travaux se rapportent presque tous à l'histoire de la philosophie et à la littérature philosophique. Ils sont inspirés par l'esprit du spiritualisme chrétien et même de l'orthodoxie catholique. Les plus importants sont : *Essai sur la philosophie de Bossuet* ; le *Cardinal de Bérulle* ; *Tableau des progrès de la pensée humaine depuis Thalès jusqu'à Hegel* ; la *Philosophie de Leibnitz* ; la *Philosophie de saint Augustin* ; *Spinoza et le naturalisme contemporain* ; les *Philosophes de la nature*.

NOVUM ORGANUM, ouvrage philosophique de *François Bacon* (V. *ce nom*) formant le second livre de son grand traité *Instauratio magna*. Il y expose la *nouvelle méthode* pour l'interprétation de la nature, c'est-à-dire la méthode analytique, expérimentale et inductive, dont Stuart Mill devait donner de nos jours la théorie complète et rigoureuse. (V. STUART MILL.)

O

OCCAM (V. GUILLAUME D'OCCAM).

OCELLUS DE LUCANIE, philosophe grec. On ne sait rien de positif sur lui, sinon qu'il fut le disciple de Pythagore.

OPTIMISME, système philoso-

phique qui considère le monde tel qu'il est comme le meilleur monde possible, et plus généralement opinion de ceux qui sont enclins à se contenter de ce qui arrive. Platon, l'école Alexandrine, saint Anselme, saint Thomas-d'Aquin, Descartes, Malebranche, et surtout Leibnitz, sont les plus illustres philosophes optimistes.

OPTIMISTE, philosophe partisan de l'optimisme ou homme porté à se montrer satisfait des choses présentes.

ORGANON, ouvrage célèbre d'Aristote. (V. *ce nom.*)

ORIGÈNE, philosophe grec de l'école d'Alexandrie (185-253). Il accepte la doctrine néo-platonicienne, tout en n'étant pas d'accord avec Platon sur la nature de Dieu. Origène mit au service de l'Eglise chrétienne ses connaissances philosophiques, et son grand effort fut de concilier le christianisme avec les doctrines de Platon. C'est un des plus grands docteurs et Pères de l'Eglise.

ORPHIQUES (Poèmes), ouvrages grecs attribués à Orphée, mais qui sont beaucoup plus récents. Il y a parmi eux un traité sur les vertus magiques des pierres. Ces ouvrages sont intéressants pour l'histoire de l'occultisme antique.

OSARIO, célèbre philosophe et théologien portugais (1506-1580).

OSWALD, philosophe anglais de l'école écossaise. Disciple de Reid, il fait appel au sens commun pour combattre la doctrine de Hume et il essaie de limiter la philosophie aux questions importantes de la psychologie.

P

PANÆTIUS, de Rhodes, philosophe grec de l'école stoïcienne, du II⁰ siècle av. J.-C. Il fut à Athènes le successeur d'Antipater, l'ami de Scipion Africain. Sous l'influence de Platon et d'Aristote, il modifia la doctrine stoïcienne. Il la rendit moins exclusive, moins austère et plus humaine.

PANDORE, première femme créée par Vulcain. D'après la mythologie païenne, Jupiter la donna pour épouse à Epiméthée, le premier homme, et lui confia une boîte où tous les maux étaient enfermés. Epiméthée ouvrit la boîte fatale, et tous les maux envahirent le monde. D'où le nom de *boîte de Pandore* donné à tout ce qui peut devenir funeste.

PANGLOSS (Le docteur), personnage de *Candide*, œuvre de Voltaire. Ce fameux docteur trouve toujours que « tout est pour le mieux dans le meilleur des mondes ».

PANTHÉISME, système philosophique qui considère Dieu comme l'universalité des êtres, ou comme l'âme du monde, ou comme la substance unique et éternelle à laquelle participent tous les êtres, ou comme la force universelle qui se meut et vit en chaque être. Les grands philosophes panthéistes sont Plotin, Spinoza, Hegel. (V. SYSTÈMES.)

PANTHÉISTE, philosophe qui admet le panthéisme.

PARACELSE, philosophe et médecin suisse, né à Einsiedeln (canton de Schwitz) en 1493, mort en 1541. Philosophe original et aventureux, il est un de ceux qui préparèrent la renaissance des sciences, tout en s'égarant dans l'alchimie et l'astrologie.

PARMÉNIDE, philosophe de l'école d'Elée. Il naquit à Elée et reçut les leçons des pythagoriciens et de Xénophane. Il vint à Athènes avec son disciple Zénon, vers 154 avant J.-C., et il fit une grande impression. Parménide exagère la doctrine de Xénophane, son maître; il nie tout devenir, toute multiplicité, et il ne reconnaît d'existence et de réalité qu'à l'unité, à l'Etre un, immuable et éternel.

Dans la première partie de son livre, intitulée : *Ce qui se rapporte à la vérité*, et qui est une théorie de la vérité, il dit : « On ne peut connaître ni exprimer le non-être; il ne reste donc plus qu'une voie : poser l'Etre et dire : il est. » Dans la seconde partie, intitulée : *Ce qui se rapporte à l'opinion*, il fait une concession au sens commun et il expose sa doctrine sur l'apparence, c'est-à-dire sur ce qui est phénomène et connu par les sens.

PARNY, poète philosophique et érotique français, né à l'île Bourbon (1753-1814). Il a écrit un pamphlet contre la crédulité religieuse : la *Guerre des dieux*.

PAROLES D'UN CROYANT, ouvrage célèbre de Lamennais.

PASCAL, philosophe et savant français, né à Clermont-Ferrand le 19 juin 1623, mort à Paris le 19 août 1662.

Au début, Pascal est animé d'un esprit tout cartésien; il a une grande foi dans la puissance de la raison humaine et dans l'avenir de la science. Il fait lui-même, en physique, des expériences et des découvertes fameuses (la pesanteur des gaz, la presse hydraulique, etc.) en appliquant la méthode positive de Descartes à la résolution des problèmes fournis par l'expérience. Dans le *Fragment d'un traité du vide*, il répudie les qualités occultes et les superstitions de la scolastique, auxquelles il oppose la raison.

Analyste subtil du cœur humain, il applique encore la même méthode rationnelle à l'étude des sentiments. Dans le *Discours sur les passions de l'amour*, il recherche l'origine des passions et il les défend avec des arguments analogues à ceux de Descartes; il les considère comme les mobiles qui suscitent les grandes actions.

Très lié avec les solitaires de Port-Royal, Pascal s'était jeté dans les luttes religieuses d'alors, en prenant parti pour les jansénistes. Dans les *Lettres à un provincial*, il attaque la morale des jésuites et le système des restrictions et des compromissions de conscience. Il dénonce leur théorie monstrueuse sur le péché et le crime, qui consiste à dire que la fin justifie les moyens; il examine le problème de la grâce, qu'il résout dans le sens janséniste (c'est-à-dire selon le point de vue d'Arnauld), avec une grande élévation d'esprit, et il mène le débat avec une ironie froide et mordante qui gagne le public à sa cause.

Mais, les souffrances, la maladie, réveillèrent le sentiment religieux très vif qui sommeillait en Pascal. Il entra à Port-Royal et l'accident de Neuilly eut pour effet, par la suite de l'émotion qu'il en ressentit, de le rendre mystique. C'est à cette inspiration nouvelle que nous devons les *Pensées*, ouvrage fragmentaire où Pascal fait preuve d'une sensibilité extrême, d'une science merveilleuse du cœur et des sentiments, d'une imagination puissante, d'une éloquence heurtée dans ses mouvements, en même temps, âpre et forte. L'unité de la pensée n'apparaît pas dans les détails, mais on peut avoir la clef de

Pascal.

l'ouvrage et du but poursuivi par Pascal, en se rapportant à l'*Entretien avec M. de Sacy*. Il y fait à la fois le procès de la raison et du scepticisme. Il rabaisse l'orgueilleuse vanité de l'esprit humain qui prétend tout connaître et se passer de la foi. Il le montre rempli de contradictions et incapable de faire une science complète et de se concilier le bonheur. D'autre part, il ne le juge pas, comme Montaigne, absolument impuissant à connaître la vérité. Nous trouverons le repos dans la croyance religieuse. L'homme est un être déchu, de là sa petitesse et sa grandeur. Seule la révélation nous apaise en nous faisant connaître notre véritable nature et notre origine. Le bonheur, le salut est dans la foi et dépend de la grâce divine.

PATRIZZI, philosophe italien, né en Dalmatie en 1529, mort en 1597.

Il dut à l'évêque de Chypre Mocenigo et à Montecatinus de s'instruire. Il obtint du duc de Ferrare une chaire de philosophie, qu'il occupa pendant dix-sept ans, et vint à Rome où il fut appelé par le pape Clément VIII. Dans son *Discussionum peripateticarum libri quatuor* et dans son *Aristoteles exotericus*, il attaque la philosophie d'Aristote, conteste l'authenticité de ses ouvrages et essaie de montrer qu'il est inférieur à Platon. Il exalte, au contraire, dans sa *Nova de universis philosophia*, la doctrine platonicienne à laquelle il mêle des idées orientales.

PAUL (Saint), mort vers l'an 66, fut le grand apôtre et le véritable fondateur du christianisme. Renan a écrit une très belle étude critique sur cet apôtre sous ce titre : *Saint Paul.* Nous devons signaler aussi l'*Apôtre Paul*, de M. Auguste Sabatier.

PÉCAUT (Félix), philosophe et écrivain pédagogique français, né à Salies (Basses-Pyrénées), en 1828, mort en 1898. Élève de la Faculté de théologie de Montauban, il eut pour maître Adolphe Monod. Puis il alla en Allemagne suivre les cours des universités de Bonn et de Berlin. En 1859, il publia le *Christ et la conscience*, ouvrage par lequel il se séparait de l'orthodoxie protestante, en rejetant la doctrine de l'inspiration divine de la Bible et en ne voulant reconnaître en Jésus qu'un grand initiateur religieux, et non point une personnalité divine ou absolument sainte. Ce livre est devenu la doctrine fondamentale des protestants libéraux en France. Félix Pécaut fit paraître, en 1864, un autre ouvrage : l'*Avenir du théisme chrétien*, qui expose les conclusions extrêmes du protestantisme libéral et affirme la supériorité morale de la religion rationnelle et dégagée de tout surnaturalisme. Ce qui caractérise ces œuvres de philosophie chrétienne, c'est une profonde sincérité religieuse et un extraordinaire mélange d'esprit critique et d'esprit mystique.

Tout en poursuivant par des conférences sa campagne de réforme religieuse, Félix Pécaut luttait dans la presse contre le retour des idées cléricales et pour la république libérale. Il écrivait dans le *Temps*, de 1871 à 1879, des *Lettres de province* qui avaient surtout pour objet les réformes scolaires. Ces lettres ont été réunies en volume sous ce titre : *Études au jour le jour sur l'éducation nationale* (1879). Les justes et sages critiques faites par Félix Pécaut, ainsi que ses idées rénovatrices, le désignèrent au choix de Jules Ferry pour une mission pédagogique en Italie, et ensuite pour l'inspection générale de l'enseignement primaire (1880). Il s'attacha surtout à l'organisation de l'école de Fontenay-aux-Roses et à la formation de professeurs femmes pour les écoles normales. Les conférences pédagogiques et morales de Fontenay ont laissé un impérissable souvenir. Entre temps il collaborait au *Dictionnaire pédagogique* de M. Buisson et à la *Revue pédagogique*.

L'œuvre et l'influence de Félix Pécaut sur les esprits de notre temps ont été considérables. Il voulait que l'enseignement fût surtout une éducation intellectuelle et morale, et que le maître d'école se fît éveilleur des intelligences et des consciences. A son sens, les méthodes pédagogiques devaient tendre moins à remplir les cerveaux d'un fatras de connaissances qu'à former des esprits libres, curieux, actifs, capables de s'intéresser à tout et de tout comprendre. L'éducation devait être *laïque*, c'est-à-dire *non confessionnelle*, parce qu'elle est l'éducation publique, l'éducation de tous les citoyens.

Dans un dernier volume paru peu de temps avant sa mort (1897) : l'*Éducation publique et la Vie nationale*, Félix Pécaut a réuni quelques études et quelques conférences de Fontenay où se trouve exprimée son âme philosophique et qui est comme son testament moral. On a dit justement de cet homme de grande conscience qu'il fut un « saint laïque ».

PÉLAGE, hérétique célèbre (v⁰ siècle), qui nia le péché originel et proclama la dignité de la nature.

PENSÉES DE MARC-AURÈLE. (V. *ce nom*).

PENSÉES DE PASCAL. (V. *ce nom*)

PEREGRINUS, philosophe grec du IIᵉ siècle ap. J.-C. Il essaya de restaurer la philosophie cynique. Il se brûla par ostentation sur un bûcher aux fêtes des jeux olympiques.

PÉRIANDRE, tyran de Corinthe de 625 à 585 av. J.-C. et philosophe grec. Ce fut, selon la légende, un des sept sages de la Grèce.

PÉRIPATÉTICIENS (École des). On appelle de ce nom les philosophes qui professèrent la doctrine d'Aristote. Les plus marquants furent Théophraste, Dicéarque, Aristoxène, Straton de Lampsaque. Ces deux derniers modifient déjà la doctrine du maître. Aristoxène nie l'immortalité de l'âme et Straton nie l'existence de Dieu. Ce qui caractérisa plus tard la philosophie péripatéticienne, ce fut que certains de ses partisans, continuèrent plutôt l'œuvre purement scientifique du maître, et limitèrent la philosophie à la physique, tandis que les autres ne retinrent que les théories de la connaissance et la logique.

PERSES (Philosophie des). Les doctrines que contiennent les six livres du *Zend-Avesta* sont plutôt une religion qu'une philosophie. On y trouve pourtant un spiritualisme moral, la croyance à l'immortalité, à la responsabilité, et une doctrine morale qui se résume dans la lutte contre le mal. Pour que cette lutte soit possible, la force du corps est nécessaire. Zoroastre défend expressément le jeûne.

PESSIMISME, système philosophique de ceux qui prétendent que le mal domine ou que tout est mauvais dans le monde, ou plus généralement disposition à tout voir en mal dans les choses. Le pessimisme est opposé à l'optimisme. Les grands philosophes pessimistes sont : Léopardi, Schopenhauer, de Hartmann.

PESSIMISTE, philosophe partisan du pessimisme, ou esprit porté à voir le mal plus que le bien.

PESTALOZZI (1746-1827), célèbre pédagogue suisse, né à Zurich. Il s'est occupé surtout de l'éducation des enfants pauvres. Il est, à certains égards et par quelques méthodes, le précurseur de Frœbel.

PHÉDON, philosophe grec. Platon le présente, dans ses dialogues, comme le disciple préféré de So-crate. Il est le fondateur de l'école d'Élis ou d'Érétrie.

PHÉDON. Platon a donné ce nom à un dialogue qui nous représente Socrate mourant au milieu de ses disciples, que sa parole console et raffermit dans un dernier et sublime entretien sur l'immortalité de l'âme.

PHÈDRE, philosophe grec de l'école épicurienne. Il enseigna à Rome et compta Cicéron parmi ses auditeurs.

PHÉNICIENS (Philosophie des). S'il y eut une philosophie phénicienne, elle nous reste profondément inconnue. On ne peut considérer comme une conception philosophique la cosmogonie que nous rapportent deux fragments sans authenticité : l'un de Moschus, cité par Eudème, disciple d'Aristote ; l'autre de Sanchoniaton, personnage douteux qui aurait écrit une *Histoire phénicienne*, traduite en grec par Philon de Byblos. C'est un fragment de cette traduction qui nous est parvenu grâce à Eusèbe (*Préparation évangélique*); mais on a accusé Philon d'avoir lui-même inventé son auteur. Nous sommes donc condamnés à ignorer la pensée de ces Phéniciens, que les Grecs, d'après une tradition constante, reconnaissaient pour leurs maîtres et qui exercèrent sans nul doute une grande influence sur les nations voisines et sur la philosophie grecque.

PHILODÈME, philosophe grec de l'école épicurienne, du IIᵉ siècle av. J. C. Il répandit dans le monde latin la doctrine d'Épicure. On a retrouvé ses traités dans les fouilles d'Herculanum.

PHILOLAÜS, philosophe grec de l'école pythagoricienne, né à Crotone. On ne sait presque rien de sa vie. On croit qu'il eut pour maître, à Crotone, Arésas, qui avait entendu Pythagore. Il semble aussi qu'il ait enseigné à Thèbes. (V. PYTHAGORE et PYTHAGORICIENS.)

PHILON D'ALEXANDRIE, philosophe juif, né environ trente ans avant J.-C et mort cinquante ans après J.-C. Très versé dans les doctrines grecques de Pythagore, de Platon et d'Aristote, il voulut les concilier avec la religion des israélites, à cause des analogies qu'il rencontra entre les deux philosophies. Il voulut y voir la croyance en un même dieu et prétendit établir par cet éclectisme un système qui contiendrait la vérité suprême.

PHILON DE LARISSE, en Thessalie, philosophe grec. Il mourut à Rome vers 88 avant J.-C. Il était probabiliste, et sans admettre la possibilité d'une science absolument certaine, il admettait un degré intermédiaire entre la certitude absolue et le doute.

PHILOPON (Jean), philosophe grec de l'école d'Alexandrie (vie siècle). Il commenta quelques traités d'Aristote.

PHILOSOPHIE POSITIVE, ouvrage d'Auguste Comte (1839), qui rejette toute recherche des causes finales et n'admet que l'étude des faits *positifs*. D'où le nom de *positivisme* donné à la doctrine de ce philosophe.

PHILOSOPHIE POSITIVE (De la), ouvrage dans lequel Littré expose la doctrine d'Auguste Comte.

PIC DE LA MIRANDOLE, philosophe et savant italien, né près de Modène en 1463, mort à Florence en 1494. D'une science prodigieuse, il était au courant de ce qu'on pouvait savoir à son époque. Il possédait les langues orientales, rêvait de concilier les doctrines les plus opposées et prétendait discourir *de omni re scibili*. Il s'égara dans la cabale et l'astrologie. Il a beaucoup écrit sur ces questions et sur la philosophie.

PICCOLOMINI (les), philosophes italiens. Alexandre est né en 1508 à Sienne et mort en 1578. François est né en 1520 à Sienne et mort en 1604. Ce furent tous deux des sectateurs d'Aristote, dont ils contribuèrent à mieux faire connaître la doctrine. Ils l'enseignèrent à l'Université de Padoue. Alexandre fut le premier à écrire sur la philosophie en langue vulgaire : ce qui fut alors une grande nouveauté.

PIERRE D'AILLY. (V. AILLY [Pierre d'].)

PIERRE LOMBARD, philosophe français, né en Lombardie, mort à Paris en 1160. Il vint à Paris, où il obtint une chaire de théologie. Philippe-Auguste le fit évêque. Disciple d'Abélard, il continua sa doctrine et fit servir la philosophie à l'explication des dogmes. Il réunit les principales maximes de la religion chrétienne dans son *Liber sententiarum*, qui eut un grand succès et auquel il dut le surnom de maître des sentences.

PILLON (François-Thomas), philosophe français, né à Fontaines (Yonne), en 1830. Il fonda, en 1865, l'*Année philosophique* avec M. Renouvier. Cette publication devint, en 1872, la *Critique philosophique*, revue qui expose et défend les principes de la philosophie critique et de la morale rationnelle. Le criticisme de Pillon et Renouvier procède des théories de Kant, mais il en diffère par la négation du *noumène* ou de la substance, et par la négation de l'infini actuel considéré comme contradictoire. D'ailleurs, le criticisme maintient fermement les postulats de la raison pratique : la liberté et l'impératif catégorique. Il est phénoméniste et idéaliste. En 1878, Pillon et Renouvier fondèrent aussi une *Critique religieuse* qui défend une sorte de christianisme purement moral et laïque.

PITTACUS DE MYTILÈNE, philosophe grec, mort en 569 av. J.-C. On le trouve cité par Platon comme ayant été l'un des sept sages de la Grèce.

PLATON, philosophe grec, né à Athènes ou à Egine en 429 avant J-C. Il appartenait à une famille illustre. Par sa mère, il descendait de Solon, et par son père il descendait de Codrus, le dernier des rois. Il fut, en 408, le disciple de Socrate. Après la mort de son maître, il se réfugia à Mégare, chez Euclide, puis à Cyrène, où il entendit le mathématicien Théodore. Il voyagea ensuite en Egypte, en Asie-Mineure. Vers 390, il partit en Italie et passa à Syracuse, à la cour de Denys l'Ancien. Disgracié par celui-ci, il fut vendu comme esclave. Racheté, il revint à Athènes, où il ouvrit une école dans les jardins d'Académus, d'où le nom d'Académie. A la suite des troubles qui survinrent dans la cité, il retourna à Syracuse, où régnait le fils de Denys l'Ancien. Il lui déplut à cause de ses conseils et il fut encore forcé de s'enfuir. A partir de ce moment, il se consacra complètement à la philosophie. Il mourut en 347.

La composition de ses dialogues authentiques correspond à trois époques de sa vie. Dans la première, où il est encore sous l'influence directe de Socrate, il écrit l'*Apologie de Socrate*, le *Ménon*, l'*Eutyphron*, le *Criton*, le *Protagoras* et le *Gorgias*. Dans la seconde, il établit et expose sa doctrine avec le *Théétète*, le *Sophiste*, le *Philèbe*, le *Parménide*, le *Cratyle*, le *Politique*. Dans la troisième période, il est en pleine possession de ses idées et il unit à la rigueur dialectique la grâce et l'éclat de la poésie. Il compose : le *Banquet*, le *Phédon*,

Platon.

le *Timée*, la *République* et les *Lois*.

Philosophie de Platon. — La philosophie de Socrate était restée dans les limites de la discussion morale, Platon reprit le problème des anciens philosophes dans toute sa généralité, et l'objet de ses spéculations fut de rechercher et de découvrir les principes de toute existence. A l'encontre des sophistes et de Protagoras, qui niaient la certitude en disant que tout n'est qu'apparence, il prétendit montrer qu'il y a une science de l'universel, et contre les mégariques qui soutenaient que l'unité seule existe et qu'il n'y avait pas de relation entre les idées et, par suite, pas de jugements possibles, il démontra l'existence d'une hiérarchie d'êtres multiples ou d'idées et la possibilité du jugement. Dans son système, la logique, la métaphysique et la morale sont inséparables. La logique ou dialectique prépare l'esprit à la connaissance réelle des principes des choses, la métaphysique con-

siste dans la connaissance de ces principes ou des idées, et la connaissance du vrai inséparable du bien et du beau engendre les belles et bonnes actions.

La dialectique. — Platon distingue deux sortes de connaissances, la connaissance vulgaire et la connaissance scientifique.

La première est une connaissance qui vient des sens. Elle donne naissance à l'opinion, à une routine, à une habitude d'attendre telle apparence après telle autre. L'opinion comprend elle-même la croyance qui porte sur les objets de notre perception, et la conjecture qui porte sur les images des choses sensibles. L'opinion est un jugement irréfléchi, celui qui s'y fie est comme les devins qui annoncent des choses vraies, mais qui ne savent rien de ce qu'ils disent, elle est vague, incertaine ; elle a pour objet ce qui naît pour mourir et ce qui change sans cesse.

La connaissance scientifique a pour objet l'intelligible, c'est-à-dire ce que l'esprit conçoit de réel et de permanent au delà du monde sensible, les principes réels et éternels des choses. Platon l'appelle la science véritable. Elle comprend, elle aussi, deux sortes de connaissances : la faculté de raisonner, d'examiner les conséquences d'une idée, d'aller logiquement d'une idée à une autre, et l'acte simple de l'esprit par lequel il perçoit, dans une intuition immédiate, la suprême réalité des choses. Elle a pour objet ce qui se suffit à soi-même, ce qui n'a plus besoin d'hypothèse. Elle élève l'esprit à la contemplation de ce qui est purement intelligible.

L'esprit est d'abord frappé par les objets sensibles ; mais, par une ascension lente, il s'élève au-dessus des images passagères des choses pour contempler les réalités intelligibles. La dialectique est une sorte d'éducation de l'esprit qui lui aide à effectuer ce passage, à se dégager de la connaissance sensible, pour s'élever à la connaissance des idées qui résident dans sa propre intelligence et qui sont l'objet de la raison. Ainsi se réalise le précepte de Socrate : « Connais-toi toi-même. » Comment s'opère ce passage? C'est, selon Platon, par des sensations, dont l'apparence contradictoire réveille l'esprit, et c'est surtout par l'étude des sciences, de l'arithmétique, de la géométrie, de la musique et de l'astronomie. Ces sciences nous invitent à spéculer sur des idées pures, à concevoir des rapports nécessaires, des lois éternelles, qui nous font entrevoir la réalité permanente sous l'apparence éphémère. Elles nous découvrent les raisons des choses, les idées qui les rendent possibles. « Nous avons coutume, dit Platon, de poser une idée distincte pour chacune des multitudes auxquelles nous donnons le même nom... Le caractère essentiel de cette idée est d'être une dans une multitude. » Il n'admet pas, avec Parménide, que seule l'unité absolue existe; il y a autant d'unités diverses qu'il y a de multitudes diverses. « Le dialecticien sait démêler comme il faut l'idée une, répandue tout entière dans une multitude d'individus ». « Le propre de l'homme est de comprendre le général, allant de la diversité des sensations à ce qui est compris sous une unité rationnelle. » La dialectique nous fait ainsi concevoir l'essence réelle et idéale des choses et elle s'achève par la définition ou l'expression matérielle de ce que l'intelligence perçoit.

Mais la dialectique ne produit pas les idées, elle ne sert qu'à réveiller l'esprit de son sommeil, à le délivrer des liens de l'apparence sensible. Les idées, les essences intelligibles des choses sont en nous. Déjà Socrate avait dit que la science ne nous vient pas du dehors, qu'elle est en nous-mêmes et que le maître ne peut qu'accoucher l'âme du disciple des vérités dont elle est grosse. Platon partage la conviction de son maître, aussi la dialectique a-t-elle pour effet de rappeler au souvenir de l'esprit des idées qu'il possède déjà, mais qu'il a oubliées; elle lui rend la claire vision de lui-même et de ce que son intelligence contient. C'est la théorie de la *réminiscence*. L'âme, autrefois, vivait dans le ciel, à la suite des dieux et dans la contemplation des essences. « Mais c'est une loi que les âmes auxquelles les essences échappent, perdent leurs ailes et tombent dans un corps terrestre. » La vie présente est une chute, une déchéance. Quand on voit ici-bas l'image de l'ordre et de la beauté que l'on a contemplés autrefois, l'esprit se ressaisit. Savoir, « c'est se souvenir de ce que notre âme a vu dans son voyage à la suite des dieux, alors que, dédaignant ce que nous appelons improprement des êtres, elle élevait ses regards vers le seul être véritable ». Au VIIe livre de la *République*, Platon résume dans la fameuse *allégorie de la caverne* et sous une forme poétique, sa doctrine de la connaissance. « Représente-toi, dit-il, à présent, mon cher Glaucon, l'état de la nature humaine par rapport à la science et à l'ignorance, d'après le tableau que je vais faire. Imagine un antre souterrain, ayant une ouverture qui donne dans toute sa longueur une libre entrée à la lumière, et, dans cet antre, des hommes enchaînés depuis l'enfance, de sorte qu'ils ne puissent changer de place ni tourner la tête, mais seulement voir les objets qui sont en face d'eux au fond de la caverne. Derrière eux, à une certaine distance et une certaine hauteur, est un feu dont la lueur les éclaire; et, entre eux et ce feu, un chemin escarpé. Le long de ce chemin, imagine un mur semblable à ces cloisons que les charlatans mettent entre eux et les spectateurs pour leur dérober le jeu et les ressorts secrets des merveilles qu'ils leur montrent. Figure-toi des hommes qui passent le long de ce mur, portant des objets de toute espèce, des figures d'hommes et d'animaux en bois ou en pierre, de sorte que tout ce qu'ils portent paraisse au-dessus du mur, et, parmi ceux qui les portent, les uns s'entretiennent ensemble, les autres passent sans rien dire. Voilà un étrange tableau et d'étranges prisonniers ! Ils nous ressemblent de point en point. Et d'abord, crois-tu qu'ils verront autre chose d'eux-mêmes et de ceux qui sont à leurs côtés que les ombres qui vont se peindre vis-à-vis d'eux sur le fond de la caverne? Verront-ils aussi autre chose que les ombres des objets qui passent derrière eux? S'ils pouvaient converser ensemble, ne conviendraient-ils pas entre eux de donner aux ombres qu'ils voient les noms des choses mêmes? Et s'il y avait, au fond de leur prison, un écho qui répétât les paroles des passants, ne s'imagineraient-ils pas entendre parler les ombres mêmes qui se succèdent devant leurs yeux? Enfin, ils ne croiraient pas qu'il y eût autre chose de réel que ces ombres. Vois maintenant ce qui devra naturellement leur arriver si on les délivre de leurs chaînes et qu'on les guérisse de leur illusion. Qu'on détache un de ces captifs, qu'on le force sur-le-champ de se lever, de tourner la tête, de marcher et de regarder du côté de la lumière; il ne fera tout cela qu'avec des peines infinies; la lumière lui blessera les yeux et, tout ébloui, il ne discernera pas les objets dont il voyait auparavant les ombres. Que crois-tu qu'il répondrait à celui qui lui dirait que, jusqu'à présent, il n'a vu que des apparences, qu'il a maintenant devant les yeux des objets plus réels?... Et si on l'arrache de la caverne et qu'on le traîne par le sentier rude et escarpé jusqu'à la clarté du soleil, quel supplice pour lui d'être traité de la sorte!... Pourrait-il rien voir de cette foule d'objets que nous appelons des êtres réels? Il lui faudrait du temps pour s'y accoutumer. Ce qu'il discernerait plus aisément, ce seraient d'abord les ombres, ensuite les images des hommes et des autres objets réfléchis par les eaux, enfin les objets eux-mêmes... A la fin, il serait en état de fixer le soleil, de le contempler à sa propre place, et, se mettant à raisonner, il viendrait à conclure que c'est le soleil qui fait les saisons et les années, qui gouverne tout le monde visible, et qui est, en quelque sorte, la cause de tout ce qui se voyait dans la caverne. » La connaissance des ombres, c'est la connaissance sensible dont la dialectique nous délivre; les objets réfléchis dans l'eau, ce sont les rapports, l'ordre, les lois, les genres qui nous donnent ici-bas

l'image de la réalité véritable; les objets réels, ce sont les idées; le soleil, principe de lumière, c'est l'idée du bien en qui se concentrent toutes les perfections.

Quand on a exprimé l'idée dans une définition, il faut aller du principe à la pluralité des conséquences, de l'unité du genre à la pluralité des espèces, démêler les rapports des idées entre elles. La division est le dernier terme de la dialectique, elle représente le mouvement même et la vie de la pensée.

Dialectique des sentiments. — Ce n'est pas avec la raison seule, mais c'est avec tout son être que l'on doit chercher la vérité. Pour connaître le bien, il faut l'aimer. C'est l'amour qui donne l'élan à l'âme et la délivre du monde périssable. Il y a aussi deux degrés dans l'amour. Il y a la Vénus terrestre et populaire et la Vénus céleste ou Vénus Uranie. D'abord, on aime les belles formes, les beaux sons, les belles couleurs, en un mot, la beauté physique et surtout la beauté des corps humains. « Quel n'est pas l'enthousiasme des amants! S'ils ne craignaient de paraître insensés, ils sacrifieraient à l'objet aimé comme à l'image d'un Dieu! » Cette beauté éveille en nous le souvenir de la beauté divine que nous avons contemplée à la suite des dieux. Dégageons-nous de la passion exclusive, aimons donc la beauté dans le type éternel que les belles formes révèlent. Le corps n'est beau que parce qu'il exprime l'unité de l'âme et l'harmonie qu'elle met en lui. Dans l'âme, nous aimons les belles actions, les beaux sentiments, mais, plus haut encore est la beauté elle-même, terme suprême auquel un dernier élan nous élève. « O mon cher Socrate, dit l'étrangère de Mantinée dans le *Banquet*, ce qui peut donner du prix à cette vie, c'est le spectacle de la beauté éternelle. Je le demande, quelle ne serait pas la destinée d'un mortel, à qui il serait donné de contempler le beau sans mélange, dans sa pureté et sa simplicité, non plus revêtu de chair et de couleurs humaines, et de tous les vains agréments condamnés à périr; à qui il serait donné de voir, face à face, sous sa forme unique, la beauté divine! »

Théorie des idées. — Le mouvement dialectique qui nous élève vers l'idée, nous met en possession de l'être véritable. La connaissance par les sens est illusoire, les objets sensibles ne sont que des apparences. Ils passent et meurent, ils sont multiples, variables. Leur raison d'être est dans quelque chose de permanent à qui seul le nom de réalité convient, c'est-à-dire dans l'idée. L'idée n'est pas un concept général, obtenu par abstraction. Elle ne représente pas l'ensemble des qualités communes appartenant à des individus particuliers. Non, elle existe en dehors du monde sensible. Elle n'est pas obtenue par une opération discursive, elle est l'objet même de l'intuition, de la noésis. C'est un être *réel, concret*; elle existe en elle-même et non dans une chose dont elle ne serait que la qualité. Elle a pour caractères la perfection, la pureté absolue et sans mélange, l'éternité et l'immutabilité. Tandis que les phénomènes passent, elle demeure. L'idée intelligible de l'homme est ce qui rend éternellement possible l'existence des hommes qui naissent et meurent. Il y a autant d'idées ou d'essences intelligibles que l'on conçoit de genres et d'espèces. De plus, elles ont des rapports entre elles, et la fin de la science est de découvrir ces rapports qui expriment les lois mêmes de l'Être, et comme l'unité est la loi de l'esprit, il finit par prendre conscience de l'existence de l'idée, du bien de laquelle dépendent les perfections et la réalité des autres idées. « Tous les êtres intelligibles tiennent du Bien leur être et leur essence... Aux dernières limites du monde intelligible est l'idée du Bien, qu'on aperçoit avec peine, mais qu'on ne peut apercevoir sans conclure qu'elle est la cause de tout ce qu'il y a de beau et de bon. »

Cette idée des idées, qui se confond à la fois avec le vrai et le beau, puisqu'elle comprend toutes les perfections, c'est Dieu. Le Dieu de Platon est un être réel et vivant. « Eh quoi! dit-il, nous persuadera-t-on facilement que dans la réalité, le mouvement, la vie, l'âme, la pensée, ne conviennent pas à l'Être absolu; que l'Être ne vit ni ne pense, et qu'il demeure immobile, immuable, sans avoir part à l'auguste et sainte intelligence? » Son existence est encore prouvée par la nécessité dans laquelle nous sommes de concevoir un premier moteur : « Comment ce qui est mû par un autre serait-il le principe du mouvement? » et par les causes finales : « S'il est vrai que les mouvements et les révolutions du ciel et de tous les corps célestes ressemblent essentiellement au mouvement de l'intelligence, à ses procédés et à ses raisonnements, on en doit conclure évidemment qu'une âme pleine de bonté gouverne cet univers, et que c'est elle qui le conduit comme elle le fait. » Ce dieu créateur est en même temps providence : « Il était bon, dit Platon, et celui qui est bon n'est avare d'aucun bien. Il a donc créé le monde aussi bon que possible, et pour cela, il l'a fait semblable à lui-même. » Il suffit de remettre ce qui semble un désordre à sa place, dans le tout, pour en comprendre la raison.

Il reste à se demander maintenant quel est le rapport des idées avec les choses sensibles. Est-ce qu'elles en sont complètement séparées, est-ce qu'elles sont les modèles purs et parfaits à l'*imitation* desquels ont été faits les objets que les sens perçoivent ou bien les idées sont-elles présentes à ces objets? Il semble que selon Platon, il n'y ait pas imitation (*mimêsis*), mais participation (*methecæis*). Dans ce cas, on se demande comment les idées peuvent, sans perdre leur unité, se communiquer à des êtres multiples. Platon soulève la question dans le *Parménide* sans la résoudre. Il dit seulement qu'il y a une idée de chaque chose, voulant dire par là que tout a sa raison d'être. Qu'est-ce donc que le monde sensible? Dans le *Timée*, Platon paraît lui reconnaître une existence qui serait celle de la matière. La matière serait éternelle, et le lieu, l'espace qui reçoit les corps, Dieu serait le *démiurge* qui la meut et l'ordonne. Mais dans le *Sophiste*, ce dualisme s'évanouit. La matière ne serait plus que le *non-être*, ce qui est contradictoire et négatif, ce qui limite idéalement les différentes combinaisons qu'il est possible de faire entre les différentes réalités.

Morale de Platon. — La doctrine morale de Platon est intimement liée à sa théorie de la connaissance. De même qu'il soutint contre les sophistes qu'il y a une science du réel, de même il soutient que le souverain bien ne consiste pas dans le plaisir, qu'il n'est pas à la merci de l'appréciation de chacun, et qu'il y a une loi morale, principe de tout ce qui est juste et des lois écrites. L'homme doit s'efforcer de ressembler à Dieu : c'est en cela que consiste la vertu.

Mais il faut connaître l'homme pour savoir ce qu'il doit être. L'âme se compose de trois parties : l'*epithumia* ou le désir, qui comprend les appétits, les passions inférieures, et qui a son siège dans le bas-ventre ; le *thumos*, qui est l'appétit irascible ou le courage, et qui a son siège dans le cœur, et le *noûs*, ou la raison, qui a son siège dans le cerveau. Platon, dans le *Phèdre*, compare l'âme à un char attelé de deux coursiers : l'un, noir et rebelle, est toujours tenté de s'emporter ; l'autre, blanc et généreux, contient son compagnon s'il est bien dirigé, mais s'emporte avec lui s'il n'est pas maintenu. Le cocher, c'est le *noûs*, qui doit maintenir le cheval blanc, le *thumos*, et s'en servir pour contenir le cheval emporté, l'*épithumia*.

A chacune des parties de l'âme correspond une vertu spéciale. La tempérance convient à l'*épithumia* elle consiste à modérer les passions, à fuir les excès. Le courage convient au *thumos*. Cette vertu consiste à savoir ce qu'il faut craindre et ce qu'il ne faut pas craindre. Elle naît quand le *thumos*, au service de la raison, est dirigé contre les passions. La justice est la vertu qui naît de la possession des autres vertus ; elle appartient à l'intelligence, au *noûs*. C'est la vertu des vertus, elle est le principe de l'harmonie intérieure de l'âme et de la domination des passions par la volonté guidée par la raison.

Platon méprise la vertu qui vient de l'habitude, il la compare à la connaissance sensible. La vertu consiste dans la raison, dans la vision claire de ce qui est bon et de ce qui ne l'est pas. La vertu est une science ; quand on sait le bien, on le fait. L'homme ne fait le mal que par ignorance ; il l'accomplit en croyant faire le bien. Il faut savoir discerner ce qui nous convient de ce qui ne nous convient pas. Le mal, l'ignorance et l'erreur ne sont qu'une seule et même chose. Etre vertueux, c'est posséder la science du bien, et quiconque a l'intelligence du bien est nécessairement bon.

Le bonheur est le compagnon intime de la vertu. Le mal, au contraire, est inséparable de l'expiation et du châtiment. Il vaut mieux même rechercher le châtiment que le fuir. Tout doit rentrer dans l'ordre, et il est préférable de subir l'injustice que de la commettre. Elle est le plus terrible des maux. Il ne faut pas tenir le crime secret, il faut s'offrir au juge « en sorte que, si la faute qu'on a faite mérite des coups de fouet, on se présente pour les recevoir ; si l'amende, on la paye ; si l'exil, on s'y condamne ; si la mort, on la subisse. » L'expiation, si elle n'est pas subie durant cette vie, nous atteindra après la mort, de même que la récompense est éternellement due au sage.

Platon démontre dans le *Phèdre* l'immortalité de l'âme. L'âme est indissoluble, parce qu'elle est pure et simple ; dira-t-on qu'elle n'est que l'harmonie du corps ? Mais on ne voit pas l'harmonie lutter contre la lyre qui la produit, tandis que l'âme lutte contre le corps, et s'affranchit du désir et de la passion. De plus, « l'âme est, dit Platon, très semblable à ce qui est divin, immortel, intelligible, simple et identique. Etant telle et de telle nature, lorsqu'elle sort du corps, sans en rien entraîner après elle, elle se rend vers ce qui est immatériel comme elle-même, et, ce but une fois atteint, elle entre en possession du bonheur véritable. » Ainsi que les pythagoriciens, Platon croit aussi à la transmigration des âmes. Celles des méchants qui n'ont pas su se délivrer des liens sensibles, tomberont dans un corps inférieur, d'un esclave ou d'un animal, tandis que les âmes des sages, touchées de nouveau par la vérité intelligible et éternelle, reprendront leur vol à la suite des dieux.

Politique de Platon. — On ne saurait séparer la politique de Platon de sa doctrine morale. Le règne de la justice ne peut se réaliser que dans une société organisée. L'État a pour mission de faire des citoyens vertueux. Mais l'État n'existe pas pour l'individu; il constitue une réalité supérieure, dont les individus ne sont que les éléments. Dans la Cité, comme dans l'univers, le particulier est sacrifié au général, le multiple à l'unité. La République idéale est une personne collective et vivante, indépendante des citoyens qui la composent. De même qu'il y a une psychologie de l'individu, de même il y en a une de l'État. Il se compose de trois classes, qui correspondent aux trois facultés de l'âme : à l'*épithumia*, correspond la classe des artisans et des laboureurs; au *thumos*, correspond la classe des guerriers, qui a pour fonction de défendre l'État contre les entreprises de l'ennemi du dedans et du dehors; au *noûs* correspond la classe des philosophes qui doivent gouverner l'État et faire fonctions de magistrats, et qui sont chargés, comme étant les plus sages, de faire respecter la loi qui est dictée par la raison. La vertu des artisans est la tempérance, la vertu des guerriers est le courage, et la vertu des magistrats est la sagesse.

La justice et l'harmonie règnent dans l'État quand il y a union et subordination entre les différentes classes de citoyens, quand tous accomplissent exactement leur fonction. Le mal, le désordre, vient de l'égoïsme; il est donc nécessaire de le tuer dans sa source. Aussi, ne doit-il y avoir ni bien, ni richesses particulières. Tout doit appartenir à l'État. Platon demande l'abolition de la propriété, il veut que les terres appartiennent à tous les citoyens. De même les femmes, qui sont aussi une cause de discorde, doivent être communes. Il appartiendra aux magistrats de créer les unions entre elles et les hommes, et de les faire cesser. Quant aux enfants, ils seront élevés par la Cité, aux frais de tous. La République doit, dans l'esprit de Platon, devenir une grande famille, où chaque citoyen, dans tous les enfants d'un certain âge, reconnaît ses propres enfants. Tel est le système politique exposé dans le dialogue de la *République*. C'est l'organisation idéale que rêve Platon. Mais, dans les *Lois*, il modifie sensiblement sa doctrine, afin de la rendre immédiatement acceptable.

PLISTANUS, philosophe grec de l'école d'Elis. Il fut le successeur de Phédon. On ne sait rien de positif sur sa doctrine.

PLOTIN, philosophe grec de l'école d'Alexandrie, né en 205 avant J.-C., à Lycopolis, en Égypte. Il fut l'élève d'Ammonius. En 244, il vint à Rome, où il fonda une école, et où il mourut en 270. Son éloquence et l'élévation de son caractère lui gagnèrent l'admiration de tous et l'estime de l'empereur Gallien et de sa femme Salonine.

Ses œuvres, publiées après sa mort par Porphyre, se composent de cinquante traités en grec. On les a répartis par groupes de neuf, et on les a appelés, pour cette raison, les *Ennéades*.

Le principal objet de la philosophie de Plotin consiste dans la connaissance de Dieu et des rapports qui l'unissent au monde. Dieu est en dehors du monde, au delà de ses limites. C'est l'être un, ineffable, qui dépasse l'intelligence humaine. Il est l'essence infinie à laquelle on ne peut assigner aucun attribut physique ou intellectuel. L'Un est toutes choses et n'est aucune de ces choses. Il n'est aucune des choses dont il est le principe; il est tel qu'on n'en saurait affirmer rien, ni l'être, ni l'essence, ni la vie; mais c'est qu'il est supérieur à tout cela. Il n'est pas une intelligence comme nous la concevons; la connaissance en lui ne suppose pas un sujet et un objet; tout ce qui est existe en lui, et il est présent à lui-même. Il a une supra-intellection éternelle, une intuition simple de lui-même, par lui-même.

Cette suprême perfection, qui ne saurait rien désirer, qui n'a besoin de rien hors d'elle-même, ne reste pas cependant concentrée dans son unité. Elle déborde, elle s'épanche et se répand. Elle crée par bonté, parce qu'elle possède les richesses infinies de la perfection. Le feu émet la chaleur, la neige le froid; l'homme communique son intelligence; de même, le Bien suprême ne reste pas enfermé en soi, il crée par émanation et comme par une sorte de rayonnement les êtres qui lui doivent leur perfection et leur existence. Le premier *procède* ainsi hors de lui-même, sans se diviser cependant dans la multiplicité de ses créatures.

L'être qui, le premier, est émané de Dieu, est aussi celui qui en est le plus près, et qui a la plus grande perfection. C'est le *Logos*, c'est-à-dire le Verbe, l'Intelligence. Tout ce qui existe ici-bas se retrouve dans le monde intelligible. L'intelligence est l'ensemble des idées, au sens platonicien du mot, elle contient ainsi les modèles de tout ce qui est : les essences du bien et du beau. Mais ces idées elles-mêmes sont des intelligences qui se pensent. L'intelligible se confond donc avec l'intelligence. La pensée est la pensée de la pensée.

L'intelligence, à son tour, engendre l'âme. Elle est la vie, l'activité qui développe toutes les formes que l'intelligence enveloppait. Elle sert d'intermédiaire entre le monde supra-sensible et le nôtre. C'est d'elle qu'émane la nature. Elle crée par son mouvement l'espace et le temps. Elle est l'âme du monde sensible.

Mais l'être engendré n'est pas éternellement séparé de son principe; il se retourne vers lui et tend à rentrer dans la perfection dont il émane et à se confondre de nouveau avec elle. Le Fils se retourne vers le Père, l'Ame vers le Fils, et la nature créée, dernier terme de l'imperfection, vers l'Ame. A la *procession* de Dieu répond la *conversion* vers Dieu. L'imparfait s'efforçant ainsi de remonter vers la perfection, il s'ensuit que le Bien est la loi du monde. Selon Plotin, le monde est le meilleur qui puisse être.

L'âme, tombée dans le corps, ne peut s'éprendre de cette vie inférieure; sa corruption est son châtiment même. Après la mort, elle tombera, pour avoir préféré la vie sensible, dans le corps d'une brute; mais comme elle est une émanation de l'âme universelle, elle tend à retourner vers son principe, à reprendre sa splendeur première. La pratique des vertus ne lui rendra pas sa perfection; elle ne sert qu'à la purifier, qu'à l'affranchir des passions, qu'à la mettre en état de se rendre à la vie contemplative.

Après la pratique des vertus, qui est une sorte d'initiation, il faut qu'elle s'éprenne de la *beauté*. Quand l'âme aperçoit dans un objet matériel l'ordre et l'harmonie, elle reprend conscience de sa propre nature, elle se réjouit et s'exalte. La vue des choses belles produit en elle un trouble doux, une agitation mêlée de plaisir. Le beau et le bien sont inséparables. L'amour qu'engendre la beauté a pour cause la présence du bien. L'intelligible ne devient désirable que quand le bien l'illumine et le colore, pour ainsi dire, donnant à ce qui est désiré les grâces et à ce qui désire les amours.

La contemplation du beau nous prépare à l'intuition du bien, à la vision de l'unité dans sa pureté et sa perfection absolues. Cette vision n'est pas l'effet de la raison impuissante, mais d'une union naturelle avec la divinité. Quand nous sommes approchés assez près de Dieu, il se présente de lui-même à nous et nous attire vers lui. « Nous ne devons pas, dit Plotin, chercher la lumière divine, mais attendre en silence qu'elle nous apparaisse, comme l'œil attend, tourné vers l'horizon, le soleil qui va se lever au-dessus de l'Océan... La pensée ne peut que nous élever peu à peu à la hauteur d'où il est possible de découvrir Dieu. Elle est comme le flot qui nous porte, et qui en se gonflant nous soulève, en sorte que de sa cime tout à coup nous voyons. » L'âme unie avec Dieu n'a plus d'elle-même aucune conscience. Elle est ravie, hors de soi, et s'identifie avec ce qu'elle aime. C'est *l'extase.* Plotin était convaincu d'en avoir fait l'expérience deux ou trois fois dans sa vie.

PLUTARQUE, philosophe grec, né à Chéronée en Béotie, en 50 après J.-C., mort en 120. On lui doit les *Vies des hommes illustres.* Il défendit contre les stoïciens les doctrines morales de Platon et d'Aristote. Dans son traité sur *Isis et Osiris*, il montra comment les Egyptiens avaient su retrouver, dans le platonisme, leurs légendes religieuses.

Plutarque.

POECILE, OU PÉCILE (V. PORTIQUE.)

POLÉMON, philosophe grec, de l'Académie ancienne. Après la mort de Xénocrate, il prit la direction de l'Académie et contribua à déformer la doctrine de Platon dans le sens des pythagoriciens.

POLITIEN (Ange), philosophe italien, né en 1454, mort en 1494. Il contribua à restaurer la philosophie de Platon et d'Aristote en traduisant et en commentant leurs ouvrages. Il fit partie de la célèbre Académie de Florence.

POLITIQUE TIRÉE DE L'ÉCRITURE SAINTE, ouvrage de Bossuet dans lequel il se fait le théoricien de la monarchie absolue et prête l'appui de la religion à cette conception politique.

POLUS, philosophe grec, de l'école des sophistes.

POLYSTRATE, philosophe grec, de l'école épicurienne. Il répandit la doctrine du maître, sans lui donner une originalité nouvelle.

POLYTHÉISME, système de croyances qui admet la pluralité des dieux. Toutes les religions antiques, fondées sur l'adoration de la nature et de ses phénomènes, et dérivées du panthéisme, furent polythéistes. Le polythéisme grec est le plus élevé par sa tendance à diviniser non seulement la nature, mais aussi les affections morales.

POLYTHÉISTE, celui qui admet le polythéisme.

POMPONAT (Pierre), philosophe italien. né en 1462, mort en 1526. Il acquit une grande réputation en enseignant à l'Université de Padoue et ensuite à Ferrare et à Bologne. Admirateur d'Aristote, il ne s'en rapproche pas moins des stoïciens. Dans ses livres sur *l'Immortalité de l'âme* et sur *le Destin, la liberté et la providence*, il expose franchement sa pensée. Il dit qu'on ne peut prouver par des raisons philosophiques l'immortalité de l'âme, qu'il appartient à la révélation de nous assurer qu'elle est à la fois immortelle et libre. Il fut poursuivi par l'inquisition et défendu par le pape.

POPE (Alexandre), né à Londres en 1688, mort en 1744 à Twickenham. Ce célèbre poète anglais appartient à l'histoire de la philosophie par son *Essai sur l'homme*, qui inspira Voltaire.

PORPHYRE, philosophe grec, de l'école alexandrine, né à Tyr vers 233 et mort à Rome en 305. Il débuta d'abord par des commentaires sur Aristote et écrivit une *Introduction aux catégories;* puis il se consacra à l'enseignement de la philosophie de son maître Plotin. Il tenta de résoudre, sans y parvenir, la contradiction entre l'unité de l'âme et la diversité de ses activités, entre l'unité de l'âme universelle et la multiplicité des âmes individuelles. Il prit la défense du polythéisme contre le christianisme déjà puissant et essaya de trouver à la religion nationale un fondement philosophique.

PORTIQUE (Ecole du). Ecole philosophique de Zénon, qui donnait ses leçons à Athènes sous un portique orné de peintures, appelé aussi pour cette raison le *Pœcile*, du grec *poikilos*, varié. (V. STOICIENS et ZÉNON DE CITIUM.)

PORT-ROYAL, abbaye de femmes, religieuses bernardines, à Paris et aux environs de Chevreuse. Arnauld, Nicole, Pascal, Racine, s'y retirèrent pour vivre « solitaires », dans la prière et le travail. Port-Royal fut ainsi le refuge des jansénistes. C'est pourquoi Louis XIV fit détruire l'abbaye en 1709.

PORT-ROYAL (Logique de) ou *Art de penser*, célèbre ouvrage de philosophie qu'Arnauld écrivit, dit-on, en huit jours, avec l'aide de Nicole. Après un petit avis, où est exposée l'occasion de la composition de cet ouvrage, on trouve deux discours de Nicole : l'un « où l'on fait voir le dessein de cette nouvelle logique », l'autre « contenant la réponse aux principales objections que l'on a faites contre cette logique ». Il définit ensuite la logique « l'art de bien conduire sa raison dans la connaissance des choses, tant pour s'instruire soi-même que pour en instruire les autres », et donne la division de l'ouvrage et la raison de cette division.

La *Logique de Port-Royal* comprend quatre parties :

Première partie : *Réflexions sur les idées ou sur la première opération de l'esprit, qui s'appelle concevoir.*

Deuxième partie : *Réflexions que les hommes ont faites sur leurs jugements.*

Troisième partie : *Du raisonnement.*

Quatrième partie : *De la méthode.*

POSIDONIUS, philosophe latin, de l'école éclectique, né en 135 et mort vers 54 avant J.-C. Il admirait beaucoup Platon, mais il n'en restait pas moins fidèle à la doctrine stoïcienne.

POSITIVISME. V. COMTE (Auguste).

PRESSENSÉ (Edmond de), théologien et philosophe français, né à Paris en 1824. Outre des études théologiques et des œuvres de controverse religieuse très nombreuses, il a publié : les *Origines et le Problème de la connaissance;* le *Problème cosmologique;* le *Problème anthropologique,* et surtout l'*Origine de la morale et de la religion* (1883).

PRÉVOST-PARADOL (1829-1870), publiciste français, qui fut aussi un moraliste. Son meilleur livre est peut-être l'*Essai sur les moralistes français*, qui appartient à la littérature philosophique.

PROBABILISME, scepticisme relatif qui professe que toute opinion est nécessairement incertaine, mais qu'il y a des degrés dans l'incertitude et qu'une opinion peut être plus ou moins probable qu'une autre. C'est la doctrine de la nouvelle Académie, notamment d'Arcésilas et de Carnéade. (V. *ces noms.*)

PROCLUS, philosophe grec, de l'école d'Alexandrie, né à Constantinople en 412. A l'âge de vingt ans, il vint à Athènes, où il resta jusqu'à sa mort, en 485. Sous son influence, le néo-platonisme prit une vigueur nouvelle. Proclus lui donna sa forme dernière et, sans l'étendre, le systématisa en formules. Le mysticisme et l'union avec Dieu est toujours le dernier terme de la sagesse.

PRODICUS, de Céos, philosophe grec, de l'école des sophistes, né vers la fin du v⁰ siècle. Platon et Aristophane en parlent avec éloge. Ce fut surtout un grammairien distingué, un esprit subtil dont Socrate recommanda les leçons. Xénophon lui a emprunté l'allégorie d'Hercule entre le vice et la vertu, pour la mettre dans la bouche de Socrate (*Entretiens mémorables,* liv. II, 1). Comme Socrate, il fut condamné à boire la ciguë, à raison de son athéisme. Mais l'accusation semble plus fondée pour Prodicus que pour Socrate.

PROMÉTHÉE, héros d'origine divine. Il forma l'homme du limon de la terre. Il emporta du ciel le feu, qu'il livra aux hommes, et il apprit à ces derniers le travail et les arts. Jupiter, jaloux de la science ainsi révélée aux hommes, punit le révélateur en le clouant sur le Caucase, où un vautour lui dévorait le foie. C'est le mythe de la lutte des religions contre la science.

PROMÉTHÉE ENCHAÎNÉ, tragédie d'Eschyle, qui expose avec une incomparable grandeur le mythe de Prométhée.

PROTAGORAS, philosophe grec, de l'école des sophistes. Il est né à Abdère à une date inconnue (dans le cours du v⁰ siècle, probablement 480-411). Il fut probablement le disciple de Démocrite. Plus tard, il enseigna à Athènes, d'où il fut chassé pour cause d'athéisme. Il se réfugia dans la Grande-Grèce et en Sicile, où il mourut. Selon

Protagoras, toutes nos connaissances viennent des sens. Par suite, nos jugements sont tous vrais comme les sensations dont ils ne sont que la formule. L'homme est ainsi « la mesure de toute chose ». Comme les choses n'apparaissent pas de la même manière aux hommes, il n'y a pas de science certaine, il n'y a pas de loi morale absolue. Le plaisir est la règle de chacun. Quant aux lois écrites, leur autorité est de pure convention. Protagoras a donné son nom à un dialogue célèbre de Platon, dirigé contre les sophistes, à propos de cette question : si la vertu peut s'enseigner. L'ironie mordante de ce dialogue fait penser aux *Provinciales*, qui ont la même verve comique et la même droiture de pensée.

PROTARQUE, philosophe grec, de l'école épicurienne. Il se contenta d'enseigner la doctrine d'Epicure sans la modifier.

PROUDHON (Pierre-Joseph), économiste et philosophe, né à Besançon en 1809, mort à Paris en 1865. Fils d'un garçon brasseur, et lui-même garçon de cave dès ses douze ans, il parvint toutefois à faire ses études au collège de sa ville natale et surtout il s'instruisit seul par la lecture des livres de la bibliothèque municipale. Il devint ouvrier typographe et publia des études de linguistique et de grammaire. Venu à Paris en 1839, il fit paraître en 1840 son fameux mémoire sur la propriété, sous ce titre : *Qu'est-ce que la Propriété?* ou *Recherches sur le principe du droit et du gouvernement*. C'est dans cet ouvrage qu'il dit : « La propriété, c'est le vol. » Mais, quoi qu'on ait pu croire, Proudhon ne nie pas et ne condamne pas la propriété. Il nie et condamne la propriété immobilière, la propriété de l'instrument primitif de travail que la nature a donné à tous les hommes et qui, pour être accessible à tous, doit être non pas la *propriété*, mais seulement la *possession* de chacun. L'intérêt du capital, les bénéfices du commerce, la rétribution du talent en dehors du travail, lui paraissent injustifiables. Il affirme l'égale dignité de tous les hommes, leurs titres égaux au bien-

être et à la vie complète. Proudhon expliqua sa critique et ses idées sociales dans une *Lettre à Blanqui* et dans une autre *Lettre à Considérant*. Il fut dès lors mêlé à toutes les luttes politiques en 1848 et sous l'Empire. Les polémiques de presse ne l'empêchèrent point de produire un grand nombre d'œuvres très diverses de sociologie ou de critique religieuse. On y remarque de graves défauts de méthode, un emportement désordonné, une hâte à affirmer et à conclure sans documentation suffisante, mais aussi une vigoureuse

Proudhon.

et révolutionnaire originalité de pensée. Il a imposé la discussion de la plupart des problèmes sociaux, sans en imposer la solution.

PROVINCIALES (Les), ouvrage fameux de Pascal contre les jésuites.

PSYCHÉ, jeune fille aimée par l'Amour à cause de sa merveilleuse beauté. C'est le symbole de l'âme humaine.

PSYCHOLOGIE, partie de la philosophie qui étudie l'âme humaine. Les grands philosophes qui se sont occupés plus spécialement de cette étude sont : Descartes, Malebranche, Leibnitz, Locke, Berkeley, Condillac, Kant, Reid, et enfin Alex. Bain, Herbert Spencer, Th. Ribot, qui ont appliqué à la psychologie la méthode expérimentale et ont renouvelé cette science par les données de la physiologie.

PSYCHOLOGUE, celui qui s'occupe de psychologie.

PSYCHO-PHYSIOLOGIE, science qui a pour objet, comme son nom l'indique, d'étudier l'influence des phénomènes physiologiques sur la vie psychique, et la réaction de celle-ci sur les phénomènes physiologiques. Sa méthode consiste à unir l'observation externe à l'observation interne, l'expérimentation aux données de la conscience. Elle tient à la fois des sciences naturelles et des sciences morales.

C'est le physiologiste et philosophe allemand W. Wundt, né en 1832, qui a exposé le premier dans la *Préface* de son remarquable ouvrage : *Éléments de psychologie physiologique* (paru en 1874 et traduit en français, en 1886, par Elie Rouvier), l'objet et la méthode de la psycho-physiologie, ainsi que sa place parmi les sciences.

Toutefois, un autre physiologiste et philosophe allemand, Hermann Lotze, avait déjà écrit, dès 1852, sa *Psychologie médicale*, et il avait, en 1881, fait traduire en français les *Principes généraux de Psychologie physiologique*, où se trouvent exposés quelques-uns des rapports de la psychologie et de la physiologie.

En France, le philosophe Th. Ribot a donné une très grande extension à cette science nouvelle et à l'utilisation des données physiologiques pour l'observation psychologique. (V. Wundt, Lotze, Ribot.)

PSYCHO-PHYSIQUE, science qui étudie les modifications physiques organiques (accroissement de force musculaire, de température, d'activité respiratoire et circulatoire, de tension électrique, etc.), provoquées par les diverses opérations psychiques (sensorielles, intellectuelles ou volontaires), et aussi le problème inverse de l'influence de ces modifications physiques sur les opérations psychiques, par exemple d'une suractivité circulatoire sur l'excitation intellectuelle. Féré, Richet, Binet et d'autres savants ont constitué, dans cet ordre de recherches, des observations et des expériences d'une rigueur vraiment scientifique.

PUFENDORFF (Samuel), 1632-1694, publiciste allemand, auteur d'un remarquable ouvrage de philosophie juridique : *Droit de la nature et des gens*.

PYRRHON, philosophe grec, de l'école sceptique, est né à Elis en 360 av. J.-C. Il suivit Alexandre dans son expédition des Indes. Revenu à Elis, il y fonda une école qui n'eut pas beaucoup d'adhérents. Il mourut en 270. Pyrrhon proposa le scepticisme comme le plus sûr moyen de vivre en paix. Si nous comprenons que nous ne pouvons pas connaître la vraie nature des choses, nous nous garderons de rien affirmer. Nous resterons *indifférents*. Il avait connu les prêtres de l'Inde et il avait été frappé de leur indifférence mystique à l'égard des choses extérieures. Il les prit pour modèles et il conçut que l'ataraxie, l'absence d'opinion, est le parti le plus sage. Elle conduit à regarder les choses d'ici-bas comme des illusions.

PYTHAGORE et les **PYTHAGORICIENS**. Pythagore, philosophe grec, est né à Samos vers 588 avant J.-C. La tradition le représente un peu comme un personnage fabuleux. Elle lui attribue des voyages en Egypte, en Chaldée, en Phénicie et aux Indes. Vers l'an 540, il partit pour Crotone, dont les habitants acceptèrent ses lois, et il mourut à Métaponte vers 500, après une révolte des villes de la Grande-Grèce contre son ordre.

Les pythagoriciens. — Ils formèrent un ordre, plutôt qu'une libre école de philosophie. Les disciples de Pythagore, parmi lesquels il faut citer sa femme Théano et ses trois filles, étaient astreints à un régime rigoureux. La vie commune était soumise à des règlements précis qui prescrivaient les vêtements, les aliments, les chants et les prières. Il y avait des membres du dehors et des initiés. Grâce à cette organisation, les pythagoriciens acquirent dans la Grande-Grèce une influence prépondérante. Ils y rétablirent l'aristocratie, mais le peuple se souleva, les membres de l'ordre furent chassés et leurs maisons incendiées. Les principaux pythagoriciens furent Philolaus, contemporain de Socrate, Tébès et Simmias, qui furent ses disciples à Thèbes, Timée de Locres, Epicharme le poète comique, Archytas de Tarente et Oscellus de Lucanie.

Doctrine pythagoricienne. — Les pythagoriciens étaient des mathématiciens ; aussi étaient-ils portés à voir dans les choses l'ordre et l'harmonie qu'elles recèlent ainsi que leurs rapports numériques. « Nourris dans l'étude des mathématiques, dit Aristote, frappés des analogies des nombres et des choses, les pythagoriciens pensèrent

Pythagore.

que les éléments des nombres sont les éléments de tous les êtres, et que le ciel tout entier est un nombre. » Le nombre est à la fois la substance et la forme des choses. Il a lui-même des éléments qui sont le pair et l'impair. Le pair est identique à l'infini, l'impair au fini, et tout se compose du fini et de l'infini. Partout dans la nature se retrouve ce mélange du déterminé et de l'indéterminé, du fini et de l'infini, du pair et de l'impair, de la pluralité et de l'unité. Cette indétermination se retrouve dans le nombre-principe,

dans l'unité qui est l'essence première des nombres réalisés dans les choses.

L'harmonie n'est pas distincte du nombre, elle est le nombre lui-même. Les pythagoriciens cultivaient aussi la musique et ils considèrent que dans le monde tout est ordonné et musical, et que les éléments des choses, c'est-à-dire les nombres, sont déjà la règle, l'ordre et la musique.

Ils appliquèrent ces considérations esthétiques à l'astronomie, et les premiers ils eurent l'idée du mouvement de la terre. D'après Philolaüs, il y a au centre du monde un feu dont le soleil, comme un miroir, réfléchit la clarté. Autour de ce feu tourne une terre analogue à la nôtre, qui nous en sépare, puis notre propre terre, la lune, le soleil et les planètes.

Les théories religieuses des pythagoriciens sont, dit-on, empruntées aux mystères de la Grèce et de l'Inde. L'unité divine mathématique d'où procèdent les êtres, est répandue dans tout l'univers. Les âmes sont des parcelles de la divinité et sont douées de l'immortalité. Selon qu'elles ont bien ou mal vécu, elles passent, après la mort, à un état supérieur ou inférieur. Elles peuvent tomber dans le corps d'un animal. Telle est la théorie de la métempsycose, que nous trouvons pour la première fois en Grèce. C'est de là, sans doute, que vient le précepte qui défendait aux pythagoriciens de manger la chair des animaux. Cette croyance de la transmigration des âmes fut, dans la suite, acceptée par Platon.

Q

QUESNAY (François), 1694-1774, économiste français, fondateur de l'école des *physiocrates*. Contrairement à ce qu'enseigna plus tard Adam Smith, il pensait que l'unique source de richesses, c'est le travail agricole, qui donne d'abord la nourriture et l'entretien de l'ou-

vrier, et ensuite un excédent qu'il appelait *produit net*. Le travail industriel était déclaré improductif. D'où il concluait que seul le produit net doit supporter l'impôt, mais aussi que le propriétaire foncier doit seul prendre part aux affaires, et assurer d'ailleurs à l'industriel la liberté du travail. C'est de ce principe incomplet que sortirent d'abord la ruine des maîtrises et des jurandes et ensuite la concurrence. La formule célèbre : *Laissez faire, laissez passer*, est de cet économiste français. Quesnay restait partisan de la monarchie absolue, qu'il regardait comme un gouvernement paternel, tandis qu'il n'attendait de la démocratie que licence et désordre.

QUESNEL (Le père), 1634-1719, théologien janséniste, né à Paris. Il avait traduit le Nouveau Testament avec des commentaires qui furent condamnés dans la bulle *Unigenitus*. Son nom se trouva ainsi mêlé aux luttes à la fois philosophiques et religieuses que souleva au XVIIe et au XVIIIe siècle le problème théologique de la grâce.

QUINET (Edgar), poète, historien et philosophe, né à Bourg en 1803, mort à Versailles en 1875. Il se prépara d'abord à l'école polytechnique et fut admis. Mais, pour ne pas servir la Restauration, il renonça à son admissibilité et fit ses études de droit. Le livre de Herder : *Idées sur la philosophie de l'hist ire*, l'enthousiasma et le tourna vers les études historiques. Il traduisit cet ouvrage en français et le publia (1825) avec une introduction dont Gœthe rendit compte et qu'il recommanda aux lecteurs. Etant allé offrir cette traduction à Victor Cousin, il rencontra Michelet chez ce philosophe. Et dès lors une indéfectible amitié fut établie entre Michelet et Quinet, dont les noms sont inséparables. Edgar Quinet fit, en 1827, un séjour en Allemagne pour y étudier la philosophie et écrivit son *Essai sur les œuvres de Herder* ainsi qu'un opuscule sur l'*Origine des dieux*, qui fut plus tard développé et devint le *Génie des religions*.

Après avoir assisté à la Révolution de 1830, qui l'enthousiasma, il alla en Italie et écrivit (1833) un grand poème, *Ahasvérus:* c'est « l'esprit enfiévré qui cherche à travers l'ombre le soleil qui va venir ». En 1838, il publia un autre poème : *Prométhée*.

Il abandonna ensuite la poésie, et professa à Lyon, puis au Collège de France (1841). Ses leçons sur l'influence de l'esprit dogmatique et jésuitique, ainsi que celles de Michelet sur le même sujet au même Collège de France, furent de vraies batailles (1843). Elles ont formé le livre paru sous ce titre : *Les Jésuites*, qui est une admirable dénonciation. En 1846, M. Guizot supprima les cours de Quinet, qu'il considérait comme révolutionnaires. La jeunesse libérale organisa de violentes manifestations contre cette suppression.

Quinet prit part à la Révolution de février 1848 et, l'un des premiers, il entra aux Tuileries avec un fusil. Son cours fut rouvert après la proclamation de la République. La foule lui fit un accueil triomphal à sa première leçon. Il fut élu représentant de l'Ain en 1848 et en 1849. Au coup d'Etat, il dut s'exiler. Il habita la Belgique, puis la Suisse, et demeura hors de France, comme Victor Hugo, jusqu'à la chute de l'Empire (1870).

Il employa ses années d'exil à composer d'importants ouvrages : la *Révolution*, étude historique (1865), la *Critique de la Révolution* (1867), la *Création* (1870), et un grand nombre d'études historiques, politiques, philosophiques. En 1874, enfin, il a publié l'*Esprit nouveau*.

Elu député en 1871, il a défendu les principes républicains et démocratiques avec une inlassable ardeur. Il est mort en 1875.

Ce fut un clairvoyant historien et critique social, un polémiste vigoureux, un apôtre passionné de l'esprit de liberté républicaine, un adversaire convaincu des dogmes, et un éloquent remueur d'idées démocratiques et humanitaires. Il crut à la fin du dogmatisme et à l'avènement d'une sorte de religion humanitaire de la liberté et de la justice. Il voulut que le peuple français « consentît à être ce que la nature l'a fait, le peuple de la démocratie par excellence ». Nous devons surtout reconnaître en lui une grande âme.

Il faut lire, sur Edgar Quinet, les divers récits du séjour en exil qu'a publiés Mme Edgar Quinet, et surtout son récent ouvrage : *Cinquante ans d'amitié (Michelet-Quinet, 1825-1875)*.

R

RABELAIS, philosophe et écrivain français, né à Chinon en 1495. Il étudia la médecine, professa à Montpellier. Soupçonné de luthéranisme, il échappa aux persécutions. Il fut curé de Meudon et mourut à Paris en 1553.

Esprit très cultivé et très libre,

François Rabelais.

il fait apparaître au milieu des licences, dans son roman de *Gargantua* et dans *Pantagruel*, des aperçus d'une rare élévation.

Il secoue les liens dans lesquels le moyen âge veut retenir l'intelligence, et il se fait l'apôtre d'une morale plus humaine et d'une éducation plus élevée. Chemin faisant, il attaque les institutions de son époque, et déguise ses satires en leur donnant une forme plaisante et parfois bouffonne. Mais sous la crudité de langage, la fantaisie des sarcasmes et les orgies imaginatives, on sent une critique supérieure, l'amour de l'humanité et de la justice, le culte de la vraie science. Tout le bouillonnement de la Renaissance est dans cette œuvre puissamment originale et, au fond, généreuse qui durera comme le *Don Quichotte* de Cervantès.

On peut lire sur Rabelais l'excellente étude de M. Émile Gebhart: *Rabelais, la Renaissance et la Réforme* (1877).

RABIER (Jean-Elie), philosophe et professeur remarquable, né à Bergerac en 1846. Il a publié ses *Leçons de philosophie* professées au lycée Charlemagne (1884-1886). Il a donné une édition savante du *Discours de la méthode* et a collaboré à l'*Encyclopédie des sciences religieuses* de Lichtenberger. Sa philosophie se rattache au spiritualisme.

RAISON (Culte de la), sorte de religion et de culte spiritualiste établis en 1793 par la Convention. On peut lire sur ce sujet la savante et attachante étude de M. Aulard sur *le Culte de la Raison et le Culte de l'Être suprême*.

RAMUS ou PIERRE DE LA RAMÉE, philosophe français, né à Paris en 1515, mort dans les massacres de la Saint-Barthélemy en 1572.

Il attaqua la scolastique et ses subtilités qui, à son dire, ne produisaient que disputes « sans monstrer jamais ne profit, ne usage ». Dans ses *Dialecticæ partitiones ad Academiam parisiensem* et dans ses *Aristotelicæ animadversiones*, il attaqua la doctrine d'Aristote et des péripatéticiens. Il se fit des ennemis, et bien qu'on lui eût rendu sa chaire du Collège de France, il n'en périt pas moins victime des soupçons religieux.

RAVAISSON (Félix), philosophe français contemporain, né à Namur en 1813, mort en 1900, auteur d'un bel *Essai sur la métaphysique d'Aristote*, d'une thèse sur l'*Habitude* et d'un *Rapport sur la philosophie au XIXe siècle*. Il a contribué à l'approfondissement du spiritualisme qui marque les dernières années du mouvement philosophique en France.

RÉGIS (Sylvain), philosophe français, né aux environs d'Agen en 1632. Il enseigna à Toulouse, à Montpellier et à Paris, où il mourut en 1707. Il publia un *Cours complet ou système général de philosophie suivant les principes de Descartes*. Il s'appliqua à répandre la doctrine du maître. Il la défendit contre le sceptique Daniel Huet, évêque d'Avranches.

REID (Thomas), philosophe anglais, né à Strachan en 1710, mort à Glasgow en 1796.

Professeur à Glasgow, il s'employa à réfuter l'immatérialisme de Berkeley et le scepticisme de Hume en faisant appel au sens commun. L'âme n'est pas une table rase ; il y a des jugements primitifs qui ne viennent pas des sensations et qui les dépassent. Toute sensation se rapporte à un sujet sentant et pensant, qui demeure toujours identique à lui-même et à un objet extérieur qui en est la cause. Les principes qui nous contraignent d'aller de la pensée au sujet pensant et de la sensation à l'objet, appartiennent au sens commun. Ces principes se divisent en deux catégories. Les premiers sont spéculatifs, comme par exemple : les axiomes logiques et mathématiques, le principe de causalité, etc.; les autres sont pratiques. Ce sont les croyances générales, résultat du sens commun.

« A la théorie de Hume, dit M. Ravaisson dans son *Rapport sur la philosophie au XIXᵉ siècle*, Thomas Reid opposa, sans parler de la contradiction qu'elles renferment, les croyances par lesquelles nous sont garanties ces existences supérieures aux choses physiques et sensibles qui sont l'objet de la métaphysique. Ce fut l'œuvre de Reid et de son école de rétablir, comme au-dessus de l'ordre matériel, l'ordre intellectuel et moral, mais sans montrer entre le supérieur et l'inférieur aucune relation nécessaire. »

La philosophie de Reid, dite de l'école écossaise, eut une action considérable sur la pensée philosophique française, au commencement de ce siècle. Royer-Collard l'exposa à la Sorbonne et, par elle, il voulut combattre le sensualisme; en glorifiant l'esprit. Victor Cousin lui-même s'en tint d'abord à cette philosophie demi-spiritualiste. Mais l'influence de Maine de Biran sé substitua à celle des Ecossais.

Les principales œuvres de Thomas Reid sont : les *Recherches sur l'entendement humain d'après les principes du sens commun* (1763); les *Essais sur les facultés intellectuelles* (1785); les *Essais sur les facultés actives* (1788).

RÉMUSAT (le comte Ch. de), 1797-1875. Disciple de Victor Cousin, il s'occupa surtout, comme la plupart des éclectiques (V. *ce mot*), d'histoire de la philosophie.

Ses œuvres sont : une étude sur *Abailard*, un livre sur *la Philosophie allemande*, un livre sur *Bacon, sa vie, son temps, sa philosophie*.

RENAN, philosophe français, né à Tréguier en 1823. Il se prépara à la prêtrise au séminaire Saint-Sulpice ; mais, devenu incrédule, il rentra dans la vie laïque, fut professeur au Collège de France, et mourut à Paris en 1892.

Ce fut un écrivain d'un rare et merveilleux talent.

Toutes ses œuvres sont pénétrées d'un esprit philosophique. Mais quelques-unes se rattachent directement, par leur sujet même, à la philosophie : *Averroès et l'Averroïsme*, *De l'origine du langage*, *Essais de morale et de critique*, *Dialogues et fragments philosophiques*, *Spinoza*, *Drames philosophiques*, *l'Islamisme et la Science*, *l'Avenir de la science*.

Il reprit le positivisme d'Auguste Comte et appliqua à tout ce qui n'est pas absolument scientifique le doute sceptique. En philosophie, il exprima sous une forme ironique et fuyante toutes les incertitudes de ce temps, mais seulement après avoir fait le tour des connaissances humaines; car il avait commencé par être un fervent de la science. Son criticisme, comme le positivisme d'Auguste Comte, rejette la révélation et la métaphysique pour s'en tenir à la science, avec cette différence toutefois que la science reconnue du positivisme est celle qui étudie la nature matérielle, et que la science critique de Renan a pour objet principalement l'histoire de l'esprit humain. Il n'y a pas de vérité absolue, ou du moins l'homme ne saurait l'atteindre. Il n'y a que des modes d'opinions successifs, des sentiments, des croyances, des systèmes, à travers lesquels l'humanité changeante et progressive recherche la vérité et s'élève à l'idéal, au divin. Posséder la vérité n'est pas ce qui importe, mais bien la recherche de la vérité et l'effort merveilleux des individus, des peuples, des siècles pour y parvenir : cette recherche est la vie même de l'homme. On ne peut donc établir une philosophie proprement dite. « La philosophie, dit Renan, est moins une science qu'un côté de toutes les sciences... Elle est le résultat général de toutes les sciences, le *son*, la *lumière*, la *vibra-*

Renan.

tion qui sort de l'éther de la vie que tout porte en soi. » De telles conceptions sont une salutaire protestation contre tous les dogmatismes; mais il y manque la fermeté, la consistance, la décision. Ce n'est qu'une agréable fluctuation d'esprit dans un vague et subtil spiritualisme.

RENOUVIER (Charles), philosophe français contemporain, fondateur du *néo-criticisme* français. Ancien élève de l'école polytechnique, comme Auguste Comte, il a lutté sans relâche contre l'enseignement du *Cours de philosophie positive*. Pour combattre l'empirisme, M. Renouvier, dans ses *Essais de philosophie critique* et dans sa Revue *La Critique philosophique*, a restauré chez nous la philosophie kantienne et le criticisme.

RÉPUBLIQUE (La), dialogue de Platon, le plus important peut-être de ses ouvrages.

L'objet propre de ce dialogue, au point de vue moral, c'est la justice; et, si l'on en croit Platon lui-même, ce n'est que pour mieux faire voir ce que doit être la justice dans l'individu, qu'il la montre d'abord dans l'État. Mais il est facile de voir que Platon a voulu aussi donner son idéal de gouvernement.

REUCHLIN, philosophe allemand, né en 1455, mort en 1522. D'une instruction prodigieuse, il posséda toutes les langues savantes de son époque. Il fut emprisonné pour avoir conservé des manuscrits condamnés à être brûlés. Dans son *De verbo mirifico*, il dénonce l'influence qu'exerça sur lui la kabbale et la magie. Il donne une interprétation panthéiste de la Bible.

RÉVILLE (Albert), théologien et auteur de savantes études critiques sur l'histoire des religions, né à Dieppe en 1826. Son *Histoire des religions* (1883-1885) comprend un premier volume : *Prolégomènes de l'Histoire des religions*, dans lequel l'auteur définit philosophiquement la religion, et établit la critique psychologique et morale du mythe, du symbole, du rite et du sacrifice, du sacerdoce de l'autorité religieuse, de tous les faits intellectuels et sociaux par lesquels se marque le phénomène religieux.

REYBAUD (Louis), publiciste et homme politique, né à Marseille en 1799, mort à Paris en 1879.

Il se rattache à l'école saint-simonienne et il est l'auteur du roman satirique et social : *Jérôme Paturot à la recherche d'une position sociale*, dont le succès fut immense (1843). Ses *Études sur les réformateurs ou socialistes modernes* (1840-1843) sont un intéressant exposé des systèmes de Saint-Simon, Fourier, Owen, Cabet.

REYNAUD (Jean), philosophe français, né à Lyon en 1806, mort à Paris en 1863.

Élève de l'école polytechnique et ingénieur, il fut gagné aux idées saint-simoniennes par leur générosité démocratique. Mais les excentricités des chefs de l'école saint-simonienne, surtout du père Enfantin, lui déplurent, et il se sépara de cette société. Avec Pierre Leroux, il fonda en 1835 l'*Encyclopédie nouvelle*, recueil de philosophie politique. Il fut élu représentant en 1848. Il publia en 1854 son principal livre : *Terre et ciel*, qui provoqua les colères du clergé. Ce fut un des grands penseurs de ce siècle, et l'un des plus sages disciples de Saint-Simon.

RIBOT (Théodule), philosophe, né à Guingamp (Côtes-du-Nord) en 1839. Il est le véritable créateur de la psychologie expérimentale, et il a été à ce titre nommé professeur à la Sorbonne en 1885, au Collège de France en 1888. Ses œuvres : la *Psychologie anglaise contemporaine*, la *Psychologie allemande contemporaine*, la *Philosophie de Schopenhauer*, l'*Hérédité psychologique*, les *Maladies de la mémoire*, les *Maladies de la volonté*, les *Maladies de la personnalité*, la *Psychologie de l'attention*, sont des travaux de premier ordre, dans lesquels l'esprit critique se joint à l'originalité des vues rénovatrices. M. Ribot a profondément modifié les conditions de la psychologie. Il veut qu'elle soit une science positive, qu'elle soit la science de l'esprit fondée sur des recherches propres, en dehors de la métaphysique, et purement expérimentales. Il limite son objet aux seuls phénomènes, à leurs causes immédiates et à leurs lois, et abandonne à la métaphysique l'étude de l'âme et de son essence, comme dépassant l'expérience et les vérifications positives. La méthode subjective et la méthode objective doivent être simultanément employées, et la *psychologie générale* doit être complétée par la *psychologie comparée* ou étude par comparaison des phénomènes psychiques dans les diverses races animales, et par la *tératologie-psychologie*, ou étude des maladies et des déviations mentales. C'est un renouvellement profond de toute la philosophie.

RICHARD DE SAINT-VICTOR, philosophe français, mourut vers 1173. Il fut prieur de l'abbaye de Saint-Victor, à Paris. Esprit d'un mysticisme très avancé, il reste avec peine dans les limites de l'orthodoxie. Il exposa des doctrines à tendances panthéistiques, analogues à celles des néoplatoniciens.

ROSCELIN, philosophe français du XIᵉ siècle. Il fut chanoine de Compiègne. Il enseigna probablement sur la montagne Sainte-Geneviève ou dans le cloître Notre-Dame. Selon lui, les idées générales, les *universaux*, ne répondent à rien de réel. Ce sont des *flatus vocis*, des mots vides de sens. Seuls les êtres et les objets particuliers existent. Il fit l'application de sa doctrine au dogme de la Trinité, et engagea sur ce sujet des disputes avec Guillaume de Champeaux et saint Anselme.

ROSMINI (Antoine), philosophe italien, né à Roveredo en 1797, mort à Milan en 1855. Il se fit prêtre à dix-huit ans et se consacra à l'étude de la philosophie. C'est aux idées platoniciennes qu'il s'attacha d'abord, et il écrivit dans cet esprit divers opuscules. Ses œuvres principales sont le *Nouvel essai sur l'origine des idées* et l'*Ontologie*. Selon Rosmini, l'idée ou l'*un* existe éternellement dans la pensée de Dieu. Notre esprit ne la crée pas, mais la retrouve et la contemple en Dieu. C'est à peu près l'*ontologisme* de Malebranche. Les jésuites firent condamner un livre de Rosmini : *Les Cinq Plaies* (1853). Dès lors il fut en disgrâce à Rome, après y avoir acquis les plus hautes faveurs, et il mourut de chagrin près de son ami le poète Manzoni.

ROSSETTI (Dante-Gabriel), artiste et écrivain mystique anglais, né à Londres en 1828. Comme peintre, il tint une place dans l'école préraphaélique fondée par Ruskin, et comme écrivain il a célébré, dans des poèmes philosophiques (*Poèmes*, 1870; *Maison de Vie*, 1887) d'une inspiration très élevée et panthéistique, la beauté et la vie.

ROUSSEAU (Jean-Jacques), philosophe français, né à Genève en 1712, mort à Ermenonville en 1778. Il eut une vie des plus mouvementées. Fils d'un horloger, sa naissance causa la mort de sa mère. Il fut élevé par une tante, qui lui laissa tout lire. Mais on l'obligea à apprendre un métier manuel, et ainsi il eût été détourné de l'étude, si un hasard ne l'avait amené chez Mᵐᵉ de Warens, qui le mit, après son abjuration du protestantisme, au séminaire d'Annecy. Sorti du séminaire, il eut diverses aventures et surtout il se lia avec Mme de Warens d'une amitié passionnée. Venu à Paris en 1740, il fut précepteur, collabora à l'*Encyclopédie*, obtint le prix de l'Académie de Dijon (1750) avec un mémoire dans lequel il soutenait, probablement sur les conseils de Diderot, que « les sciences et les arts ont contribué à corrompre les mœurs », et dans lequel il célébrait déjà la sainte barbarie des ancêtres, l'état de *pure nature*. Ce fut désormais l'idée inspiratrice de toute son œuvre. Il vécut dans l'intimité de Mme d'Epinay, puis s'éprit d'amour pour Mme d'Houdetot, et il dut

J.-J. Rousseau.

écrire son œuvre (*Julie* ou la *Nouvelle Héloïse*, 1760; le *Contrat social*, 1762; l'*Emile*, 1762), parmi les emportements de la passion et de la jalousie. Sa querelle avec Voltaire, à l'occasion de sa *Lettre à d'Alembert sur les spectacles* (1758), révéla la fermeté de son caractère et l'habileté de son esprit de polémique. Il mourut accablé de souffrances et d'infirmités, dans la retraite que M. de Girardin lui avait offerte à Ermenonville.

Dans la *Profession de foi du vicaire savoyard*, il expose une philosophie purement spiritualiste en même temps qu'il affirme sa croyance théiste. Il oppose aux mœurs d'une société corrompue la simplicité de la nature, l'inspiration du cœur, l'élan et la générosité des sentiments. Dans son essai sur l'*Inégalité des conditions sociales*, il pousse le paradoxe jusqu'à con-

cevoir un état de nature où l'homme isolé aurait vécu sans besoins, dans une douce innocence. Il étudia avec une profondeur de génie le système de l'organisation sociale qui, d'après lui, repose sur un contrat librement accepté (le *Contrat social*). Il va même jusqu'à donner une formule précise qui pose à tout jamais le problème social. Il consiste à « trouver une forme d'association qui défende et protège de toute la force commune la personne et les biens de chaque associé, et par laquelle chacun, s'unissant à tous, n'obéisse pourtant qu'à lui-même et reste aussi libre qu'auparavant ». Il a tracé, dans l'*Emile*, un programme d'éducation très élevé, pour lequel il s'est inspiré des *Lettres* de Locke sur l'éducation.

L'influence de Rousseau fut immense sur les hommes de la Révolution et sur les générations qui suivirent. La violente critique sociale qu'il institua, sa protestation contre les privilèges et les injustices, son affirmation de la liberté et de l'égalité républicaines, sa recherche de l'idéal de vérité à travers les mensonges et de Dieu à travers les dogmes, son généreux amour de la nature et de l'humanité, c'est tout cela qui a fait la France et on peut dire le monde moderne. Peut-être eut-il pour son compte et répandit-il le goût de l'emphase, de la déclamation. On le cite avec raison comme l'un des précurseurs du romantisme. Mais par cela même son œuvre, comme celle de Diderot, détacha les esprits du XVIIIe siècle de la sèche moquerie et du sarcasme voltairien pour les mener à l'enthousiasme révolutionnaire.

ROYER-COLLARD, philosophe français, né à Sompuis (Marne) en 1763. Il fut professeur à la Sorbonne et mourut en 1845. Sa vie fut souvent détournée de l'étude philosophique par les luttes politiques.

Il commença ses cours à la Sorbonne au moment (1811) où les théories de Condillac étaient partout dominantes. Il leur opposa la philosophie écossaise de Thomas Reid, et combattit le sensualisme, le scepticisme qui selon lui en résulte, pour conclure à l'affirmation de la légitimité des croyances naturelles et de principes supérieurs aux choses physiques et sensibles.

RUINES (Les), ouvrage fameux de Volney, paru en 1791. L'idée du livre est que toutes les ruines d'empires et de peuples viennent de ce que l'homme a abandonné la religion naturelle. « Dans ce bel ouvrage, a dit Pastoret, Volney nous ramène à l'état primitif de l'homme, à sa condition nécessaire dans l'ordre général de l'univers; il

Royer Collard.

recherche l'origine des sociétés civiles et les causes de leurs formations, remonte jusqu'au principe de l'élévation des peuples et de leur abaissement, développe les obstacles qui peuvent s'opposer à l'amélioration de l'homme. »

RUSKIN (John), critique d'art et écrivain philosophique anglais, né à Londres en 1819, mort à Coniston en 1900. Son père était un riche négociant, qui lui laissa un héritage de cinq à six millions. Il distribua cette fortune à des parents pauvres, à des institutions scientifiques et à des œuvres philanthropiques. La lecture de la Bible forma en lui une âme contemplative et religieuse. D'autre part, sa sensibilité très vive s'exalta devant la nature. La religion et l'art lui inspirèrent une égale ferveur. On a pu dire qu'il fonda une religion nouvelle, la « religion de la Beauté ».

Ses œuvres sont : une étude sur Turner et les cinq volumes des Peintres modernes (1860), qui ont révolutionné la critique d'art en Angleterre et dans le monde entier; les Sept lampes de l'architecture et les Pierres de Venise; les Sésames et les Lis; la Couronne d'olivier sauvage, et enfin son testament artistique, les Lois de Fiésole.

Il y expose sa théorie de la beauté qui est la vérité. Il n'est point, selon Ruskin, de beauté des formes ni d'art possible sans une signification intellectuelle et morale. Il faut, pour qu'il y ait beauté, le sentiment de l'humanité, et tout art doit embellir et fortifier la vie politique et sociale.

Ruskin fut donc, en même temps qu'artiste, une sorte de prophète et de réformateur social. Il fonda l'école du préraphaélisme, avec les peintres Milliais et Rossetti, et il voulut aussi réhabiliter le travail manuel en se faisant ouvrier. Son influence a été immense sur l'art et la pensée contemporaine. Tolstoï a dit de Ruskin qu'il a été le plus grand génie de la fin du XIXe siècle. Il fut assurément l'une des plus grandes forces intellectuelles et morales de notre temps.

RYDBERG (Viktor), 1828-1895, philosophe et historien suédois, qui a exercé en Suède une influence analogue à celle de Renan en France. Il a professé à Gothembourg et à l'université de Stockholm.

RYDELIUS (Anders), 1671-1738, philosophe suédois, le premier disciple de Descartes en Suède. A l'imitation de son maître, il écrivit ses ouvrages dans sa langue nationale, rompant ainsi avec la tradition du moyen âge et de la Renaissance, qui voulait que les livres de science et de philosophie fussent rédigés en latin. Sa doctrine est la doctrine cartésienne. On a de lui un Cours de philosophie (1718) qu'il enseigna à Lund.

S

SABATIER (Auguste), théologien protestant, historien critique et philosophe contemporain. Il a publié une savante et éloquente étude historique sur l'*Apôtre Paul*, et il a exposé dans un livre très remarquable : *Esquisse d'une philosophie de la religion d'après la psychologie et l'histoire* (1897), la théorie de l'évolutionnisme religieux ou de la religion considérée comme une forme progressive de la vie intérieure de l'âme.

SABÉENS, secte religieuse qui professait le monothéisme, le culte des astres, et qui fournit sans doute des éléments à la formation de l'islamisme. Elle fut surtout répandue dans l'Arabie et la Mésopotamie.

SABÉISME, doctrine des sabéens.

SACY (Lemaistre de), 1613-1684, théologien et philosophe ami d'Arnauld, de Nicole, de Pascal. Il fut mêlé aux querelles du jansénisme et enfermé à la Bastille, où il fit la traduction de la Bible.

SADI ou SAADI, poète et philosophe religieux persan du XIIIe siècle (1194-1297). Il vécut d'une vie contemplative, dans un ermitage, et composa des ouvrages, surtout le *Jardin des roses*, dans lesquels il exposa avec magnificence ses idées mystiques et religieuses.

SADOC, juif du IIIe siècle qui fonda la secte des saducéens.

SADUCÉENS, secte religieuse juive qui rejeta les traditions pharisaïques pour s'en tenir à la seule parole écrite, et qui nia l'immortalité de l'âme et la résurrection.

SAGES (les sept). La tradition historique en Grèce désigne ainsi un groupe d'hommes remarquables par leur science et leur prudence; mais elle n'est pas bien fixée sur les noms de ces hommes.

D'après Platon, dans le *Protagoras*, les sept sages seraient : Thalès de Milet, Pittacus de Mitylène, Bias de Priène, Solon d'Athènes, Cléobule de Linde, Myson de Chènes, Cléobule de Lacédémone.

D'autres auteurs disent : Solon, Chilon de Lacédémone, Pittacus, Bias, Périandre de Corinthe, Cléobule de Linde, et Thalès.

Quelques-uns y font entrer Epiménide de Crète, Phérécyde de Cléos et Phaléas de Chalcédoine.

C'est aux sept sages de la Grèce que la tradition s'est plu à rattacher les origines de la philosophie grecque. Il y a là, comme toujours, un instinct assez juste. Les sept sages semblent bien avoir en commun, non pas certes un système, mais du moins un esprit observateur, une tendance morale.

SAGESSE (Traité de la), traité de morale de Charron (1601), le plus important ouvrage philosophique du XVIe siècle après les *Essais* de Montaigne.

SAINT-CYRAN (Duvergier de Hauranne, abbé de). V. DUVERGIER DE HAURANNE.

SAINT-ÉVREMOND (Charles de), 1610-1703, écrivain et philosophe français. Il se distingua par sa curiosité de toutes choses et par son bel esprit. La philosophie lui fut un sujet de fines causeries de salon, reproduites dans ses livres ou ses lettres. Avec la *Comédie des Académistes*, il a laissé des *Jugements et observations sur Sénèque*.

SAINT-LAMBERT (Jean-François, marquis de), poète et philosophe français, né à Nancy en 1716, mort à Paris en 1803. Il fut médiocre en tout, en poésie comme en philosophie. Son œuvre philosophique, le *Cathéchisme universel* (1798), est sans originalité ni vigueur de pensée. Mais ses succès auprès des femmes (Mme du Châtelet, Mme d'Houdetot, Mme de Boufflers) et l'amitié de Voltaire établirent sa réputation et lui marquèrent une place dans le parti philosophique.

SAINT-MARTIN (Louis-Claude de), dit le *Philosophe inconnu*, écrivain et philosophe mystique, né à Amboise en 1743, mort à Paris en 1803. Un juif portugais, Martinez Pasqualis, l'initia à la secte des *illuminés*. D'abord il prétendit réfuter le matérialisme dans son ouvrage *Des erreurs et de la vérité* (1775). Voltaire s'en moqua, mais les femmes en prirent de l'enthousiasme. Saint-Martin publia encore le *Tableau naturel des rapports qui existent entre Dieu, l'homme et l'univers* (1782), l'*Homme de désir*, un *Ecce homo*, le *Nouvel homme*, se faisant, comme il a dit, « le Robinson Crusoë de la spiritualité ». Il croit à une révélation intime de l'Etre di-

Saint-Simon.

vin, du Verbe, qui nous révèle en même temps toutes les connaissances.

SAINT-PIERRE (abbé de), 1658-1743, auteur d'un *Projet de paix perpétuelle*, qui est d'une inspiration généreuse, mais utopique.

SAINT-PIERRE (Bernardin de), 1737-1814, reprit les idées de Rousseau et s'inspira de sa sentimentalité. Ce fut, en morale, un Rousseau affadi. Dans ses *Harmonies de la nature*, il compromit sa thèse philosophique des causes finales par les applications excessives et ridicules qu'il en proposa.

SAINT-POURÇAIN (Durand de). V. DURAND DE SAINT-POURÇAIN.

SAINT-SIMON, philosophe français, né à Paris en 1760, mort en 1825. Il fit preuve d'indépendance et s'occupa spécialement de sociologie. Il est le chef de l'école saint-simo-

nienne, dont les théories sont à la fois positives et idéalistes. C'est de son école que procéda la philosophie positive d'Auguste Comte.

SAINTE-BEUVE (Charles-Augustin), poète, critique et philosophe français, né à Boulogne-sur-Mer, en 1804, mort à Paris en 1869. Ce fut surtout un critique littéraire, le plus grand et le plus sûr peut-être de ce siècle. Mais dans ses études critiques, il a étudié et discuté tous les problèmes philosophiques posés par la pensée contemporaine. Il écrivit au *Globe* avec Pierre Leroux (vers 1830), et il se pénétra profondément des idées humanitaires de l'école saint-simonienne. Lamennais faillit le convertir au catholicisme. Il fit l'apologie savante du jansénisme et des jansénistes dans son *Histoire de Port-Royal* (1840-1842). Il se prit d'enthousiasme pour les idées de Proudhon, sur lequel il écrivit un travail littéraire et philosophique. En somme, son esprit curieux et compréhensif a suivi et pénétré tous les mouvements d'idées, tous les systèmes philosophiques ou sociaux de notre siècle.

SAISSET (Emile), philosophe français, né à Montpellier en 1814, mort à Paris en 1863. Disciple de Cousin, il fit partie de l'école éclectique. Son principal titre philosophique est d'avoir donné une traduction des œuvres de Spinoza, qu'il fit précéder d'une introduction magistrale où il expose et éclaire le système du philosophe hollandais.

SALVIEN, théologien et philosophe du ve siècle. Il écrivit un traité *De la Providence*, dans lequel il considère les invasions barbares comme une punition divine, et divers ouvrages de moralité.

SANCHEZ (François), philosophe et médecin portugais du xvie siècle, mort en 1632. Il professa à Toulouse et commenta les ouvrages d'Aristote.

SANCHEZ (Thomas), jésuite espagnol, né à Cordoue en 1550, mort à Grenade en 1610. Il est célèbre par sa casuistique et sa psychologie bizarre des passions de la chair.

SAY (Jean-Baptiste), économiste et philosophe français, 1767-1832. Il a créé la méthode des études économiques et établi le premier programme complet d'économie politique, par le *Traité d'économie politique* (1814) et par le *Cours complet d'économie politique pratique* (1828-1830). Son influence a été considérable sur la politique et sur le mouvement social.

SCEPTICISME. Doctrine philosophique d'après laquelle la connaissance certaine est impossible. On doit donc douter de toutes choses; toutes les opinions sont également incertaines et il faut s'abstenir de juger.

Le vrai scepticisme, c'est-à-dire le scepticisme comme théorie de la connaissance, ne se rencontre guère que dans la philsophie ancienne : Pyrrhon, Ænésidème, Agrippa, Sextus, Empiricus. (V. *ces noms*.)

Chez les modernes, le scepticisme est plutôt un tour d'esprit ou une méthode de recherche, comme chez Montaigne, La Mothe le Vayer, Huet, Bayle; un instrument de controverse, comme chez Pascal ou Lamennais, qui voient dans le scepticisme un moyen de dégoûter les hommes de la science et de la philosophie et de les conduire à la foi religieuse.

SCEPTIQUE, philosophe qui professe le scepticisme, ou personne qui est portée au doute.

SCHELLING, philosophe allemand, né à Léomberg, en Souabe, en 1775. Il enseigna d'abord à l'Université d'Iéna, puis à Berlin, où il mourut en 1854.

Ses principaux ouvrages sont les suivants : *Idées sur une philosophie de la nature* (1797), *Système de l'idéalisme transcendantal* (1800), *Philosophie et religion* (1804), *Recherches philosophiques sur l'essence de la liberté humaine* (1809).

Il admet une substance infinie où doivent se concilier tous les contraires. Elle nous est connue par une intuition intellectuelle qui nous découvre à la fois notre propre nature et celle de l'univers dans un système d'idées analogues aux idées platoniciennes.

Le *moi* et le *non-moi* existent l'un comme l'autre; on peut indifféremment partir de la pensée pour arriver à la nature, ou partir de la nature pour arriver à la pensée. La nature est une face de l'existence, dont l'autre est l'esprit. Cette existence ainsi manifestée n'est ni *sujet*, ni *objet*, elle est l'*absolu*.

L'influence de Schelling fut considérable. Son système paraît d'une complexité presque confuse, et souvent on lui a reproché, outre l'obscurité, des inconséquences et des contradictions. On peut toutefois découvrir en son œuvre cette idée dominante, que l'homme, par la liberté, doit parvenir aux clartés de la raison et suivre une sorte d'intuition intellectuelle et idéale qui l'élèvera à Dieu et l'identifiera avec l'être absolu. C'est une belle conception d'idéalisme et de panthéisme mystique.

SCHERER (Edmond), critique et philosophe religieux et politique, né à Paris en 1815, mort à Versailles en 1889. Il a été, au dire de Sainte-Beuve, une « intelligence constamment en travail, en marche continuelle, en évolution permanente ». Il raconta ses premiers doutes dans la *Crise de la Foi*. Avec Colani il fonda à Strasbourg (1850) la *Revue de théologie et de philosophie chrétienne*, dans laquelle il exposa la théologie la plus libérale. Ses *Mélanges de critique religieuse* (1860) sont une œuvre de pénétrante critique philosophique. Edmond Scherer fut attaché à la rédaction du *Temps* dès la fondation de ce journal (1861). Il y étudia les questions politiques et les questions littéraires avec un profond esprit philosophique, et c'est par là que vaut sa critique très serrée et très fermement morale.

SCHLEIERMACHER (Frédéric-Daniel-Ernest), théologien et philosophe allemand, né à Breslau en 1768, mort en 1834. Sa philosophie est un effort de conciliation entre l'idéalisme kantien et le panthéisme de l'école allemande qui suivit Kant. Il a surtout défendu la légitimité du sentiment religieux et cherché à en définir la nature. Pour lui, l'essence de la religion consiste dans le sentiment que nous avons de notre dépendance absolue à l'égard de puissances supérieures que nous nommons divinités. Chercher et trouver en toutes choses l'infini est l'objet propre de la religion. Il a écrit des *Discours sur la religion* (1799), des *Monologues* (1799), ou contemplations mystiques à la manière de la *Destination de l'homme* de Fichte, une *Dialectique transcendantale* (publiée en 1839 seulement), et une *Critique des systèmes de morale* (1803), où, après avoir trouvé défectueux tous les systèmes de morale acceptés, il conclut à une règle fondée sur le seul accord avec la société et le genre humain.

SCHLOSSER (Frédéric-Christophe), historien et philosophe allemand, né à Jever en 1776, mort à Heidelberg en 1860. Il s'est attaché à tirer de l'histoire des leçons de démocratie, en faisant l'histoire non plus des princes, mais du peuple, de son travail, de son intelligence, de sa conscience. Son œuvre capitale est l'*Histoire universelle* (1817-1841).

SCHOEBEL (Charles), philologue et philosophe allemand, né à Ludwigslust en 1813. Il professa en France, notamment au collège Sainte-Barbe. Sa pensée philosophique (dans la *Philosophie positive présentée dans ses traités fondamentaux*, 1863, et dans la *Philosophie de la raison pure*, 1865), de même que son œuvre philologique, est dominée par un constant souci d'orthodoxie chrétienne.

SCHOELCHER (Victor), écrivain politique français, né à Paris en 1804. Il aida le mouvement révolutionnaire de 1830; il fut l'un des fondateurs de la *Revue républicaine*, il travailla à l'abolition de l'esclavage. En 1848, il siégea à l'extrême gauche de la Constituante. A la suite du coup ''Etat du 2 décembre, il fut proscrit avec Victor Hugo, et il ne rentra en France, comme ce dernier, qu'à la chute de l'Empire, en 1870. Dès lors, dans toutes les assemblées il se montra ferme républicain et généreux humanitaire. Ses nombreux ouvrages sur l'abolition de l'esclavage, contre l'Empire, pour la République, sont d'une profonde et sincère inspiration démocratique.

SCHOPENHAUER, philosophe allemand, né à Dantzig en 1788. Il était le fils d'un riche négociant de Dantzig, ce qui lui permit d'attendre une renommée lente à venir. Il avait étudié à Gottingue et à Berlin, où il enseigna. En 1831, il renonça à l'enseignement et se retira à Francfort, où il mourut en 1860.

Ses principaux ouvrages sont : *De la quadruple racine du principe de raison suffisante* (1812); *le Monde comme volonté et représentation* (1819); *De la volonté dans la nature* (1836); *Les deux problèmes fondamentaux de la morale* (1841).

Selon Schopenhauer, l'erreur de ses devanciers est d'avoir exagéré la valeur de l'intelligence, d'en avoir fait le principe de la connaissance et de la réalité. En cela, il est à peu près d'accord avec Kant; mais il exagère la doctrine de ce

Arthur Schopenhauer.

dernier, et non seulement il reconnaît à la volonté la valeur spéculative, mais il en fait le principe de tout ce qui est, la substance même de l'univers. Aveugle et inconsciente dans le règne inorganique, dans le règne végétal et animal, elle prend conscience d'elle-même dans le cerveau humain. Schopenhauer établit ainsi le primat de la volonté sur l'intelligence, qui n'est que la volonté consciente qui se manifeste dans le temps et l'espace.

Ces formes étant idéales, il s'ensuit que le monde dans lequel nous vivons n'est qu'une illusion. Le panthéisme de Schopenhauer affecte ainsi de se rapprocher des systèmes hindous que le philosophe connaissait et aimait. Il leur emprunte leur pessimisme. Ce monde est mauvais puisqu'il est illusoire; de plus, la volonté se manifestant dans l'homme par le désir et l'effort, celui-ci est sans cesse tourmenté de nouveaux besoins qu'il faut satisfaire ; or, le besoin et l'effort créent la souffrance. L'amour, dont Schopenhauer fait une étude curieuse, nous trompe. Il représente inconsciemment le génie de l'espèce qui veille et se sert de nous, de notre personnalité, pour arriver à des fins qui nous sont étrangères. Le sage doit se délivrer de l'effort. L'intelligence doit tuer la volonté. Le néant est l'état le plus heureux vers lequel nous puissions tendre ; encore ne faut-il pas se suicider, car dans cet acte éclate la force d'une volonté inconsciente.

Au cours de son livre sur la *Nature comme volonté et représentation*, Schopenhauer consacre à l'art et surtout à la musique des pages d'une profonde originalité. C'est par l'art que nous arriverons à la délivrance. C'est une préparation à la vie morale. Le devoir, si nous voulons nous y consacrer, nous élèvera au-dessus de l'illusion, et fournira à la vie un but digne d'être recherché. La première des vertus dans cette voie nouvelle est la sympathie et le sacrifice.

Challemel-Lacour, dans une étude sur Schopenhauer, a vu en ce philosophe « avant tout un peintre de la vie et des humeurs des hommes, un moraliste dans le sens français du mot », un moraliste « instruit à l'école de Montaigne, de La Rochefoucauld, de La Bruyère, de Vauvenargues, de Chamfort », et qui est comme eux « sans illusion sur les hommes ». Il diffère d'eux seulement en ce que, « spectateur moins désintéressé, ses idées portent sur une base métaphysique ».

SCIRON, philosophe grec de l'école épicurienne. Il n'ajouta rien à la doctrine d'Epicure. Il est surtout connu pour avoir été le maître de Virgile.

SCOT (Duns). V. DUNS SCOT.

SCOT ÉRIGÈNE, philosophe originaire des îles Britanniques. Il vécut au IXᵉ siècle. On ne sait rien de positif sur lui, et beaucoup de ses ouvrages sont perdus. Dans le *De divisione naturæ*, on trouve des parties analogues au néo-platonisme.

Il connaissait, outre le latin, le grec et l'arabe. Il s'est inspiré largement de l'antiquité. Selon lui, Dieu est le principe et la fin de tout ce qui existe. Toute perfection vient de Dieu. La nature est l'épanouissement de la divinité, et toute créature doit retourner vers son principe.

SÉAILLES (Gabriel), philosophe français, né à Paris en 1852. Il se fit remarquer par une thèse de doctorat ès lettres : le *Génie dans l'Art* (1884), où il expose en artiste et en poète le rôle du génie dans les sensations et dans la connaissance, les conditions dans lesquelles le génie crée l'art par l'organisation spontanée des images et par l'organisation des mouvements qui doit y correspondre, la nécessité d'une union et d'une pénétration intime de l'idée et de la forme dans l'art, et enfin une définition du beau qui n'est que l'expression même de la vie de l'esprit confondant le réel et le rationnel en son unité vivante. Depuis, M. Gabriel Séailles a écrit une belle étude sur *Léonard de Vinci*, une très forte et très sévère critique de l'esprit et de l'œuvre de *Renan*, et diverses études morales sur les *Affirmations de la conscience moderne* et sur l'éducation du peuple. En collaboration avec M. Paul Janet, il a donné une *Histoire de la philosophie* d'après un plan original qui consiste à prendre successivement chacun des grands problèmes philosophiques et à exposer les solutions présentées par les diverses écoles.

SEBONDE (Raymond de), théologien et philosophe espagnol, né à Barcelone, mort à Toulouse en 1432. Il a écrit une *Theologia naturalis*, et il est surtout connu par la traduction que Montaigne fit de cet ouvrage (1569), dans lequel il s'était proposé d'établir les articles de la religion chrétienne contre les athées.

SEBONDE (Apologie de Raymond de), titre d'un des chapitres les plus importants des *Essais* de Montaigne. C'est là que l'auteur expose son scepticisme.

SECRÉTAN (Charles), théologien et philosophe suisse, né à Lausanne en 1818, mort en 1895. Il a professé la philosophie à l'Université de sa ville natale, où il a repris et continué la tradition libérale de Vinet. Il a exercé une influence profonde sur la théologie protestante et même sur la philosophie libre de ce temps.

Son œuvre principale est la *Philosophie de la liberté* (1848-1849), qui est incontestablement l'un des livres les plus puissants qu'ait produits la philosophie moderne. Charles Secrétan s'est donné pour difficile tâche de concilier la raison et la foi, et d'expliquer Dieu et l'homme selon la science, tout en acceptant le dogme chrétien. Dieu est la *volonté absolue*, et il est parce qu'il veut être. Il est la *liberté pure*. Nous arrivons à la notion de Dieu, par la méthode des criticistes, en nous fondant sur la notion de *devoir*. Le devoir existe; nous pouvons en douter scientifiquement, mais non pratiquement. Si l'homme a un devoir, il est libre; si l'homme est libre, il y a un Dieu libre, car la liberté dans le monde suppose la liberté dans le principe du monde, c'est-à-dire dans Dieu. Le monde a la volonté de Dieu pour cause, et cette volonté crée par pur amour. Elle ne peut créer que la liberté. De même que la liberté pure est l'essence de Dieu, la liberté créée est l'essence de l'homme, et toute la morale se précepte : « Réalise ta liberté, c'est-à-dire réalise ton humanité. »

Charles Secrétan a encore publié le *Principe de la morale* (1884), et *la Civilisation et la croyance* (1887). Dans ce dernier ouvrage, le grand philosophe veut établir que le plus grave ou même l'unique problème des sciences politiques ou des sciences sociales est le problème moral et religieux, la civilisation dépendant surtout ou uniquement de la croyance. Il soutient que la question économique ne peut être résolue que par des conditions de meilleure moralité; « le salut social est une œuvre de renouvellement moral ».

Le grand intérêt de l'œuvre de Secrétan est dans l'effort généreux qui s'y marque pour reconnaître les données acquises de la science et la valeur de l'esprit scientifique, sans rien sacrifier des croyances chrétiennes. Il y a chez lui, a-t-on dit, trop de philosophie pour un croyant, et trop de religion pour un philosophe.

SÉNÈQUE, philosophe latin de l'école stoïcienne, est né à Corduba (Cordoue), en Espagne, l'an 2 de l'ère chrétienne. Il fut précepteur et conseiller de Néron. D'abord comblé de faveurs par son élève, il en reçut l'ordre de se tuer; ce qu'il fit en s'ouvrant les veines en 66.

Sénèque est surtout un moraliste. Dans ses *Lettres à Lucilius*, il parle de tous les sujets qui peuvent intéresser la conscience et la vie pratique. Elles témoignent d'une grande intelligence et d'une grande no-

Sénèque.

blesse d'âme. Il en est de même du *De beneficiis*, du *De ira*, du *De brevitate vitæ* et des *Consolationes*. Au point de vue de la doctrine, il est matérialiste ou plutôt panthéiste, car il conçoit la nature comme une substance dont les êtres ne sont que des modes passagers. Personne n'a mieux parlé que lui de la Providence, de la pureté des mœurs, et du mépris des richesses.

SENSUALISME, système philosophique qui fait procéder toutes nos connaissances de la sensation, des données des sens. Locke et Condillac ont été les maîtres de la philosophie sensualiste.

SENSUALISTE, philosophe partisan du sensualisme.

SENSATIONS (Traité des), ouvrage philosophique de Condillac (1754), qui inspira et domina la pensée philosophique en France jusqu'à la fin du XVIIIᵉ siècle.

SERVET (Michel), philosophe et médecin espagnol, né à Villanueva, en Aragon, en 1509, et mort brûlé vif à Genève en 1553. On lui attribue, ainsi qu'à Harvey, la découverte de la circulation du sang.

Il se rattache au néo-platonisme, dont il n'admet que l'hypostase de l'*unité*. Il se déclare donc contre le dogme de la Trinité et ne reconnaît que les idées comme intermédiaire entre Dieu et le monde sensible.

Attaqué à la fois par les catholiques et les calvinistes, il fut pris, condamné et brûlé à Genève, sur les instances de Calvin.

SEXTUS EMPIRICUS, philosophe et médecin de l'école des sceptiques. On ne sait rien de positif sur sa vie. Il vivait probablement au IIIe siècle de notre ère. Dans les *Hypotyposes pyrrhoniennes*, il a ramassé tous les arguments des sceptiques sans y rien ajouter. Sa conclusion est que nous devons suspendre notre jugement le plus souvent possible tout en reconnaissant que nous sommes dans la nécessité d'agir.

SIÉYÈS (Emmanuel-Joseph), écrivain politique français, né à Fréjus en 1748, mort à Paris en 1836. Il fut mêlé à tous les événements de la grande Révolution et rédigea la plupart des constitutions que votèrent les diverses assemblées. « Beaucoup de ses pensées, a dit Mignet, sont devenues des institutions ». Quoique prêtre, il partagea les idées des philosophes et les exprima dans une série de brochures, dont la plus célèbre fut celle qui a pour titre le programme même de la Révolution de 1789 : *Qu'est-ce que le tiers-état? tout; qu'a-t-il été jusqu'à présent dans l'ordre politique? rien; que demande-t-il? à devenir quelque chose.* Ce pamphlet remua profondément la France.

SIMON *le Mage* ou *le Magicien*, né au pays de Samarie, fut l'un des fondateurs de la philosophie gnostique. Contemporain de Jésus, disciple de Philon d'Alexandrie, il mêla la doctrine et la théurgie. On lui attribue un ouvrage : les *Contradictoires*, qui aurait été une contradiction de l'Evangile.

SIMON (Jules), philosophe français, né à Lorient en 1814, mort à Paris en 1896. Disciple de Cousin, ce fut un des fervents adeptes de l'école éclectique. Nous n'avons

pas à parler de sa vie publique, non plus que des œuvres de philanthropie sociale qui remplirent ses dernières années.

Il a écrit une *Histoire de l'école d'Alexandrie* (1844-1845), le *Devoir* (1854), la *Religion naturelle* (1856), la *Liberté de conscience* (1859), la *Liberté* (1859), l'*Ouvrière* (1863), le *Travail* (1866). Ce sont des œuvres généreuses, animées d'un souffle libéral, qui se recommandent surtout par l'élévation du sentiment et la noblesse de l'éloquence.

Jules Simon.

SIMPLICIUS, philosophe grec de l'école néo-platonicienne. Ce fut le dernier des néo-platoniciens. Il a laissé des commentaires sur Aristote qui ont une très grande valeur.

SMITH (Adam), philosophe écossais, né à Kirkaldy en 1723, mort à Edimbourg en 1790. Son œuvre philosophique est la *Théorie des sentiments moraux*, dont le fond est emprunté de la morale sentimentale d'Hutcheson.

Sa principale originalité est d'avoir voulu fonder la morale sur la sympathie et d'en avoir tiré, grâce à l'analyse psychologique, l'idée du devoir. Notre âme est remuée par toutes les émotions d'autrui; la nature nous rend ainsi solidaires les uns des autres en nous faisant ressentir les joies et les peines des autres hommes. De plus, la sympathie est accompagnée du plaisir et mérite d'être recherchée par elle-même. Il faut donc se laisser aller selon son cœur et nous serons toujours sûrs de marcher dans la voie du bien, car c'est surtout par les bonnes émotions que nous sommes touchés; nous sommes toujours du côté de celui qui est la victime du mal. Par suite, la règle sera de n'accomplir que les actions qui seront capables d'attirer la sympathie d'autrui.

La sympathie que l'on doit mériter se distingue par deux caractères : la pureté et l'universalité. Elle doit, en effet, réunir l'assentiment de tous les hommes. Quelquefois même il est nécessaire d'aller à l'encontre des préjugés pour obtenir la sympathie de la postérité, seul juge équitable.

La conscience de la valeur de

Adam Smith.

nos actes nous vient de la sympathie que nous avons nous-même éprouvée pour les autres et de celle qu'ils nous témoignent. Nous devons toujours agir comme si nous étions en présence de témoins désintéressés. Nous ressentons du reste, vis-à-vis de nous-même, une plus ou moins grande sympathie selon que nous avons bien agi ou mal agi. Il y a en nous un *témoin impartial* de notre conduite, qui nous fait connaître les actions qu'il est de notre devoir d'accomplir et qui les juge.

SOCIALISME, doctrine philosophique et sociale fondée sur le principe de la socialisation des moyens de production et de la substitution de la propriété collective à la propriété individuelle. Saint-Simon Pierre Leroux, Fourier, Cabet, Considérant, Proudhon, Benoit

Malon, Karl Marx, Lassalle, Guesde, Jaurès ont préparé ou formulé les divers systèmes de socialisme humanitaire, collectiviste ou communiste. (V. vol. SOCIALISME).

SOCIOLOGIE, science de la société et des conditions de la vie politique et sociale. Ce mot nouveau a été créé par l'école positiviste, mais il désigne le genre d'observations et d'études sociales que l'on appelait autrefois la philosophie de l'histoire.

SOCIOLOGIE (Principes de), titre d'un remarquable ouvrage de Herbert Spencer. (V. *ce nom.*)

SOCRATE, philosophe grec, né à Athènes en 470 avant Jésus-Christ. Son père Sophronisque était sculpteur et sa mère, Phénarète, était sage-femme. Il fut lui-même sculpteur, puis il s'adonna tout entier à la philosophie. Il suivit les leçons du géomètre Théodore de Cyrène, de Prodicus et d'Archelaüs. Il se fit d'abord remarquer par l'originalité de ses discours et de sa manière de vivre. Il allait nu-pieds, résistait à la soif et à la faim, bravait le froid, arrêtait les hommes, les jeunes gens dans la rue, les interrogeait et causait avec eux. Ce fut une sorte d'apôtre qui rêva de ramener ses concitoyens à la vertu et de réorganiser sa patrie, de la rendre plus grande, plus forte et plus éclatante. Il fut aussi mystique. « Je n'ai qu'une petite science, dit-il, la science de l'amour. » Il crut à l'existence d'un démon familier qui le conseillait dans les moments critiques. Peut-être même eut-il des hallucinations? Subtil et railleur, son éloquence s'élevait sans efforts et trouvait d'irrésistibles accents. Il eut contre lui les sophistes, les démagogues, et le peuple qui ne le distinguait pas des adversaires qu'il combattait. C'est ainsi qu'Aristophane l'attaqua dans les *Nuées*. Ses hardiesses politiques achevèrent de le perdre. Il ne ménageait ni Thémistocle ni Périclès. En 406, il déplut déjà à ses concitoyens en refusant de mettre aux voix, comme prytane, la mort des généraux qui avaient combattu aux Arginuses. Plus tard, il résista encore aux trente tyrans. Mais la réaction démocratique trouva en lui un ennemi, et il fut accusé par Melitus, un poète, Lycon, un rhéteur, Anytus, un corroyeur, de corrompre la jeunesse et de mépriser les dieux. Il fut condamné à boire la ciguë. Il aurait pu se sauver; il aima mieux mourir que de désobéir aux lois de sa patrie. Il l'avait déjà servie dans la guerre du Péloponèse, où il avait sauvé Alcibiade. Il mourut au milieu de ses disciples en les entretenant de l'immortalité de l'âme. Platon a raconté sa mort dans le *Phédon*.

Philosophie de Socrate. — Socrate n'a rien écrit. Nous ne connaissons sa doctrine que par les théories que Platon lui fait exposer dans ses dialogues et par ce que nous en dit Xénophon. Mais Platon est suspect de lui prêter un peu de son génie, tandis que Xénophon, plus exact, ne paraît pas s'être rendu compte de la portée et de l'élévation de la doctrine de son maître. Il est nécessaire de contrôler ces deux sources de témoignages à l'aide des assertions et des jugements précis d'Aristote.

Socrate.

Les premiers philosophes avaient voulu connaître tout l'univers. Socrate est plus modeste, il veut que l'homme se tourne d'abord vers lui-même et qu'il apprenne à se connaître. « Connais-toi toi-même », telle est sa première maxime. La vérité est en nous, il suffit de la découvrir. Les sophistes tranchaient toutes les questions; « Tout ce que je sais, dit Socrate, c'est que je ne sais rien. » Mais connaître son ignorance, c'est être capable de discerner le vrai du faux. Le « connais-toi toi-même » donne naissance à une double méthode: l'une qui nous délivre de l'erreur, et l'autre qui nous apprend à trouver la vérité. L'une est l'*ironie*, l'autre est la *maïeutique*.

Grâce à l'ambiguïté du langage, à la confusion des mots, les sophistes avaient la prétention de montrer que tout est à la fois possible et impossible, que tout est vrai et que rien n'est vrai. Socrate n'accepte les termes qu'après examen. Il exige que son adversaire les entende lui-même. Il lui oppose des exemples qui restent en dehors d'une définition hâtive, ou bien il feint de se livrer et finit par faire tomber son interlocuteur dans l'absurdité et par lui faire avouer qu'il est dans l'erreur et qu'il ne sait pas. C'est la méthode d'*ironie*.

Mais l'âme est ainsi préparée à connaître la vérité. Il s'agit de l'accoucher de la vérité dont elle est grosse, car la science ne se donne pas. Le maître ne la transmet pas à son disciple; il ne peut que l'aider à la découvrir en lui-même. « Le métier que je fais, dit Socrate dans le *Théétète* de Platon, est le même que celui des sages-femmes, à cela près que j'aide à la délivrance des hommes et non des femmes, et que je soigne non les corps, mais les âmes en mal d'enfant. » C'est la *maïeutique*. L'*induction* est le premier procédé logique dont se sert Socrate; c'est lui qui, au dire d'Aristote, en est l'inventeur. Tantôt il accumule les exemples et il remonte du particulier au général en dégageant ce qu'ils ont de commun; tantôt il raisonne par analogie; tantôt il fait de véritables inductions et conclut, de l'ajustement parfait des moyens aux fins dans la nature, à l'existence d'une intelligence créatrice. L'induction donne le genre, la *division* donne les espèces. Avec le genre et les espèces, on établit la *définition* qui répond à la réalité et peut servir de principe à la *déduction*, d'où l'on tire des conséquences certaines.

La maïeutique pourrait être, comme Platon l'a montrée, une méthode métaphysique et applicable à tous les problèmes que l'esprit peut se poser. Bien que Socrate en ait restreint l'usage à l'étude des concepts moraux, elle avait assurément dans son esprit un intérêt plus général. Ce qu'il se propose de prouver, c'est qu'il y a, contrairement aux assertions des sophistes, une logique du vrai, c'est que l'esprit est capable de connaître la vérité, de faire la science. Or, la réalité véritable, c'est le bien : l'ordre logique est conforme à l'ordre réel, qui est lui-même conforme à l'ordre moral. Le monde est l'œuvre d'une raison, dont l'esprit peut reconnaître l'existence en lui-même. Socrate n'a jamais formulé ce principe, mais on peut affirmer qu'il est implicitement contenu dans ses discours.

Morale de Socrate. — Les sophistes opposaient la loi à la nature. La loi n'était, d'après eux, qu'une convention du législateur, variable comme les mœurs et faite pour contenir les hommes. Socrate fait appel aux lois non écrites. La loi est la raison, elle participe de la réalité et de la nécessité du bien. Ceux qui transgressent les lois humaines échappent parfois à la peine, « mais ceux qui transgressent les lois divines subissent un juste châtiment ».

Il est impossible que l'homme fasse le mal volontairement. L'homme veut toujours son bien, et quand il fait le mal, il se trompe, il prend son mal pour un bien. « Les choses justes et tout ce qui se fait par vertu, dit Socrate, dans les *Mémorables* de Xénophon, sont choses belles et bonnes, et ceux qui les connaissent ne peuvent leur préférer autre chose. » Toute faute morale est une erreur; c'est en instruisant l'homme qu'on le délivre du mal. La vertu est une science et, à ce titre, elle peut s'enseigner.

Il n'y a qu'une vertu, la sagesse, mais elle reçoit plusieurs noms selon ses applications et selon que l'on considère les rapports de l'homme avec lui-même, avec ses semblables et avec Dieu. Dans son rapport avec la volonté, la sagesse devient le courage ou science de ce qu'il faut craindre et de ce qu'il ne faut pas craindre. La tempérance est la science des vrais plaisirs; la justice est la science de ce qui est dû à chacun; la piété est la science de nos devoirs envers les dieux. A ces vues générales, Socrate joignait des préceptes particuliers utiles dans la vie pratique et dans diverses circonstances. Il exaltait le travail, l'amitié, il demandait que la condition de la femme fût relevée et il la considérait comme la compagne et l'égale de l'homme.

En politique, il semble avoir penché vers l'aristocratie et demandé le gouvernement des plus sages.

Enfin Socrate a eu la conception d'une divine Providence qui gouverne le monde. Il en donne plusieurs preuves : « Embrassez par la pensée, dit-il dans les *Mémorables*, la vaste étendue de la terre. Votre corps n'en est qu'une très faible partie; j'en dis autant de l'humidité et des autres éléments dont il est composé; tous sont immenses; mais il en entre une portion presque insensible dans la composition de notre être; et vous croyez que vous avez eu l'insigne bonheur d'enlever pour vous seul toute l'intelligence? » C'est la preuve par les causes efficientes. Le premier, il a eu l'idée des causes finales; il insiste sur l'adaptation de notre organisme à ses besoins et il conclut de l'œuvre à l'ouvrier. Il s'est même élevé jusqu'à comprendre l'existence d'un dieu suprême. « Les autres dieux qui nous donnent des biens, lui fait dire Xénophon, nous les donnent sans se montrer à nos regards; et celui qui ordonne et contient le monde entier, en qui sont toutes les choses belles et bonnes, et qui le gouverne plus vite que la pensée, celui-là fait sous nos yeux les plus grandes choses, mais il les dirige sans se laisser voir... Il voit en même temps toutes choses, entend tout, est présent partout, et veille sur tout à la fois. » Il semble aussi, d'après certains passages du *Phédon*, que Socrate ait admis l'immortalité de l'âme comme un corollaire de la justice.

SOCRATE (Apologie de), titre d'un ouvrage dans lequel Platon reproduit, sans doute en y ajoutant de son génie, l'admirable discours de Socrate devant ses juges de l'Aréopage, et titre aussi d'un ouvrage de Xénophon en faveur de Socrate.

SOLON, législateur et philosophe grec, né dans l'île de Salamine en 638 av. J.-C., mort dans l'île de Chypre en 559, est cité par Platon comme ayant été l'un des sept sages de la Grèce. Sa philosophie ne se rattache à aucune école. Comme celle de Socrate et des stoïciens, elle est pratique, purement morale.

SOMME ou **SOMME DE THÉOLOGIE**, titre de l'immense ouvrage dans lequel saint Thomas d'Aquin a exposé l'ensemble de la dogmatique chrétienne et de la philosophie de son temps.

SOPHIS ou **SOUFIS**, nom donné à des mystiques et ascètes persans qui professent le déisme ou le panthéisme.

SOPHISTES, dialecticiens et rhéteurs grecs du vᵉ siècle avant notre ère. Ils préparèrent le scepticisme, mais aussi commencèrent la réflexion de la pensée sur elle-même, et forment ainsi la transition entre la première période de la philosophie grecque, caractérisée par le point de vue cosmocentrique, et la seconde, caractérisée par le point de vue anthropocentrique.

Les sophistes apparaissent à une époque de la Grèce où les anciennes institutions sont battues en brèche, où les croyances, les idées sont discutées; où l'aristocratie est partout remplacée par la démocratie. A l'autorité traditionnelle se substituait l'autorité éphémère des orateurs; l'éloquence était devenue un instrument de gouvernement. Il y eut des maîtres pour l'enseigner, et ces maîtres étaient les sophistes, qui profitèrent habilement de la situation. Ce sont des rhéteurs plutôt que des philosophes, ils n'ont pas un système commun, ils sont tous sceptiques, en ce sens qu'ils s'accordent à nier le vrai et le bien absolu, mais ils y arrivent par des voies opposées.

Les principaux sophistes sont : Protagoras, Gorgias, Hippias, Prodicus, Thrasymaque, Euthydème. (V. *ces noms.*)

SORBON (Robert de), chapelain du roi saint Louis (1201-1274), fondateur de la Sorbonne. Il avait reçu en don de Blanche de Castille une maison pour servir de demeure à de pauvres écoliers. Il en fit un collège et y institua des cours de philosophie et de belles-lettres. C'est sur l'emplacement de ce collège que Richelieu fit élever l'église actuelle de la Sorbonne.

SORBONNE, d'abord simple collège pour les écoliers pauvres, fondé par Robert de Sorbon. Ce collège produisit des théologiens si habiles que le titre de docteur en Sorbonne fut donné à tous les membres de l'Université qui s'illustrèrent dans la science théologique et philosophique. Les maîtres en Sorbonne formèrent une sorte de tribunal auquel étaient déférées les controverses religieuses et parfois les opinions nouvelles en politique ou en philosophie.

SOTION d'Alexandrie, philosophe grec de l'école stoïcienne. Bien que resté fidèle à la morale stoïcienne, il n'en avait pas moins subi l'influence des pythagoriciens et de Platon. Il croyait à l'immortalité et à la transmigration des âmes; il fut le maître de Sénèque.

SOURY (Jules), savant et philosophe français, né à Paris en 1842. Il a écrit une étude remarquable sur les *Théories naturalistes du monde et de la vie dans l'antiquité* (1881), de nombreux ouvrages de critique religieuse (*Etudes historiques sur les religions, les arts, la civilisation de l'Asie occidentale*, 1877; *Jésus et les évangiles*, 1878), et des œuvres philosophiques dans lesquelles il applique les méthodes de la psycho-physiologie (*Philosophie naturelle*, 1882; les *Doctrines psychologiques contemporaines* 1883; *Histoire des doctrines psychologiques contemporaines : fonctions du cerveau*, 1887). Nous lui devons aussi des traductions très exactes des principaux travaux allemands de Hœckel, de Preyer, sur les doctrines transformistes.

SPENCER (Herbert), philosophe anglais, né à Derby en 1820. Toute sa vie a été employée à la composition de son *Système de philosophie*.

Les *Premiers principes* parurent en 1862 (traduction française de Cazelles); les *Principes de biologie* en 1864; les *Principes de psychologie* avaient paru en 1855 (traduction de Ribot et Espinas); les *Principes de sociologie* ont été publiés à partir de 1874 (traduction de Cazelles, 1878-1887). Herbert Spencer a encore écrit la *Statique sociale* (1850) et une foule d'études philosophiques, politiques, sociales.

C'est un des penseurs les plus personnels et les plus féconds de notre siècle. Il a groupé et systématisé l'ensemble des observations, découvertes, hypothèses que la science et la philosophie ont faites et répandues au hasard depuis le renouvellement des méthodes.

Selon Spencer, l'origine des choses, l'absolu, Dieu, est inconnaissable; nous n'en pouvons avoir aucune connaissance positive, mais nous pouvons reculer les bornes du savoir humain. La merveilleuse hypothèse de l'évolution nous fait assister à la genèse des mondes sidéraux, puis à l'apparition successive des différents êtres qui ha-

Spencer.

bitent notre planète. Le principe de l'évolution est l'instabilité du milieu qui, sous l'action du mouvement, passe d'une homogénéité mal définie à une hétérogénéité mieux définie. Les lois de ce mouvement sont les lois mécaniques de l'intégration et de la désintégration.

A ces lois mécaniques correspondent, dans la série végétale et animale, les lois d'assimilation et de désassimilation, qui sont les lois de la vie des êtres. Ceux-ci, pour subsister, doivent s'adapter au milieu, et comme il est toujours changeant, ils doivent varier dans la même mesure. Selon que les êtres sont plus ou moins précisément adaptés avec le milieu, ils sont plus ou moins compliqués. Ils conservent les complications et les caractères acquis qui leur servent à subsister et se les transmettent par hérédité. Les êtres mal adaptés meurent, d'où la

sélection naturelle. La sélection et l'hérédité sont, en effet, les deux principes de l'évolution des êtres vivants et de la transformation des espèces.

La vie spirituelle apparaît dans l'être le plus compliqué, c'est-à-dire dans l'homme, et elle a pour lois de son activité les lois du contraste et de la ressemblance. Selon Spencer, la vie mentale est sortie d'un état instinctif rudimentaire, et la science est une forme supérieure de l'adaptation.

En morale, il croit à un progrès continu, grâce à l'évolution et à une adaptation de plus en plus définie des citoyens au milieu dans lequel ils vivent. Il s'ensuit que le principe du progrès est la division du travail et des fonctions. Quant aux idées morales, elles expriment les lois nécessaires de la vie sociale. En politique, Spencer proclame l'indépendance de l'individu à l'égard de l'État.

SPEUSIPPE, philosophe grec de l'Académie, vécut à la fin du ve siècle. Il succéda à son oncle Platon dans la direction de l'école, mais sous l'influence des pythagoriciens, il laissa corrompre la doctrine du maître. Les nombres prennent la place des idées. De plus, il est d'avis que le bien n'est pas le principe des choses, mais qu'il est l'effet de leur développement.

SPINOZA ou **SPINOSA** (Baruch), philosophe hollandais, né à Amsterdam en 1632. Il était d'une famille juive, et il fut, à cause de sa philosophie, excommunié par la synagogue. Il se retira à La Haye, où, pour vivre, il polissait des verres pour les microscopes et les télescopes; il consacrait le reste de son temps à des spéculations philosophiques. Ses amis lui offrirent des pensions, il les refusa. Sa douceur, sa sobriété et son désintéressement sont restés légendaires. « Il était, dit Colerus, fort affable, et d'un commerce aisé, parlait souvent à son hôtesse, particulièrement dans le temps de ses couches, et à ceux du logis, lorsqu'il leur survenait quelque affliction ou maladie. » Il mourut d'une phtisie pulmonaire en 1677.

Ses deux principaux ouvrages

sont : le *Traité théologico-politique*, où il donne une interprétation rationnelle de l'écriture, et l'*Éthique*, où il expose son système philosophique.

Selon Descartes, il y a une substance absolue, Dieu, cause de lui-même, et deux substances relatives ou créées, l'étendue et la pensée. D'après Spinoza, la matière et la pensée ne méritent pas le nom de substances. Il n'y a qu'une substance, c'est Dieu, d'où se déduit tout ce qui existe. Ainsi s'évanouit le dualisme cartésien dans l'unité d'un seul être. Spinoza veut, par

Benoit de Spinoza.

une *méthode strictement mathématique*, tirer de l'idée de Dieu toutes les autres idées; son système est le panthéisme le plus défini et le plus rigoureux qui existe.

L'*Éthique* (c'est le nom que donne Spinoza à sa philosophie) est contenue tout entière dans les trois définitions qui se trouvent au début de l'ouvrage, et qui en indiquent le sens panthéiste : « 1° J'entends par *substance* ce qui est en soi et ce qui est conçu par soi, c'est-à-dire ce dont le concept peut être formé sans avoir besoin du concept d'une autre chose; 2° j'entends par *attribut* ce que la raison conçoit dans la substance comme constituant son essence; 3° j'entends par *modes* les affections de la substance, ou ce qui est dans autre chose et est conçu par cette même chose. »

Il n'y a qu'une substance, le Dieu infini et parfait, car s'il y en avait une autre, elle aurait les mêmes attributs que la première, et par suite, elle ne s'en distinguerait pas. Quant à Dieu, il existe nécessairement, car si l'on concevait qu'il n'existe pas, son essence n'envelopperait pas l'existence, ce qui est absurde.

Il n'a pas créé le monde, il le contient. Parler de substances créées, c'est se contredire. Il ne peut exister et on ne peut concevoir aucune autre substance que Dieu... Tout ce qui est est en Dieu, et rien ne peut être ni être conçu sans Dieu. Il se développe par une infinité d'attributs, mais nous n'en connaissons que deux : l'Etendue et la Pensée. Le substance que Spinoza appelle *natura naturans*, se manifeste dans l'univers, *natura naturata*, sous les deux attributs de la pensée et de l'étendue par la production des esprits et des corps. De la nature infinie de Dieu, toutes choses ont découlé nécessairement et découlent sans cesse avec une égale nécessité, de la même façon que de la nature d'un triangle il résulte de toute éternité que ses trois angles égalent deux droits. Dieu est libre, non qu'il choisisse ou délibère, mais parce que ses actes résultent de la nécessité de son essence. Tout ce qui arrive dans l'univers arrive donc nécessairement, selon l'ordre logique et rigoureux de la raison. Tout effet est le terme nécessaire d'une série de causes secondes, enchaînées l'une à l'autre. L'universelle nécessité se manifeste pour nous par deux séries de modes parallèles ou de phénomènes qui se passent à la fois dans l'étendue et dans la pensée entre lesquelles il y a une exacte correspondance. A chaque mode de l'étendue divine doit correspondre une modification de la pensée divine. L'ordre et la connexion des idées sont les mêmes que l'ordre et la connexion des choses.

L'âme et le corps sont des modes de la substance divine; le corps est un mode de l'étendue et l'âme un mode de la pensée. Il n'y a pas action de l'un sur l'autre, il y a dans le corps des modifications nécessaires, qui se trouvent en harmonie avec des modifications non moins nécessaires de l'âme. Le corps est l'objet de l'âme humaine. L'âme est l'idée du corps humain. L'entendement n'est pas un être propre, il est constitué par des idées,comme le corps est constitué par des parties. De même, il n'y a pas de volonté, mais des volitions. La vie de l'homme n'étant qu'un mode nécessaire du développement de la vie divine, il est absurde de parler de liberté. « L'homme n'est pas un empire dans un empire, il n'est qu'un automate spirituel. »

En dépit du déterminisme absolu, Spinoza n'en veut pas moins enseigner à l'homme la règle qu'il doit suivre pour atteindre le bonheur. Sa philosophie a un but pratique, qui est de déterminer en quoi doit consister, pour nous, le souverain bien, et de connaître les moyens de nous y conformer. Il n'y a ni bien ni mal, il y a des choses qu'on peut appeler bonnes pour nous ou utiles, mauvaises ou nuisibles. L'utile est ce qui cause de la joie, le nuisible est ce qui cause de la tristesse. La morale est la science de l'utilité véritable, du bonheur. Mais le bonheur ne peut résulter de l'ignorance. L'homme, livré à ses passions et à ses désirs, reste misérable ; c'est qu'il ne connaît pas une réalité plus haute, des biens meilleurs que les biens sensibles. On ne rencontre le bonheur qu'en vivant selon la raison. La raison comprend la nécessité des choses et s'y conforme. Le sage veut tout ce qui arrive, il comprend l'enchaînement des choses et il l'accepte librement. Comprendre, c'est la plus haute vertu morale, et c'est se rattacher à Dieu, c'est regarder les choses sous le caractère de l'éternité, *sub specie æternitatis*. En nous identifiant avec la nécessité divine, nous nous unissons à Dieu, et nous aimons en lui tous les autres hommes. Il faut se délivrer des passions, de la sensibilité, sortir de ce monde changeant et périssable, qui ne nous est connu que par les sens et l'imagination, pour nous élever, par une connaissance supérieure et purement rationnelle, à l'idée de ce qui ne passe pas, de ce qui existe en dehors de la durée, de ce qui est éternel. Du même coup, nous entrerons nous-mêmes dans l'éternité. « Les principes que j'ai établis, dit Spinoza, font voir clairement l'excellence du sage, et sa supériorité sur l'ignorant que l'aveugle passion conduit... L'âme du sage peut à peine être troublée. Possédant par une sorte de nécessité éternelle la conscience de soi-même, et de Dieu et des choses, jamais il ne cesse d'être, et la véritable paix de l'âme, il la possède pour toujours. »

Spinoza est le véritable représentant du panthéisme moderne (voir Système). Ou mieux, le panthéisme, c'est le spinozisme. La philosophie française du xviiie siècle le fit oublier. Mais ses idées furent reprises par Fichte, Hegel, Schelling, en Allemagne, et de là répandues dans toute l'Europe intellectuelle. Elles sont aujourd'hui modifiées dans le sens d'un naturalisme moniste.

SPIR (African), philosophe d'origine russe, né en 1817, mort en 1890. Dans son ouvrage : *Pensée et réalité* et dans ses *Esquisses de philosophie critique*, il a renouvelé la critique des lois de la pensée et des catégories. Il a en même temps perfectionné la méthode métaphysique et indiqué comment on doit poser les problèmes métaphysiques, en face des données de la science moderne.

SPIRITES, partisans du spiritisme et de ses pratiques.

SPIRITISME, doctrine des spirites, qui croient à l'existence des esprits et à leurs manifestations ou communications avec les vivants au moyen de médiums et de tables tournantes. Allan Kardec le premier donna une expression nette à cette vague croyance, dans le *Livre des Esprits* (1853).

SPIRITUALISME (Ecole), ensemble philosophique qui admet une substance immatérielle, un Dieu distinct du monde et une âme distincte du corps (Voir Système).

SPIRITUALISTE (Ecole), ensemble des philosophes qui admettent le spiritualisme ou la distinction de l'esprit et la matière. Les grands philosophes spiritualistes sont : Socrate, Platon, Aristote, tous les

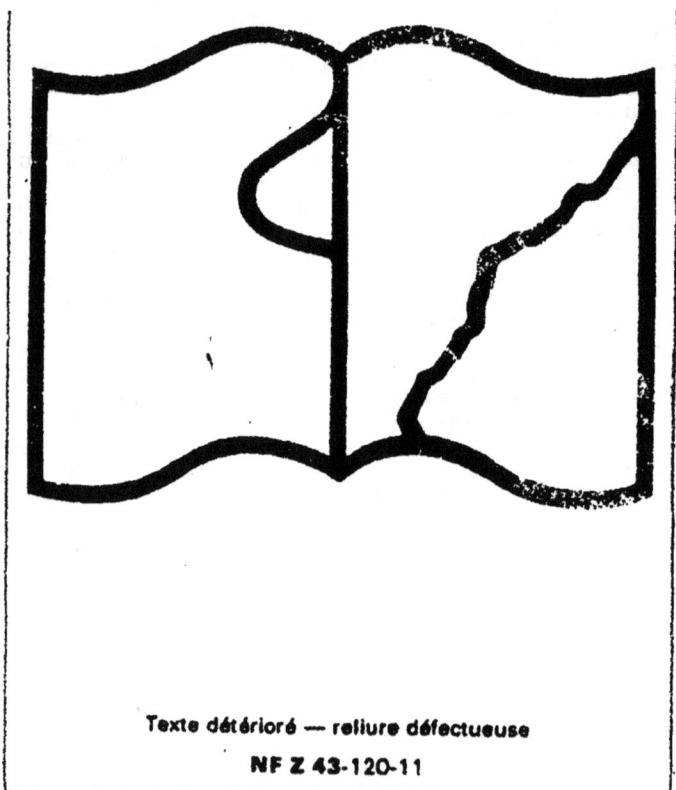

Texte détérioré — reliure défectueuse

NF Z 43-120-11

maîtres de la philosophie chrétienne, Descartes, Leibnitz. On a donné particulièrement pour notre époque le nom d'école spiritualiste à l'éclectisme français, dont les principaux représentants sont : Royer-Collard, Victor Cousin, Théodore Jouffroy, Jules Simon, Etienne Vacherot, Paul Janet, Caro. (V. ces noms.) Un mouvement spiritualiste très profond et très vivant, que l'on désigne parfois sous le nom de néo-spiritualisme, a été suscité par les belles et puissantes œuvres philosophiques de Lachelier, Touillée, Boutroux, Bergson. (V. ces noms.)

STAËL (Germaine Necker, baronne de), femme de lettres et philosophe célèbre, fille du ministre Necker, née à Paris en 1766, morte en 1817. Toute jeune, elle connut les philosophes dans le salon de son père et se plut à leurs conversations. Elle fut mêlée aux événements de la Révolution et de l'Empire. Sa lutte contre Napoléon est fameuse ; son salon fut le lieu de rencontre de toute l'opposition. Le pouvoir impérial l'exila, et c'est ainsi qu'elle fut mise à même d'étudier l'Allemagne. Ses principaux ouvrages sont : les *Considérations sur la Révolution française*, étude de philosophie de l'histoire ; *De l'Allemagne*, livre qui révéla l'Allemagne, sa littérature, sa philosophie, son génie, aux Français ; un *Essai sur les factions ; De l'influence des passions sur le bonheur des individus et des nations ;* des *Lettres sur le caractère et les écrits de J.-J. Rousseau*, qui fut son vrai maître ; enfin deux romans philosophiques : *Delphine* et *Corinne*. Le vrai titre littéraire et philosophique de Mme de Staël est son livre sur l'Allemagne, qui peut-être ne fit pas très exactement connaître Gœthe, Schiller, Kant, Hegel, à la France, mais qui donna du moins le désir de les connaître, et ainsi provoqua une rénovation profonde de notre pensée nationale.

STAGIRE, nom de la ville où naquit Aristote, appelé quelquefois le Stagirite ou le philosophe de Stagire.

STENDHAL, pseudonyme de Henri Beyle. (V. ce nom.)

STEWART ou **DUGALD-STEWART**. (V. ce dernier nom.)

STILPON, de Mégare, philosophe grec de l'école de Mégare, mort en 290 avant J.-C. Il est un des derniers représentants de cette école, qui était issue de l'esprit subtil de Socrate. (V. MÉGARIQUES et EUCLIDE DE MÉGARE.)

STOECKER (Chrétien-Adolphe), pasteur et socialiste allemand, né à Halberstadt en 1835. Prédicateur de la cour à Berlin, il exposa une théorie de prétendu socialisme chrétien et fonda le parti des » travailleurs socialistes chrétiens ». Il fit de l'agitation politique et enfin ses supérieurs ecclésiastiques lui donnèrent à choisir entre ses fonctions et l'action révolutionnaire. Il garda ses fonctions, laissant ainsi paraître son peu de sincérité.

STOÏCIENS (les). Les stoïciens, comme les épicuriens, se sont surtout préoccupés de donner aux hommes le moyen d'atteindre le bonheur. C'est pourquoi, dans leur doctrine, la physique et la canonique ou logique sont subordonnées à la morale et ne servent qu'à l'étayer. L'école fut fondée par Zénon, de Citium, qui avait suivi les leçons de Cratès. Révolté de la grossièreté de son maître, il s'en sépara, mais il retint ce principe de l'école cynique, que le bonheur dépend surtout de nous-mêmes et de notre volonté.

Physique des stoïciens. — La physique des stoïciens est une physique matérialiste. Rien n'existe qui ne soit corporel. L'immatériel n'est qu'une abstraction de la pensée. Il y a dans les corps deux éléments toujours inséparablement unis. L'un, passif, est la matière première indéterminée ; l'autre, actif, est la force qui pénètre la matière dans ses parties et l'organise. C'est aussi le principe d'unité qui maintient les parties de la matière, qui en fait sortir toutes les qualités, et c'est pour cela qu'elle a été encore appelée la *raison séminale* des choses.

La force qui meut la matière, c'est Dieu. De même que dans un être humain, l'âme est présente dans toutes les parties du corps, de même Dieu est l'âme du monde. Si tout est ordonné dans l'univers, c'est qu'une seule et même âme l'anime. Rien n'est livré au hasard ;

la nature veille sur toutes les créatures, et en particulier sur les hommes, pour qui les autres êtres existent, et qui est fait lui-même pour contempler la beauté de l'univers. Dieu est à la fois corporel et intelligent. C'est un souffle pensant et enflammé, un éther subtil, un feu artiste, principe de vie et d'intelligence qui se manifeste dans le cours régulier et dans la vie des choses.

Tout étant corporel, tout est mouvement et, par suite, tout est déterminé et fatal. Rien n'arrive qui n'ait sa raison d'être dans un état antécédent, et ainsi de suite jusqu'au commencement où tout est enflammé. Par suite d'un relâchement du feu, principe de tout ce qui existe, l'air s'est produit, puis l'eau, puis la terre. Mais peu à peu le feu divin retrouvera sa tension première et tout retournera à l'unité première par la *conflagration universelle*. La physique des stoïciens est, on le voit, nettement panthéiste.

Canonique ou logique des stoïciens. — Chez l'animal, l'esprit éthéré devient *âme*, capable de sensation et d'appétit. Chez l'homme, il devient *raison*, volonté consciente. La sensation est la matière de la connaissance; mais la vérité est l'effet de la volonté qui s'empare des matériaux de la connaissance et les organise. L'objet extérieur laisse dans l'âme une *impression*. Celle-ci devient connaissance; par un acte de volonté, nous lui donnons notre *assentiment*, et nous ne le donnons qu'aux perceptions que nous pouvons comprendre, aux *perceptions compréhensives*. Nous les reconnaissons à la force du choc que l'âme en reçoit. De plusieurs perceptions de ce genre, on fait une idée générale qui permet d'*anticiper* sur l'avenir. On fait la science en organisant ces idées en un système. La science est ainsi une œuvre de la volonté. C'est « une possession ou habitude des représentations ferme et inébranlable au raisonnement et qui consiste tout entière en tension et énergie. » Zénon compare la simple représentation à la main ouverte, l'assentiment à la main demi-fermée, la compréhension à la main fermée, la science à la main fermée et serrée fortement par l'autre main.

Morale des stoïciens. — Si la nature est soumise à des lois inéluctables, et si l'homme est capable de les connaître, il doit s'y conformer en pleine conscience. « Vivre conformément à la nature, » tel est le grand principe stoïcien. Pour un être raisonnable cela seul a de la valeur qui est conforme à la raison. Il y a des appétits naturels et naturellement bons, on peut se laisser conduire par eux, mais ce n'est là qu'une forme inférieure de la vie morale. La véritable moralité consiste à juger sainement ce qui est dans l'ordre, ce qui est conforme à la raison, et à l'accepter volontairement. Le souverain bien est dans l'effort pour arriver à la vertu, dans l'accomplissement, quelque pénible qu'il soit, du devoir. Il faut lutter contre les passions que les stoïciens considèrent comme un dérèglement, comme des maladies de l'âme. Quand elle leur est livrée, le feu divin s'obscurcit en elle, elle perd sa tension, sa volonté et, par suite, la raison, la faculté de juger sainement.

Les deux éléments de la vertu sont donc la science et l'énergie. Parmi les stoïciens, les uns donneront plus d'importance à la science, les autres plus d'importance à l'énergie; mais tous les considèrent comme indispensables l'une à l'autre. La vertu est une. Elle est identique à la raison. Le véritable sage, selon les stoïciens, est celui qui unit en soi la science et la volonté et qui ne se départit jamais de la raison. Hercule est leur modèle. Un pareil sage ne s'est jamais peut-être rencontré, mais c'est un modèle idéal vers lequel il faut tendre de s'élever toujours.

Le mal, le vice, étant l'effet d'un affaiblissement de la volonté, d'un faux jugement, il en résulte ce paradoxe que toutes les fautes sont égales. En effet, les actions ne valent que par l'intention qui les dicte, c'est-à-dire par la volonté ferme de se conformer à la raison, au devoir; il s'ensuit que, quelles que soient les conséquences, la faute est toujours la même, puisqu'elle provient toujours de la même défaillance. Il n'y a pas de degré dans le vice ou dans la vertu. Tout ce qui n'est pas le bien en est également éloigné. La vertu est la rectitude de la volonté toujours tendue; une ligne est droite ou elle ne l'est pas. Les vertus forment un ensemble, on n'en peut avoir une sans avoir les autres en même temps. Le sage a toute la raison, toute la sagesse, toute la vertu. Seul il est libre, seul il est riche, seul il est heureux. Arrivé à ce degré de perfection, il ne peut plus déchoir. La sagesse ne se perd pas.

Telle est l'élévation de cette doctrine, qui exalte la volonté. Elle paraît placer le souverain bien dans une région surnaturelle et dans une énergie surhumaine, mais elle tient, par cela même, la conscience toujours en éveil. Elle supprime les demi-péchés et les concessions que l'on est tenté de se faire à soi-même. Du reste, les successeurs de Zénon, les latins surtout, s'efforcèrent d'adoucir les maximes stoïciennes et de rétablir les états intermédiaires qui séparent le vice de la vertu.

Politique des stoïciens. — Les sociétés doivent être, comme les individus, gouvernées par la raison. Une société naturelle existe entre tous les hommes, car ils sont l'œuvre de Dieu et ils se ressemblent tous. « Ceux qui ont reçu la raison en partage sont capables de droite raison, donc ils sont capables de loi. Or, tous les hommes possèdent la raison, qui est une dans son principe; donc, tous les hommes sont capables de loi et de la même loi. » Les stoïciens considèrent que tous les hommes sont égaux et qu'il doit exister entre eux un lien fraternel. L'esclavage ne peut plus être justifié. « Il y a, dit Zénon, tel esclavage qui vient de la conquête, et tel autre qui vient d'un achat : à l'un et à l'autre correspond le droit du maître et ce droit est mauvais. » Ils se sont même élevés jusqu'à concevoir l'union de tous les hommes, de tous les pays, et ils proclament dans leur cosmopolitisme la primauté de la raison et de la dignité humaines.

STOÏCISME, système philosophique des stoïciens. (V. *ce nom*.)

STRATON, philosophe grec, de l'école péripatéticienne. Il vivait au IIIᵉ siècle av. J.-C. Il exagéra la tendance empirique du maître et contribua à la substitution de la physique à la métaphysique. On le considère comme matérialiste.

STRAUSS (David-Frédéric), théologien, historien critique et philosophe allemand contemporain, né à Ludwigsbourg en 1808, mort en 1874. Sa principale œuvre critique et philosophique est la *Vie de Jésus* (1835), qui eut un retentissement énorme et souleva de violentes polémiques, parce que l'auteur y soutenait que l'évangile n'est qu'une légende, une collection de mythes symboliques appliqués à la personnalité de Jésus, qui n'aurait existé que dans l'imagination des foules. Littré traduisit cet ouvrage en français. On a encore de Strauss une *Dogmatique chrétienne*, dans laquelle il étudie la formation historique du dogme d'après les méthodes de l'école de Tubingue, et son conflit avec la pensée moderne.

SULLY (James), philosophe anglais contemporain, né en 1842. Il a donné de remarquables études de psychologie expérimentale : *Sensations et intuitions* (1874); le *Pessimisme, histoire et critique* (1877); enfin les *Illusions des sens et de l'esprit* (1881), ouvrage qui est la critique la plus complète de toutes les formes d'erreur autres que celles du raisonnement : illusions de la perception interne, de la perception externe, de la mémoire et de la croyance.

SULLY-PRUDHOMME, poète et philosophe français, né à Paris en 1839. Il a écrit une traduction en vers du premier livre de la *Nature des choses*, de Lucrèce, et deux poèmes philosophiques : *Justice* (1878), le *Bonheur* (1888). Renouvier a dit de la préface à la traduction de Lucrèce qu'elle est « un exemple heureux du mélange de la philosophie et de la science pour asseoir les bases d'une critique des idées générales ». Dans ses poèmes, Sully-Prudhomme revient sans cesse sur cette idée que le grand devoir, comme le grand bonheur de l'homme, c'est d'être utile et de se donner à l'humanité. Car qu'en est-il de tant de solutions que les philosophies diverses ont données au redoutable problème de la destinée humaine? Partout l'incertitude, le doute. Dans ses études sur Pascal (*Revue des Deux Mondes*) et dans un livre intitulé : *Que sais-je,?* Sully-Prudhomme a dit ce doute avec une sorte de mélancolie douloureuse, mais comme un penseur ardent à la recherche, et non en pessimiste découragé.

SWIFT (Jonathan), écrivain satirique et moraliste anglais, né à Dublin en 1667, mort en 1745. Par son *Voyage de Gulliver,* il a voulu montrer, dans la petitesse ridicule ou le grossissement énorme, la méchanceté et l'ignominie des hommes.

SWINBURNE (Algernon-Charles), poète et écrivain philosophique anglais. Dans ses poèmes il célèbre surtout la liberté. Il a chanté magnifiquement dans une *Ode* la proclamation de la République en France, le 4 septembre 1870.

SYLLABUS, nom donné à une sorte de résumé et d'énumération des propositions philosophiques, politiques ou sociales que l'Église condamne. Le *Syllabus* fut promulgué par Pie IX en 1864, à la suite d'une encyclique qui exposait les doctrines modernes que le pape voulait proscrire. On y trouve la condamnation de la liberté civile et politique, de la civilisation moderne, du progrès, et l'affirmation des droits absolus de l'Église sur la pensée, sur l'enseignement, sur le gouvernement des Etats.

SYSTÈME. On appelle *système* en philosophie un enchaînement rigoureux de connaissances, liées de telle sorte que *la chaîne* qu'elles forment paraît impossible à briser. Un système est une coordination logique, une tentative de l'esprit désireux de saisir et de comprendre dans une unité complexe les éléments divers et fragmentaires du savoir humain. Aussi longtemps que nos connaissances restent en quelque sorte morcelées et flottent comme des atomes indépendants les uns des autres, nous sommes dans l'ignorance, au sens philosophique du mot. La science, en effet est synonyme de systématisation puissante. Toute connaissance digne de ce nom est en somme une œuvre de synthèse ; c'est-à-dire que nos différentes idées ne doivent pas être pour nous des unités qui se suffisent à elles-mêmes; il faut comprendre qu'elles tirent toute leur vie, et toute leur efficacité des *rapports réciproques* qu'elles soutiennent et de la place qu'elles occupent dans la trame et dans la hiérarchie du monde.

On voit immédiatement que le *besoin de système* est une exigence naturelle de l'esprit humain. Sans système, nos connaissances resteraient isolées, c'est-à-dire fausses, *car tout est solidaire dans l'univers;* et de plus elles ne seraient d'aucune utilité pour les applications pratiques. Il faut donc les organiser, les *coudre* solidement les unes aux autres afin de reproduire dans l'esprit l'unité des choses. Aussi bien, c'est là une tendance universelle ; l'enfant obéit déjà *à l'esprit de système* en découpant le monde en une série d'organismes complexes auxquels il prête vie ; le sauvage lui-même, avec ses comparaisons familières, fait aussi preuve d'un besoin d'unité systématique; le savant et le philosophe font enfin d'une façon rationnelle, réfléchie ce que le vulgaire fait spontanément et comme par instinct. Ils cherchent, eux aussi, l'unité, et une telle recherche est légitime.

On a cependant beaucoup médit de l'*esprit de système*. On a dit que les systèmes étaient *des béquilles à l'usage des impotents;* ou encore que *les observations étaient l'histoire de la science, et que les systèmes en étaient la fable.* Ces railleries, plus spirituelles que justes, ne peuvent s'appliquer qu'à l'abus de l'esprit de système. Il ne faut pas évidemment bâtir des systèmes à tout propos, ni surtout les élever avec des matériaux fragiles. Il faut observer soigneusement une foule de faits, et ne faire œuvre de synthèse qu'après un long et minutieux travail d'analyse. Il faut encore se bien pénétrer de cette idée, que nos systèmes ne sont jamais *définitifs;* qu'ils peuvent être remplacés si des faits nouveaux se produisent qui viennent les contredire; en un mot il ne faut jamais faire plier les *faits aux systèmes*, mais toujours les *systèmes aux faits*. Et enfin, quelque rigoureuse que soit la coordination systématique d'une doctrine, il faut bien songer que les cadres fixes dans lesquels nous essayons d'enserrer les réalités mobiles du monde sont un peu comme ces filets que jettent les pêcheurs sur le fleuve. La trame a beau en être épaisse, l'eau passe toujours au travers. Les systèmes sont légitimes et utiles, à condition de s'en servir avec prudence et modestie.

Ces réserves faites, on ne peut qu'*encourager* l'esprit de système. On a soutenu très ingénieusement que dans une philosophie quelconque, les systèmes n'étaient imaginés que pour satisfaire certains besoins d'ordonnance esthétique. (V. Pollock, *Spinoza, his life and philosophy*, Londres, 1880, pp. 83, 84, 407 et 408.) Toute philosophie dès lors se composerait de quelques idées centrales et fécondes auxquelles viendrait s'ajouter l'unité extérieure et presque étrangère du système. Il n'en est rien. — Sans méconnaître ce qu'ont parfois d'artificiel certaines coordinations hâtives, il faut bien avouer que les idées, de par leur nature même, tendent toutes à *s'insérer* les unes dans les autres et à vivre les unes pour les autres. C'est la grande loi de la *finalité systématique* qui domine toute la vie mentale.

On a souvent essayé de *classer* les *systèmes*. V. Cousin disait qu'il y en avait quatre principaux : le *dogmatisme*, l'*empirisme*, le *scepticisme* et le *mysticisme*. Mais c'est là une classification assez sommaire, et qui n'épuise pas tous les systèmes. L'*idéalisme*, par exemple, le *panthéisme*, le *spiritualisme* n'y figurent point. La vérité est qu'il faut renoncer à classer les doctrines. Il y en a autant que de points de vue où l'on se place pour essayer de réduire le monde à l'unité. Les points de vue principaux auxquels se sont généralement placés les philosophes sont :

1° L'*empirisme*. C'est une doctrine qui n'admet comme réalité et comme source de certitude que les objets de l'expérience. Les *faits* seuls sont certains; quand nous tentons de les dépasser, nous contruisons sans doute des romans ingénieux, mais fragiles et inconsistants. L'expérience nous donne des phénomènes psychologiques; nous n'avons pas à aller au delà pour savoir s'il y a un support qui les soutient, un être mystérieux d'où ils émanent. Il y a des faits de conscience; et le *moi* n'est que leur « faisceau » ou collection. Toutes nos idées viennent de l'expérience soit externe soit interne. La liberté, qui est un *pouvoir*, n'est pas un *fait;* donc nous ne sommes pas libres; enfin nous ne pouvons pas savoir s'il y a un Dieu ou si notre âme est immortelle. Ce sont là des domaines réservés, et que l'esprit humain ne saurait aborder. L'*empirisme* avec quelques modifications et sous d'autres noms, devient le *sensualisme*, le *matérialisme* et l'*athéisme*, etc.

Les grands empiristes sont dans les temps modernes : Locke, Hume, Condillac, S. Mill. Mais il faut bien se garder de croire que la doctrine de tous ces philosophes soit identique. Il y a une foule de chapelles dans la grande église de l'empirisme.

2° Le *scepticisme* peut être considéré quelquefois comme une suite de l'empirisme. Si l'esprit humain n'a d'autre source de certitude que les sens, comme ceux-ci ne nous donnent que des faits *particuliers et individuels*, on en conclut facilement que nous ne pouvons nous élever à la vérité, qui est *générale et universelle*. Le scepticisme est surtout une doctrine du *doute métaphysique*. Nous ne pouvons pas douter des faits, ni des sensations, et aucun sceptique n'a jamais poussé l'intrépidité jusqu'à rester indifférent, comme le croit le fameux médecin de Molière, aux coups de bâton. L'argument ne vaut pas. On ne réfute pas un sceptique en le convainquant de la réalité de la sensation, car il n'en doute pas. Ce dont il doute, c'est de la *valeur* de ses *idées*. Logiquement le scepticisme est irréfutable. Si l'on ne veut pas faire un acte de foi en la raison, on restera éternellement sceptique. Mais il faut bien remarquer en revanche que le scepticisme ne prouve rien contre la raison, *puisqu'il n'affirme rien.* D'ailleurs, comme Pascal le disait profondément, si le scepticisme essayait de ruiner la valeur de la raison, il serait contradictoire puisqu'on ne peut démolir la raison qu'avec la raison. Les sceptiques ont joué un rôle fort utile dans l'humanité, qu'ils ont souvent mise en garde contre les prétentions orgueilleuses de l'esprit humain. Le *probabilisme* est une *variété atténuée* du scepticisme.

3° Le *dogmatisme* ou *rationalisme.* C'est un système qui pense que nous pouvons atteindre à la vérité par une faculté qui est en l'homme, privilégiée : la *raison.* Cette raison qui pour les uns est un reflet de Dieu en nous (*dogmatisme spiritualiste*), pour les autres la simple présence en nous d'un élément de généralité et d'universalité, nous permet de franchir le cercle étroit de l'expérience, de dépasser le monde des phénomènes, de sauter en quelque sorte du relatif dans l'absolu. A ces hauteurs, on affirme la réalité du *moi* comme d'un être distinct, de *Dieu*, de la *liberté humaine*, de *l'immortalité de l'âme*, etc. Ce sont là les grandes thèses du *dogmatisme spiritualiste.* Cette doctrine, qui a régné si longtemps sur les esprits, a aujourd'hui quelque peu perdu de son influence.

La grande voix du *criticisme* kantien (V. KANT) a trouvé un écho dans la pensée moderne. Nous ne croyons plus aussi facilement que nous puissions atteindre l'absolu. Nous *critiquons* les moyens que nous avons de connaître ; avant de nous demander ce qu'est le monde transcendant des *noumènes*, nous posons humblement cette question : « Y a-t-il en nous quelque faculté assez forte pour nous y porter » ? Le criticisme a tempéré l'orgueil du dogmatisme ; nous ne prenons plus aussi aisément nos rêves et nos conjectures pour des réalités.

4° *Idéalisme.* C'est un terme qui a eu en philosophie une fortune des plus singulières. On l'a employé pour caractériser des écoles très diverses. Il est très malaisé à définir. On peut dire, d'une façon générale, que l'idéalisme est un système *qui donne à la pensée un avantage sur les choses*, et qui considère l'esprit, le *sujet* comme un être privilégié par rapport au monde, à l'*objet.*

Descartes a jeté dans les temps modernes le premier germe de l'*idéalisme*, en prenant son point de départ dans la pensée. Kant ensuite a fortement développé ce point de vue, en faisant, suivant sa fameuse formule, *tourner les choses autour de l'esprit.* En effet, l'idéalisme consiste à affirmer l'origine idéale ou idéelle de toute conception du réel. Les choses n'existent qu'autant que nous les pensons ; sans la pensée elles ne seraient pas ; la pensée est le centre du monde ; l'esprit est le soutien de l'univers.

Il y a d'ailleurs divers degrés dans le système. Certains affirment (Hegel) que la pensée *crée* de toutes pièces ses matériaux (*idéalisme absolu*); d'autres se contentent de soutenir que les matériaux existent indépendamment de l'esprit, qui ne fait que les *organiser* (Kant, *idéalisme critique*). Dans le premier cas on a un *monisme idéaliste* ; dans le second un *dualisme idéaliste*, puisque le sujet reçoit *d'ailleurs* les éléments sur lesquels il exercera ensuite l'activité de ses catégories. (V. KANT). L'idéalisme marque évidemment un progrès sur le *réalisme* antique ; les résultats récents de la psychologie contemporaine (mécanisme de la perception) confirment d'ailleurs de plus en plus la vérité, sinon de l'idéalisme tout entier, du moins de son principe.

5° *Panthéisme.* Ce mot a eu lui aussi les acceptions les plus diverses. Il a très longtemps été entendu en un sens *défavorable* (?); il était jadis de mode *d'accuser* un philosophe de panthéisme. On a tenu longtemps Spinoza pour un *misérable athée.* On est revenu aujourd'hui à des sentiments plus équitables, c'est-à-dire à une intelligence plus exacte du mot panthéisme. Le panthéisme dérive du besoin profond d'unité qui est en chacun de nous. Il est une tendance à l'unification des choses ; nous disons une tendance, car l'unification n'est jamais complète, le *monisme* n'est jamais absolu. — On a dit fort justement que la proposition fondamentale du panthéisme : *Dieu ou la nature*, est moins une solution que l'énoncé d'un problème : « Comment Dieu peut-il être la nature sans cesser d'être Dieu; comment la nature peut-elle être Dieu sans cesser d'être la nature? » On laisse donc toujours subsister des *différences* et Spinoza distinguait entre la *nature naturante* et la *nature naturée*. (V. SPINOZA.) Seulement il prétend que la nature naturante ou Dieu n'est pas possible sans la nature naturée qui est le monde. Nous touchons par là à ce qui est pour nous la définition profonde du panthéisme. Il consiste à affirmer, non pas que le monde est incompréhensible sans Dieu (comme le soutiennent les théologies (*créationnistes*), mais *que Dieu est incompréhensible sans le monde*. Nous ne croyons pas qu'il soit possible de donner une autre définition du panthéisme; il tient tout entier dans ces deux propositions : 1° dépendance *bilatérale* de Dieu et du monde; 2° réduction, sans toutefois qu'il y ait absorption complète des distinctions et des oppositions de la réalité à l'unité absolue de l'être.

6° *Mysticisme*. Le panthéisme, avons-nous vu, ne peut pas arriver à réaliser l'unité complète. On s'est demandé si le sentiment ne réussirait pas où la raison échoue. C'est là l'origine du mysticisme. On peut dire que panthéisme et mysticisme ne sont pas deux systèmes foncierement différents, mais bien plutôt les deux expressions d'une même tendance de l'esprit humain, d'un même besoin : le besoin d'unité. Dans un cas on cherche à faire l'unité par la raison et on n'y arrive pas, dans l'autre par le cœur. Le mysticisme, pourrait-on dire, est un panthéisme spontané, le panthéisme un mysticisme réfléchi; ou encore le mysticisme est une introduction au panthéisme, ou il en est une conclusion; c'est-à-dire que dans un cas on part de la croyance irraisonnée à l'unité des êtres, du monde et de Dieu pour arriver à la solution panthéiste; dans l'autre, on part de cette solution, que l'on trouve insuffisante parce qu'elle n'est pas radicalement monistique, pour arriver à l'unité complète dans laquelle on se repose, ou plutôt l'on s'abîme. Le mysticisme est un panthéisme qui se cherche ou un panthéisme qui se perd.

T

TAINE (Hippolyte), philosophe français, né à Vouziers en 1828, mort en 1893, à Paris. Il fut d'abord professeur dans l'Université. Mais ses opinions philosophiques lui attirèrent d'humiliantes disgrâces. Il quitta l'enseignement et publia des études littéraires et philosophiques dans diverses revues, notamment à la *Revue des Deux Mondes*. Il eut la hardiesse, dans son livre les *Philosophes français au* XIXᵉ *siècle* (1856), de porter les premiers coups à l'école éclectique de Cousin. Il employa à cette lutte une logique vigoureuse, une érudition très sûre,

et même l'arme plus terrible du rire.

Taine se rattache, par ses idées philosophiques, à l'école d'Auguste Comte et à Spinoza, au positivisme et au panthéisme. On lui doit de remarquables études de psychologie positive qui ont formé son ouvrage sur l'*Intelligence*. Il appliqua la méthode positive à l'étude de l'art et de l'histoire. Il faut, à ce titre, signaler l'*Histoire des origines de la France contemporaine*, l'*Histoire de la littérature anglaise*, la *Philosophie de l'art* et diverses monographies telles que celles de La Fontaine et de Tite-

Live. Cette méthode consiste à replacer les hommes dans le milieu où ils ont vécu et à expliquer ainsi leur tempérament. Elle suppose que tout ce qu'il y a d'intérieur dans la personnalité humaine, ses sentiments, sa tournure d'esprit, est non seulement l'œuvre de l'éducation et du milieu social ambiant, mais de causes encore plus stables et d'un effet plus puissant, qui consistent dans l'influence du milieu matériel. Rien n'arrive qui n'ait une cause déterminante; la pensée et ses modes, liée à des conditions

H. Taine.

physiologiques (organisme, système nerveux) et matérielles, n'échappe pas au déterminisme universel.

Tout ce que Taine a écrit est dominé par cette conception philosophique. Il a porté dans toutes les recherches où s'est exercé son puissant esprit la même méthode : défiance à l'égard de l'idéalisme, amour du fait et même du petit fait, croyance à un enchaînement inéluctable de causes et d'effets dans tous les ordres, qu'il s'agisse même des œuvres du génie, qui sont pour lui le produit d'un *milieu*. Il a exercé non seulement sur la critique, mais encore sur l'art littéraire contemporain, une influence décisive. Les romanciers psychologues et naturalistes se réclament de lui. On peut dire que toute la seconde moitié de ce siècle lui est redevable de sa direction scientifique.

TARDE (Gabriel), sociologue et philosophe français contemporain, professeur au Collège de France. Nous avons de lui d'importants ouvrages : les *Lois de l'imitation*, la *Logique sociale*, l'*Opposition universelle*, où se trouve exposé ce que l'auteur appelle « la théorie des contraires ».

TAULER (Jean), dominicain, philosophe allemand, né à Strasbourg en 1290, mort en 1361. Il fut conduit au mysticisme, en exagérant dans le sens panthéistique la doctrine réaliste.

TCHÉOU-TSEU. V. Chinois (Philosophie des.)

TELESIO, philosophe et savant italien, né en 1509, à Cosenza, en Calabre, mort en 1588. Il sentit tout ce que la physique d'Aristote avait de suranné et il s'éleva vigoureusement contre la routine scolastique. Dans son *De natura rerum juxta propria principia*, il montra quelle est la véritable méthode qu'il faut employer à l'étude des sciences. Cependant, il lui arriva de se perdre dans des hypothèses parfois bizarres.

TERTULLIEN, philosophe et apologiste chrétien, né à Carthage en 160 après J.-C., mort en 230. Il dut sa conversion au christianisme à sa pitié pour les martyrs. Il fit l'apologie de la religion nouvelle dans un style passionné et ardent. D'une rigoureuse orthodoxie, il s'efforce de rendre la philosophie esclave de la révélation. C'est lui qui a dit : « Tant pis pour ceux qui ont produit un christianisme stoïcien, platonicien ou dialectique ! Nous n'avons plus besoin de curiosité après Jésus-Christ ni d'investigations après l'Evangile. » Les philosophes, d'après lui, sont tous inspirés par le démon et n'ont eu d'autre rôle que de tromper les esprits en glissant un peu de vérité dans un amas d'erreurs.

THALÈS DE MILET, philosophe grec de l'école ionienne, né en 639 ou 636 avant J.-C. Il vécut près d'un siècle. Très riche, il consacra ses loisirs à la philosophie. Il devint assez savant pour prédire l'éclipse de soleil du 25 mai 585. Il enseigna que le monde est formé d'une substance qui persiste toujours la même sous les changements et que cette substance est l'*eau*. Ce n'était que substituer, selon Aristote, à l'Océan et à la Thétis des théogonies l'élément humide. L'eau devient, en se condensant, la terre; en se dilatant, l'air et le feu. Cette transformation se fait sous l'influence de principes spirituels, d'âmes analogues à celle de l'aimant. Il divinisait ces esprits et il disait que toutes choses sont pleines de dieux. Platon le cite au nombre des sept sages de la Grèce.

THÉANO, femme philosophe grecque de l'école de Pythagore. On ne sait rien d'elle, sinon qu'elle fut la femme de Pythagore et qu'elle se conforma à sa doctrine.

THÉISME, système philosophique qui reconnaît l'existence d'un être suprême, d'un Dieu personnel.

THÉISTE, philosophe qui professe le théisme.

THÉLÈME (Abbaye de), sorte de communauté imaginée par la fantaisie de Rabelais et dans laquelle se trouvent réunis des hommes parfaitement libres de pensée et de vie.

THÉODICÉE, partie de la philosophie qui se rapporte à l'étude de Dieu, de son existence et de ses attributs.

THÉODICÉE (Essais de), ouvrage célèbre de Leibnitz (1710), écrit en réponse aux objections que Bayle avait élevées contre l'existence de Dieu à cause de l'existence du mal physique et du mal moral.

THÉODORE L'ATHÉE, philosophe grec de l'école cyrénaïque, contemporain du premier Ptolémée. Il contribua à transformer la doctrine de l'école. Aristippe distinguait encore entre les différents plaisirs et maintenait l'autorité de la volonté. Théodore prétend que tout plaisir vaut la peine d'être recherché.

THÉODORE GAZA, philosophe italien. Il soutint, contre les nouveaux platoniciens, la philosophie d'Aristote. Il contribua ainsi à la faire mieux connaître.

THÉOGONIE, génération des dieux ou ensemble des dieux dont le culte compose une religion.

THÉOGONIE, poème d'Hésiode, qui est le plus important document sur l'origine des divinités grecques.

THÉOGONIE, ouvrage de Feuerbach qui explique la formation psychologique des religions.

THÉOPHILANTHROPES, association de déistes qui, au temps de la grande Révolution, voulurent maintenir la croyance en un Dieu et l'influence de la religion parmi le peuple. Ils se réunissaient une fois par semaine pour des exhortations morales, pour des lectures philosophiques, pour une sorte de glorification des principales vertus humaines.

THÉOPHRASTE, philosophe grec de l'école d'Aristote. Il succéda à Crantor dans la direction de l'Académie. Il est l'auteur des *Caractères*, traduits par La Bruyère.

THOMAS D'AQUIN (saint), philosophe français d'origine italienne, né à Aquino (territoire de Naples) en 1227, mort en 1274. Il entra dans l'ordre de Saint-Dominique, suivit les leçons d'Albert le Grand à Cologne, et vint à Paris, où il séjourna. Il a reproduit, tout en se

Saint Thomas d'Aquin.

conformant à l'orthodoxie, la philosophie d'Aristote, et il l'a développée dans la *Somme contre les gentils* et dans la *Somme de théologie*, qui traite de *Dieu*, de l'*homme* et du *médiateur Jésus-Christ*. Il est préoccupé de faire une part aussi large que possible à la raison, et il démontre l'existence de Dieu et de l'âme à la façon des péripatéticiens.

Dans la philosophie de saint Thomas d'Aquin, nous devons surtout reconnaître le plus puissant effort qui ait jamais été tenté pour concilier la pensée philosophique et la croyance théologique, Aristote et le christianisme. La force d'analyse et de déduction y est admirable, quelque contestable que soit la valeur des principes admis et des conclusions que le philosophe en tire. Aussi saint Thomas passe-t-il pour le plus grand théologien et philosophe de l'Eglise au moyen âge.

THRASYMAQUE, de Chalcédoine, sophiste grec. Platon, dans la *République*, le fait converser avec Socrate, et lui fait dire que la justice n'est que l'intérêt du plus fort, et que le bonheur de l'homme croît en proportion de sa méchanceté.

TIMÉE DE LOCRES, philosophe grec de l'école de Pythagore. On ne sait rien de lui, sinon qu'il fut le disciple immédiat de Pythagore. Platon a donné son nom à l'un de ses dialogues.

TIMON, philosophe grec de l'école sceptique, né à Phlionte, dans le Péloponèse, il vivait vers 260. Il fut le disciple de Pyrrhon et continua d'enseigner le scepticisme, sans modifier la doctrine de son maître.

TOCQUEVILLE (Alexis de), écrivain politique et sociologue contemporain, né à Paris en 1805, mort en 1859. Il fit en 1831 un voyage aux Etats-Unis pour en étudier les institutions et les mœurs, et il écrivit son livre fameux : la *Démocratie en Amérique* (1835). Dans cet ouvrage il étudie avec une suffisante impartialité l'organisation et l'esprit démocratique de la grande République, mais aussi avec défiance et avec plus de peur que de sympathie. Il a aussi laissé une œuvre incomplète : l'*Ancien régime et la Révolution* (1856), qui n'est pas loin d'être un chef-d'œuvre de philosophie historique.

TOLSTOÏ (Léon), né à Saint-Pétersbourg en 1828, célèbre écrivain russe contemporain. Romancier, penseur, réformateur social, Tolstoï a certes une philosophie. Exposée surtout dans *Ma religion*, cette doctrine, qui est une sorte de christianisme réformé dans un sens à la fois mystique et social, repose sur le principe (que Tolstoï croit, peut-être à tort, évangélique) de la *non-résistance au mal*. « Si on vous frappe à la joue droite, tendez la joue gau-

che. » Mais l'idée dominante de Tolstoï est qu'il faut supprimer l'inégalité des conditions par l'obéissance à la loi du travail. Le monde est divisé violemment en deux catégories d'hommes : ceux qui jouissent du travail des autres, ceux qui travaillent pour la jouissance des autres. Cela est injuste. Il faut simplifier la vie, la débarrasser de toutes les futilités qui l'encombrent et de tous les artifices, la transformer en une vie normale, que tous les hommes puissent également vivre. Prêchant d'exemple, Tolstoï a pris en main la cognée, l'alène et la charrue pour se rapprocher davantage des travailleurs qui les manient et leur montrer qu'il ne méprise pas leur besogne. Dans un livre qui fit grand bruit : l'*Ecole de Yasnaïa-Poliana* (1888), il a exposé des méthodes nouvelles de pédagogie, qui consistent surtout dans une entière liberté laissée aux enfants de travailler, de s'amuser, de venir ou de ne pas venir aux leçons. Le goût naturel d'apprendre ferait ce que l'auteur appelle « l'ordre libre ». Enfin, dans tous ses romans, Tolstoï a glorifié la pitié et la fraternité humaine.

TOPFFER (Rodolphe), romancier et moraliste suisse contemporain, né à Genève en 1799, mort en 1846. il a écrit les *Nouvelles genevoises* et les *Voyages en zigzag*, qui sont, sous une forme humoristique, d'excellentes œuvres d'éducation.

TRACY (Destutt de), philosophe français, né à Paris en 1754, mort en 1836. Sa philosophie se rattache à l'école de Condillac et aux idées de Cabanis. Il est sensualiste et matérialiste. Son principal ouvrage est les *Eléments d'idéologie* (1804). Il n'admet aucune religion et fonde la morale, comme les philosophes du xviiie siècle, sur le seul développement de l'humanité, sur le progrès humain.

TURGOT (Jacques), philosophe et économiste français, 1721-1781. D'abord destiné à l'état ecclésiastique, il étudia la théologie. Mais il s'éloigna bientôt du sacerdoce pour entrer dans les charges parlementaires. Il fut contrôleur général des finances sous Louis XVI. C'est alors qu'il fit connaître ses vastes projets de réformes démocratiques qui lui suscitèrent des ennemis nombreux dans le clergé et la noblesse. Il fut renvoyé par le roi (1776) avant d'avoir pu accomplir une transformation sociale qui peut-être eût prévenu la Révolution. Turgot a écrit des *Réflexions sur la formation et la distribution des richesses*, un *Discours sur les progrès du* genre *humain* et une *Lettre sur la tolérance*. Il collabora à l'*Encyclopédie*.

TYCHO-BRAHÉ, philosophe et astronome suédois, né en 1546, mort en 1601. Il est surtout célèbre pour avoir lutté contre les théories de Copernic et refusé d'admettre le mouvement de la terre.

U

ULTRAMONTAINS, partisans des doctrines de l'Eglise catholique ultramontaine ou romaine, par opposition aux doctrines gallicanes.

ULTRAMONTANISME, ensemble de doctrines absolues et autoritaires professées par la cour de Rome et les ultramontains.

UNIVERSAUX (Querelle des). La querelle des universaux éclata dès le début de la scolastique, entre les nominalistes et les réalistes. Les nominalistes, parmi lesquels il faut citer Guillaume d'Occam, Roscelin, n'accordaient aucune valeur aux idées générales, et les regardaient comme de simples *flatus vocis;* les réalistes, au contraire, prétendaient qu'il n'y a de réel que le général et l'universel. Il faut citer parmi ces derniers, Guillaume de Champeaux, saint Anselme. Le conceptualisme, exposé par Abélard, représentait une doctrine intermédiaire. Cette querelle mit aux prises les étudiants de Paris. Au fond, il s'agissait de savoir ce que vaut le dogme de la Trinité. Le nominalisme, qui représentait l'esprit nouveau, tendait à le détruire, ainsi que l'unité personnelle de l'Eglise. C'est ce qui explique l'animosité des partis.

V

VACHEROT, philosophe et écrivain politique contemporain, né en 1809, mort en 1895. Il professa la philosophie à l'Ecole normale et à la Sorbonne. Il écrivit une *Histoire critique de l'école d'Alexandrie* (1851), diverses études sur l'*Ecole sensualiste* et sur l'*Ecole écossaise*, un livre de philosophie politique : la *Démocratie* (1859), pour lequel il fut poursuivi par l'Empire, et des ouvrages de philosophie proprement dite : la *Métaphysique et la Science*, là *Religion*, la *Science et la Conscience*. Il a été un des plus fermes défenseurs du spiritualisme.

VALENTIN, philosophe gnostique du II⁰ siècle qui forma une hérésie dans l'Eglise (le valentinianisme) en mêlant les nombres de Pythagore, la théogonie d'Hésiode, les théories de Platon, à l'évangile de saint Jean, qu'il voulait seul reconnaître.

VALLA (Laurent), philosophe italien, né en 1406, mort en 1457. Il fit partie de la célèbre Académie de Florence, qui restaura la philosophie platonicienne.

VALLÈS (Jules), écrivain politique et révolutionnaire contemporain, né au Puy en 1833, mort à Paris en 1885. Dans des œuvres violentes : l'*Argent*, les *Réfractaires*, *Jacques Vingtras* (roman en trois parties : l'*Enfant*, le *Bachelier*, l'*Insurgé*), il a établi une critique profonde, souvent outrée, des conditions sociales de notre temps. Son œuvre est intéressante par la fougue littéraire et la rudesse passionnée.

VANINI, philosophe italien, né à Naples en 1585. Il étudia à Naples et à Padoue, vint en France, à Toulouse, où, accusé d'athéisme, il fut brûlé vif en 1619. Il reprit pour son compte la philosophie péripatéticienne, mais il la fit dégénérer en un panthéisme qui déplut à l'autorité religieuse et qui fut cause de sa mort.

VAUVENARGUES (Luc de Clapiers, marquis de), moraliste français, né à Aix en 1715, mort en 1747. Il dut à vingt-huit ans quitter l'armée à cause de sa faiblesse de santé. Il vécut encore quatre années dans la mélancolie de cette vie manquée, et il écrivit, pour se consoler, une *Introduction à la connaissance de l'esprit humain*, suivie de *Réflexions* et de *Maximes* (1746). Voltaire a jugé ce livre « le plus capable de former une âme bien née ».

VEUILLOT (Louis-François), écrivain catholique contemporain, né à Boynes (Loiret) en 1813, mort à Paris en 1883. Il a soutenu dans le journal l'*Univers* et dans un grand nombre d'œuvres de polémique, avec une âpre violence et une incontestable originalité littéraire, les doctrines les plus exagérées de l'ultramontanisme.

VICO (Jean-Baptiste), historien et philosophe italien, né à Naples en 1668, mort en 1744. Fils d'un pauvre libraire, il dut gagner péniblement sa vie et il fut toujours dans la misère. Il attaqua le cartésianisme, qu'il jugeait incomplet. Dans un livre fameux : *Principes d'une science nouvelle relative à la nature commune des nations* (1725), il énonça sa conception d'une philosophie historique fondée sur l'étude de l'humanité à travers les âges, de ses langues, de ses mœurs et de toute sa vie sociale. Vico fut le créateur de la philosophie de l'histoire, et c'est lui qui répandit dans la philosophie du XVIIIᵉ siècle la croyance en la perfectibilité humaine. Michelet a écrit une belle étude critique sur Vico (1827) et d'ailleurs il s'est beaucoup inspiré de ses doctrines.

VIES, DOGMES ET DITS MÉMORABLES DES PHILOSOPHES ILLUSTRES, ouvrage de Diogène Laërce (IIᵉ siècle) qui nous a conservé quelques documents sur la philosophie antique.

VINCENT DE BEAUVAIS, lecteur de saint Louis. Ce fut un compilateur plutôt qu'un philosophe. Il réunit dans un tableau encyclopédique, toutes les sciences de son temps. Cependant, il montra quelque originalité en tirant de la philosophie d'Aristote une théorie conceptualiste.

VINET (Alexandre-Rodolphe), théologien et moraliste protestant, né à Ouchy en 1797, mort à Clarens en 1847. Il fut longtemps professeur à Lausanne. Ses *Études sur Pascal* et ses *Essais de philosophie morale et de morale religieuse* sont des œuvres de forte pensée et de profonde émotion. Il fit d'ailleurs de la critique littéraire et il y apporta le plus large libéralisme et le plus noble sentiment d'idéalité morale.

VOGÜÉ (Eugène-Melchior, vicomte de), critique et romancier français, né à Nice en 1848. Il a fait connaître en France la littérature russe par son livre : le *Roman russe* (1886), qui est une œuvre de critique grave et hautement morale. Ses autres ouvrages sont un mélange de considérations philosophiques, d'observations morales et sociales, d'impressions sentimentales et de rêves poétiques. M. de Vogüé est un des premiers écrivains de notre temps; peut-être son œuvre a-t-elle plus d'éclat que de profondeur.

VOLNEY (Constantin-François de), philosophe français, né à Craon en 1757, mort à Paris en 1820. Il fut à la Constituante de 1789 et il y affirma son amour de la liberté ainsi que son dédain des religions. En 1791, il fit paraître ses *Ruines ou Méditations sur les révolutions des empires*, auquel il ajouta comme complément la *Loi naturelle*. Cet ouvrage (V. RUINES) est un chef-d'œuvre par la grandeur de la vision historique et la vigueur de la pensée philosophique.

VOLTAIRE (François-Marie-Arouet de), philosophe français, l'un des plus grands penseurs et des meilleurs écrivains des temps modernes, né à Châtenay, ou peut-être à Paris, en 1694, mort à Paris en 1778. Il fut élève des jésuites à Louis-le-Grand. Mais son oncle, l'abbé de Châteauneuf, l'introduisit dans la société des philosophes. Il débuta an théâtre par *Œdipe* (1718), pièce à tendances philosophiques qui eut un immense succès. Une querelle

Voltaire.

avec le chevalier de Rohan le fit enfermer à la Bastille, puis exiler en Angleterre (1726). Ce séjour en Angleterre lui fit connaître les chefs-d'œuvre de Shakespeare, les idées de Bolingbroke et de Loke. Il écrivit les *Lettres philosophiques*, qui furent brûlées par la main du bourreau. Toute sa vie fut dès lors consacrée à la lutte la plus spirituelle et la plus vive contre les dogmes catholiques, contre l'intolérance de l'Eglise et des pouvoirs, contre les injustices sociales. Il publia l'*Essai sur les mœurs*, la *Philosophie de l'histoire*, la *Bible commentée*, le *Dictionnaire philosophique*, des contes philosophiques (*Candide*, *Micromégas*, *Zadig*, l'*Ingénu*), et il entretint avec les princes, les savants, les philosophes, une correspondance incessante. C'est lui qui inspira et soutint de son ardeur ses amis les philosophes de l'*Encyclopédie*. Il fit réhabiliter la mémoire de Calas injustement condamné; il protesta violemment contre le supplice du chevalier de La Barre; il défendit Lally; il aida les serfs du Jura dans leur demande d'affranchissement. Par toute cette agitation des esprits, il prépara la grande Révolution.

En philosophie, Voltaire fut un déiste sans originalité. Il vulgarisa la théodicée naturelle telle que l'enseigne le spiritualisme ordinaire. Il fit l'apologie de la raison contre la crédulité et le préjugé, et il propagea les doctrines les plus communes de la loi morale naturelle. Son influence tendit surtout à ramener les hommes aux notions du droit bon sens et à l'amour de la tolérance, de la liberté, de la justice. Cette philosophie a pu paraître manquer d'élévation et de grandeur; elle fut d'une incontestable utilité aux temps de sectarisme où elle fut affirmée avec tant d'esprit, de bonne humeur et de grâce littéraire, et elle changea le monde.

VRAI, DU BEAU, ET DU BIEN (Du), ouvrage philosophique de Victor Cousin (1853), qui suscita en France une rénovation spiritualiste.

TERRE ET CIEL, ouvrage philosophique de Jean Reynaud. (V. *ce nom*.) Il est inspiré par un rationalisme mystique qui lui valut un grand succès.

W

WOLF, philosophe allemand, né à Breslau en 1679. Il mourut professeur à l'Université de Halle, en 1754. Sans grande originalité, il est surtout connu pour avoir systématisé et faussé la philosophie de Leibnitz et pour avoir été le maître de Kant.

WUNDT (Guillaume-Max), physiologiste et philosophe allemand contemporain, né à Neckarau en 1832. Il a surtout professé à Leipzig. Ses travaux ont principalement porté sur les méthodes et les recherches nouvelles de psychologie expérimentale, et il s'est désintéressé de la philosophie abstraite. Ses *Eléments de psychologie physiologique* (1874) et ses *Etudes philosophiques* (1883-1886) ont complètement renouvelé la science philosophique.

X

XÉNOCRATE, philosophe grec, de l'Académie, né en 394 avant J.-C. Il remplaça Speusippe comme chef de l'Académie et accentua la déformation de la doctrine platonicienne dans le sens des pythagoriciens.

XÉNOPHANE, de Colophon, philosophe grec, fondateur de l'école d'Élée. Il est né à Colophon, vers 620 avant J.-C. Il vécut près d'un siècle. Il voyagea en Perse, fut à Messine, à Catane et s'établit enfin à Élée.

Il est probable qu'il conçut à la manière des Ioniens le monde comme une transformation de plusieurs principes, tels que l'eau, l'air et le feu. Mais en Italie il subit l'influence des pythagoriciens. Il se débarrassa de l'anthropomorphisme et s'éleva, dit-on, à la conception d'un Dieu unique qui n'est pas l'unité abstraite, mais un être réel. Il reproche aux philosophes qui l'ont précédé de croire à la naissance des dieux, et de se former, d'après leur propre nature, une fausse idée de la divinité. Si les bœufs, disait-il, les chevaux et les lions savaient peindre, ils se représenteraient les dieux sous la forme de bœufs, de lions ou de chevaux.

XÉNOPHON (445-355 av. J.-C.), philosophe grec, disciple de Socrate, dont il suivit les leçons dès l'âge de seize ans. Il combattit aux côtés de son maître à Délium, où Socrate lui sauva la vie.

Sa doctrine est uniquement celle de Socrate; il ne cherche pas à y ajouter : son seul désir est de la défendre contre ses détracteurs. Encore n'en voit-il pas toute l'étendue et n'en comprend-il pas toute la profondeur. Avec une tendance toute pratique il s'attache seulement aux idées morales les plus saillantes.

On sait que Xénophon fut, en même temps qu'un grand philosophe, un grand général et un grand historien. Ses principaux ouvrages philosophiques sont : les *Mémorables* ou *Mémoires sur Socrate*, *Apologie de Socrate*, le *Banquet*, l'*Économique*, *Hiéron*.

Z

ZABARELLA, philosophe italien, né en 1533, mort en 1589. Il se constitua contre Piccolomini le défenseur d'Aristote et de l'orthodoxie péripatéticienne.

ZADIG ou la DESTINÉE, œuvre philosophique de Voltaire, qui a voulu montrer que la Providence a ses desseins mystérieux sur la destinée des hommes.

ZELLER (Edouard), historien et philosophe allemand, né en 1814 dans le Wurtemberg. Ses études historiques sur *Platon* (1839) et sur la *Philosophie des Grecs* (1852) le classent parmi les meilleurs historiens de la philosophie.

ZÉNON, de Citium, philosophe grec, de l'école stoïcienne. Il est né à Citium, île de Chypre, vers 340 avant J.-C. Il commença par trafiquer, mais à la suite d'un naufrage près du Pirée, il renonça au commerce pour s'adonner à la philosophie. Il suivit d'abord les leçons du cynique Cratès. Puis, rebuté par sa grossièreté et ses exagérations, il se fit le disciple des mégariques Stilpon et Diodore, ainsi que de Xénocrate et de Polémon, philosophes de l'Académie. Vers 300 avant J.-C., il ouvrit à son tour une école qui s'appela stoïcienne. On appelle aussi les stoïciens philosophes du portique. Quand il sentit, vers 263 avant J.-C. venir la vieillesse et sa volonté faiblir, il se donna la mort pour rester conséquent avec sa doctrine. (V. STOÏCIENS.)

ZÉNON, d'Elée, philosophe grec, de l'école d'Elée, né à Elée vers 490 avant J.-C. Il attaqua les Ioniens et leurs partisans. Il ne dogmatise pas, il discute, prend une à une les propositions de ses adversaires et les réduit à néant. Plusieurs de ses arguments sont passés à la postérité; tels sont par exemple les arguments du monceau, d'Achille et de la tortue, de la flèche qui vole.

ZÉNON DE SIDON, philosophe grec, de l'école épicurienne. On ne sait rien de positif sur lui, sinon qu'il remplaça Apollodore dans la direction de l'école.

ZÉNON DE TARSE, philosophe de l'école stoïcienne. On ne sait rien sur la manière dont il enseigna la doctrine. Il est probable qu'il ne fit que continuer l'enseignement de Chrysippe, dont il était le disciple.

ZOROASTRE (Zérétho-Schthrô, astre brillant), fondateur présumé de la vieille religion des Perses ou mazdaïsme, vivait probablement du temps de Darius, fils d'Hystaspe. Les historiens grecs lui donnent Pythagore pour disciple.

Il enseigna que le principe du bien et le principe du mal, la lumière et les ténèbres, Ormuzd et Ahriman, se disputent le monde, et qu'un jour, le mal étant vaincu par le bien, tout rentrera dans la divine harmonie.

ZWINGLE (Ulric), célèbre réformateur suisse, né en 1484, mort en 1531. Il condamna le culte catholique et la messe, à laquelle il substitua la Cène comme une simple commémoration de la mort de Jésus. Il s'attacha surtout à la réforme des mœurs et à la destruction des susperstitions qui s'étaient mêlées aux pratiques religieuses de l'Eglise catholique.

Paris. — L. MARHETHEUX, imprimeur, 1, rue Cassette.

BIBLIOGRAPHIE [1]

I. OUVRAGES GÉNÉRAUX

E. Zeller. — *Histoire de la philosophie des Grecs.* OEuvre capitale pour l'interprétation de la philosophie antique, et *particulièrement* de la philosophie socratique (Socrate, Platon, Aristote). Les deux premiers volumes ont été traduits en français par MM. Boutroux et Belot.

F. Uberweg. — *Histoire de la philosophie;* 4 volumes en allemand, résumé élégant, clair, et très fidèle de toutes les doctrines philosophiques. Chaque étude est accompagnée d'une bibliographie *complète*.

Janet et Séailles. — *Les problèmes et les écoles.* Recueil élémentaire commode pour de brèves recherches. Voir en particulier le chapitre sur l'histoire des *Idées générales*.

II. OUVRAGES SPÉCIAUX SUR LA PHILOSOPHIE ANTIQUE

Sur Socrate. — Voir A. Fouillée, *La philosophie de Socrate.* Consulter avec précaution cet ouvrage où Socrate est présenté comme un métaphysicien, et le compléter par l'excellent mémoire de M. E. Boutroux : *Socrate fondateur de la science morale*, qu'on trouvera dans les *Études d'histoire de la philosophie*, chez Alcan.

Sur Platon. — A. Fouillée, *La philosophie de Platon;* 4 volumes chez Hachette, longue étude des origines et du développement de la doctrine platonicienne. Cet ouvrage donne d'une façon assez exacte une *impression générale* du platonisme, mais sur certains points des interprétations contestées et contestables, provenant du désir exagéré de faire rentrer dans un système rigide la doctrine un peu flottante et parfois indécise du philosophe.

Sur Aristote. — Ravaisson, *Essai sur la métaphysique d'Aristote.* Ouvrage très rare et qui ne se trouve plus guère que dans les bibliothèques. Le système tout entier du grand philosophe grec est repensé avec force et exposé avec profondeur.

Voir aussi l'article de M. E. Boutroux dans les *Études d'histoire de la philosophie*.

---

1. Nous croyons utile de donner ici une bibliographie *à dessein* très sommaire, et destinée seulement dans notre pensée à aider ceux de nos lecteurs qui seraient désireux d'un supplément d'instruction, en leur signalant, parmi les nombreuses études d'histoire de la philosophie, les plus sûres et les mieux informées. Nous nous sommes volontairement abstenu d'indiquer les études de langue étrangère.

Sur la morale d'Aristote, voir l'ouvrage de M. OLLÉ LAPRUNE, chez Belin.

Sur les Sceptiques. — *Les sceptiques grecs*, par V. BROCHARD. OEuvre capitale valant à la fois par la sûreté de la documentation et la clarté de l'exposition.

Sur Épicure. — GUYAU, *La morale d'Épicure*. Ouvrage excellent surtout dans la première partie ; se défier des rapprochements un peu artificiels d'Épicure avec les philosophes anglais du XVIIIᵉ siècle.
Voir également le deuxième volume de l'*Essai sur la métaphysique d'Aristote*, op. cit.

Sur les Stoïciens. — OGEREAU, *Essai sur le système philosophique des stoïciens*, étude exacte et consciencieuse.
RAVAISSON, *Mémoire sur le stoïcisme* (Académie des inscriptions et belles-lettres, t. XXI).
GUYAU, *Le Manuel d'Epictète*.
RENAN, *Marc Aurèle*.
Deuxième volume de l'*Essai sur la métaphysique d'Aristote*, op. cit.

Sur les Alexandrins. — Voir les études de VACHEROT, JULES SIMON et BARTHÉLEMY SAINT-HILAIRE et *Essai sur la mét. d'Aristote*, op. cit.

III. OUVRAGES SPÉCIAUX SUR LA PHILOSOPHIE MODERNE

Sur Bacon. — ADAM, *F. Bacon*..
Sur Descartes. — LIARD, *Descartes*.
FOUILLÉE, *Descartes*.
Revue de métaphysique et de morale, numéro de juillet 1896.

Sur Spinoza. — *Spinoza*, par L. BRUNSCHWIG, résumé élégant et précis, très condensé, peut-être un peu systématique. Les *difficultés* de la doctrine ne paraissent pas suffisamment mises en lumière.
Le problème moral dans la philosophie de Spinoza, par V. DELBOS. Le point de vue central du philosophe est bien expliqué, et les pages éloquentes sur le développement de la pensée spinoziste en Allemagne, en Angleterre et en France achèvent d'éclaircir la signification des théories de l'Ethique.
Notes sur Spinoza, par J. LAGNEAU, parues dans la *Revue de métaphysique et de morale*, très pénétrantes et très profondes.

Sur Malebranche. — *La philosophie de Malebranche*, par OLLÉ-LAPRUNE ; lire aussi le chapitre consacré à ce philosophe dans l'*Idéalisme en Angleterre au XVIIIᵉ siècle*, par G. LYON.
BOUILLIER. *Histoire de la philosophie cartésienne*, ouvrage un peu vieilli mais où l'on trouve encore des renseignements utiles.

Sur Hobbes. — *Hobbes*, par G. LYON, bonne monographie.

Sur Locke. — *Locke*, par H. MARION, bonne monographie.

Sur Berkeley. — Etude de PENJON. l'*Idéalisme en Angleterre*, ouvr. cité.

Sur Leibniz. — Voir les excellentes introductions de M. BOUTROUX aux éditions de la *Monadologie* et des *Nouveaux essais sur l'entendement humain*.

Sur Hume. — HUXLEY, *Hume*, traduit par COMPAYRÉ.
COMPAYRÉ, *Hume*, thèse de doctorat.

Sur Kant. — Sur la philosophie théorique du philosophe de Königsberg, voir les leçons de M. E. Boutroux, parues dans la *Revue des Cours et Conférences.*

Voir aussi les profonds chapitres consacrés à l'idéalisme kantien dans l'excellent ouvrage de M. G. Noël : *La logique de Hegel.*

Kant par Ruyssen.

Sur la philosophie pratique :

Fouillée, *Critique des systèmes de morale contemporains.*

Cresson, *La morale de Kant.*

Sur l'esthétique et la téléologie :

V. Basch, *L'esthétique de Kant.*

Sur Hegel. — Article de L. Herr, dans la *Grande Encyclopédie. La logique de Hegel,* par G. Noël, ouvrage difficile à lire, mais d'une exactitude et d'une profondeur remarquables.

Sur A. Comte. — Faguet, *Politiques et moralistes.*

Lévy Bruhl. *La philosophie de A. Comte,* le meilleur ouvrage français sur le sujet.

Sur la philosophie en France, et particulièrement sur la *philosophie française du XIXᵉ siècle,* voir le remarquable *Rapport* de M. Ravaisson.

Sur Maine de Biran. — Thèse de doctorat de Gérard.

Nos lecteurs trouveront enfin dans la *Revue philosophique* dirigée par M. Ribot, et dans la *Revue de Métaphysique et de Morale,* l'analyse en français des principales études historiques qui paraissent à l'étranger sur les grands philosophes.

Pour tous les problèmes relatifs à la sociologie, à la politique, etc., consulter l'excellente publication dirigée par M. Durkheim : l'*Année sociologique* (3 volumes parus chez Alcan).

SOCIÉTÉ FRANÇAISE D'ÉDITIONS D'ART

L. Henry May, éditeur des Collections Quantin, 9-11, rue Saint-Benoît, Paris.

Encyclopédie populaire illustrée du XXᵉ siècle

·120 DICTIONNAIRES ILLUSTRÉS A 1 FR. 10

PUBLIÉS SOUS LA DIRECTION DE

MM. F. BUISSON, Directeur honoraire de l'Enseignement primaire.
E. DENIS, chargé de cours à la Faculté des lettres de Paris.
G. LARROUMET, de l'Académie des Beaux-Arts.
STANISLAS MEUNIER, professeur au Muséum.

SOUSCRIPTION A FORFAIT : **100** FRANCS PAYABLES **10** FRANCS PAR TRIMESTRE

Direction de M. BUISSON

SOCIOLOGIE

Économie politique.
Le Socialisme.
Coopération. Mutualité, Syndicats.
Pédagogie.
Politique. Diplomatie. Droit des gens.
Démographie. Statistique.

PHILOSOPHIE

Métaphysique. Psychologie. Théodicée.
Morale.
Histoire de la Philosophie.
Histoire des Religions.

JURISPRUDENCE

Droit civil. Droit pénal.
Droit administratif.

Droit commercial.
Organisation judiciaire. Police. Droit usuel.

Commerce. Industrie.
Finances. Banques. Assurances.

LINGUISTIQUE

Grammaire française.

JEUX ET SPORTS

Boxe. Bâton. Lutte. Escrime. Natation. Gymnastique. Football. Paume, etc. Vélocipédie. Automobilisme. Canotage. Equitation. Tir.
Jeux littéraires, scolaires, de cartes. Philatélie. Pyrotechnie.

Direction de M. DENIS

HISTOIRE

Mythologie.
Histoire ancienne.
Histoire grecque. Histoire romaine.
Histoire générale du Moyen Age (395-1226).
Histoire générale du Moyen Age (1226-1453).
Histoire générale moderne (1453-1610).
Histoire générale moderne (1610 1789).
Histoire de la Révolution française.
Histoire du Consulat et de l'Empire.
Histoire contemporaine génér. (1789-1870).
Histoire de la guerre franco-allemande.
Histoire contemporaine (1871-1900).
Histoire de France contemporaine (1871-1900).

Histoire de Paris.
Coutumes. Usages. Blasons.

GÉOGRAPHIE

Géographie générale.
Géographie historique.
Géographie de la France (1ᵉʳ vol.).
Géographie de la France (2ᵉ vol.).
Expansion coloniale (1ᵉʳ vol.).
Expansion coloniale (2ᵉ vol.).
Géographie de l'Europe.
Géographie de l'Asie, de l'Afrique et de l'Océanie.
Géographie de l'Amérique du Nord et de l'Amérique du Sud.
Histoire des voyages.

BIOGRAPHIE

Biographie ancienne jusqu'à 315.
Biographie politique générale jusqu'au XIX⁰ siècle. 2 vol.

Biographie politique du XIXᵉ siècle. 2 vol.

Biographie philosophique et religieuse.
Biographie scientifique.
Biographie militaire.

Direction de M. LARROUMET

LITTÉRATURE

Littérature grecque et ancienne.
Littérature romaine.
Littérature française jusqu'au XIXᵉ siècle.
Littérature française du XIXᵉ siècle.
Littérature étrangère (Nord).
Littérature étrangère (Nord).
Littérature étrangère (Midi).
Littérature étrangère (Midi).
Biographie littéraire.

BEAUX-ARTS

Les Procédés techniques.
La Peinture (Écoles).
La Sculpture (Écoles).
L'Architecture.
Biographie artistique.
Le Théâtre et la Musique.
Les Arts décoratifs.
Le Costume. La Mode.
Archéologie. Paléographie. Numismatique.
La Maison.

Direction de M. Stanislas MEUNIER

HISTOIRE NATURELLE

Biologie. Histologie.

Sciences zoologiques.

Anthropologie. Préhistorique.
Les Mammifères.
Les Oiseaux.
Les Poissons. Les Reptiles. Les Batraciens.
Les Mollusques. Les Polypes. Les Insectes. Les Crustacés. Les Myriapodes.
Les Microbes. Les Infusoires.

Élevage. Acclimatation.
Vénerie. Chasse. Pêche.
Médecine des Animaux. Hippiatrique.

Sciences botaniques.

Phanérogames.
Cryptogames.

Agronomie. Économie rurale.
Le Jardinage (guide).
La Viticulture et la Sylviculture.

Sciences géologiques.

Géologie.
Paléontologie.
Minéralogie.

Applications des sciences géologiques.

SCIENCES PHYSIQUES

Matière. Pesanteur. Hydraulique. Son.
Lumière. Chaleur. Optique.

Gaz. Vapeur. Météorologie. Aéronautique.
Électricité. Galvanoplastie.
Photographie.

SCIENCES CHIMIQUES

Chimie générale.
Chimie minérale.
Chimie organique.
Chimie appliquée (1ᵉʳ vol.).
Chimie appliquée (2ᵉ vol.).

SCIENCES MATHÉMATIQUES

Arithmétique. Métrologie.
Algèbre élémentaire.
Géométrie plane et dans l'espace.
Mécanique théorique et appliquée.
Astronomie.

Comptabilité commerciale, industrielle, administrative, financière.
Dessin linéaire. Perspective. Descriptive.
Arpentage et Trigonométrie.

SCIENCES ET APPLICATIONS DIVERSES

Hygiène. Médecine. Chirurgie.
Pharmacie.
Sciences militaires (armée).
Sciences militaires (marine).
Cuisine.
Les Industries alimentaires.
Les Industries du vêtement.
Les Industries de l'habitation.
Les Arts industriels.
Psychisme et Hypnotisme.

Deux volumes de tables formant un Dictionnaire complet de la langue française.

Les volumes parus en 1900 sont imprimés en caractères gras, dans la liste ci-dessus.

www.ingramcontent.com/pod-product-compliance
Lightning Source LLC
Chambersburg PA
CBHW050002100426

42739CB00011B/2479